@
eSER.
eCOM
eBUS.

普通高等教育“十一五”国家级规划教材

“信息化与信息社会”系列丛书之

高等学校电子商务专业系列教材

移动电子商务

吕廷杰　编著

電子工業出版社

Publishing House of Electronics Industry

北京 · BEIJING

内 容 简 介

移动电子商务活动是电子商务的扩展与延伸，是电子商务未来的发展趋势。本书为移动电子商务教学提供了一套较为完整的知识体系，涵盖了移动电子商务技术与商务两大层面的知识。内容主要包括移动电子商务发展概况、移动电子商务的总体框架和支持技术、安全解决方案、平台的构建与管理、智能终端、业务管理等方面，并在此基础上阐述了移动电子商务情景、移动支付、移动广告、移动社区等方面的应用。

本书内容丰富，具有前瞻性，对移动电子商务的分析深入，既可以作为全面了解移动电子商务的理论与应用的读物，也可以作为深入探究移动电子商务的研究基础。

本书可以作为本科生、研究生和 MBA 学生的教材，也适用于 IT 行业工作人员及对电子商务和 IT 应用感兴趣的读者。

图书在版编目（CIP）数据

移动电子商务 / 吕廷杰编著. —北京：电子工业出版社，2011.6
（“信息化与信息社会”系列丛书）
普通高等教育“十一五”国家级规划教材. 高等学校电子商务专业系列教材
ISBN 978-7-121-13854-6

Ⅰ.①移… Ⅱ.①吕… Ⅲ.①电子商务－高等学校－教材 Ⅳ.①F713.36

中国版本图书馆 CIP 数据核字（2011）第 113979 号

策划编辑：刘宪兰
责任编辑：刘　凡
印　　刷：北京虎彩文化传播有限公司
装　　订：北京虎彩文化传播有限公司
出版发行：电子工业出版社
　　　　　北京市海淀区万寿路 173 信箱　邮编　100036
开　　本：787×1092　1/16　印张：15.25　字数：390 千字
版　　次：2011 年 6 月第 1 版
印　　次：2021 年 1 月第10次印刷
定　　价：31.00 元

凡所购买电子工业出版社图书有缺损问题，请向购买书店调换。若书店售缺，请与本社发行部联系，联系及邮购电话：（010）88254888。

质量投诉请发邮件至 zlts@phei.com.cn，盗版侵权举报请发邮件至 dbqq@phei.com.cn。

服务热线：（010）88258888。

吕廷杰教授简介

吕廷杰，男，1955 年 8 月出生，教授，博士生导师。1989—1991、1996—1997 年两次留学日本京都大学，获博士学位。1994 年 5 月—10 月，前往美国 AT&T 公司和贝尔实验室学习。现任北京邮电大学校长助理兼经济管理学院院长；国务院第三代移动通信发展战略专家组成员；教育部电子商务教学指导委员会副主任；工业和信息化部信息管理与经济重点实验室学术委员会主任；中国信息经济学会常务副理事长；中国技术经济研究会常务理事、通信专委会主任；中国通信学会常务理事、现代化管理专业委员会主任；工业和信息化部电信经济专家委员会委员，信息科技委委员；清华大学现代管理理论研究中心研究员，国际电信协会（ITS）常务理事。

吕廷杰教授科研能力突出，在国内外重要学术刊物上发表论文 200 余篇，其中 CI/EI/ISTP 检索 60 余篇，出版专著/译著等 20 部，包括《全球电子商务》、《网络经济与电子商务》、《移动商务》等专著；主持或参加了 100 余项科研课题的研究工作，其中包括国家“863”计划“ATM 总体技术的研究”；主持“数据业务市场微观结构和运营商在数据业务市场中作用研究”等国家自然科学基金研究项目；主持教育部“研究型大学的科研特色与定位”人文社科研究规划基金研究项目。

吕廷杰教授是我国信息化研究领域的知名专家学者，他先后参加了由叶培大院士等领导的“发展我国国家信息基础结构的对策研究”（1994 年，中国科学院院士咨询报告）、由叶培大院士主持的“863 通信高科技研究主题立项报告”（1996 年，国家科技部）等重大科技发展政策报告的撰写工作。此后，他还作为课题负责人主持或协助主持了“我国发展电子商务的对策研究”（2000 年，科技部）、“中国电子商务发展与对策研究”（2002 年，世界银行、信息产业部，总负责人：陈俊亮）、“我国网络安全战略与对策研究”（2005 年，国务院信息化专家组，总负责人：何德全）、“电子商务对服务业的影响”（2005 年，国务院信息化专家组，总负责人：吴敬琏）、“关于发展我国第三代移动通信的策略研究”（2008 年，中国工程院，总负责人：邬贺铨）等重大信息化研究课题。上述咨询建议均已被国家“九五”、“十五”和“十一五”规划采纳。2005 年他主持起草的教育部信息科技委“关于促进我国三网融合的建议”，由教育部办公厅作为重大政策咨询建议上报了国务院办公厅并载入政府内参。

吕廷杰教授负责的《电子商务概论》被评为2009年度国家级精品课程；参与研究并起草的《高校电子商务专业知识体系建设与创新实践》，于2009年被评为第六届高等教育国家级教学成果二等奖；吕廷杰教授的“电子商务教研团队”被评为2008年度北京市优秀教研团队；他负责的“电子商务专业”于2007年被教育部评为“国家一类特色专业”；他负责的“国家商务部电子商务促进与推广工程项目”被评为电子商务案例编写一等奖。2009年，吕廷杰教授个人被授予“中国电子商务十年发展突出贡献专家”；2007年，吕廷杰教授被授予“北京市教学名师”荣誉称号；2002年，吕教授获“全国师德先进个人”荣誉称号；1995年获日本TELECOM科学奖；1994年获邮电部“青年学科带头人”荣誉称号；1993年获“北京市青年骨干教师”荣誉称号；1991年因在“动态无级选路技术的最优控制”方面的出色研究成果获得首届日本国际通信基金会特别奖励；1988年，参加通信网规划软件的研发工作，获得科技进步二等奖。

研究方向：电子商务与服务工程、信息经济学、通信管理。

近期主要译著：

[1] 日本野村综合研究所 编著. 新时代的企业货币. 吕廷杰，韩海生 译. 北京：北京邮电大学出版社，2008.

[2] （德）埃勒特 著. 移动多媒体商务：3G时代的致胜之道. 吕廷杰，孙道军 译. 北京：中国广播电视出版社，2007.

[3] （芬）克尔马克斯基,（芬）拉塞尼恩 著. 移动通信业务变革新趋势：从技术到商务管理. 吕廷杰，孙道军 译. 北京：中国广播电视出版社，2007.

近期主要论著：

[1] 王冰，吕廷杰. 电信运营企业全面协同创新[M]. 北京：电子工业出版社，2010.

[2] 张珂，吕廷杰，吴起. 电信增值业务[M]. 北京：北京邮电大学出版社，2008.

[3] 闫强，胡桃，吕廷杰. 电子商务安全管理[M]. 北京：机械工业出版社，2007.

[4] 杨天剑，胡桃，吕廷杰. 电子商务系统分析与设计[M]. 北京：北京邮电大学出版社，2007.

[5] 吕廷杰，郭晓岩，钱琼. 移动商务——移动经济的竞争法则[M]. 北京：中国社会科学出版社，2003.

[6] 吕廷杰，尹涛，王琦. 客户关系管理与主题分析[M]. 北京：人民邮电出版社，2002.

[7] 吕廷杰. 网络经济与电子商务[M]. 北京：北京邮电大学出版社，2001.

[8] 吕廷杰. 电子商务教程[M]. 北京：电子工业出版社，2000.

[9] 吕廷杰，刘彩. 电子商务——是什么，为什么，怎样做[M]. 北京：人民邮电出版社，1999.

总　　序

信息化是世界经济和社会发展的必然趋势。近年来，在党中央、国务院的高度重视和正确领导下，我国信息化建设取得了积极进展，信息技术对提升工业技术水平、创新产业形态、推动经济社会发展发挥了重要作用。信息技术已成为经济增长的“倍增器”、发展方式的“转换器”、产业升级的“助推器”。

作为国家信息化领导小组的决策咨询机构，国家信息化专家咨询委员会一直在按照党中央、国务院领导同志的要求就信息化前瞻性、全局性和战略性的问题进行调查研究，提出政策建议和咨询意见。在做这些工作的过程中，我们愈发认识到，信息技术和信息化所具有的知识密集的特点，决定了人力资本将成为国家在信息时代的核心竞争力，大量培养符合中国信息化发展需要的人才已成为国家信息化发展的一个紧迫需求，成为我国应对当前严峻经济形势，推动经济发展方式转变，提高在信息时代参与国际竞争比较优势的关键。2006 年 5 月，我国公布《2006—2010 年国家信息化发展战略》，提出“提高国民信息技术应用能力，造就信息化人才队伍”是国家信息化推进的重点任务之一，并要求构建以学校教育为基础的信息化人才培养体系。

为了促进上述目标的实现，国家信息化专家咨询委员会一直致力于通过讲座、论坛、出版等各种方式推动信息化知识的宣传、教育和培训工作。2007 年，国家信息化专家咨询委员会联合教育部、原国务院信息化工作办公室成立了“信息化与信息社会”系列丛书编委会，共同推动“信息化与信息社会”系列丛书的组织编写工作。编写该系列丛书的目的，是力图结合我国信息化发展的实际和需求，针对国家信息化人才教育和培养工作，有效梳理信息化的基本概念和知识体系，通过高校教师、信息化专家、学者与政府官员之间的相互交流和借鉴，充实我国信息化实践中的成功案例，进一步完善我国信息化教学的框架体系，提高我国信息化图书的理论和实践水平。毫无疑问，从国家信息化长远发展的角度来看，这是一项带有全局性、前瞻性和基础性的工作，是贯彻落实国家信息化发展战略的一个重要举措，对于推动国家的信息化人才教育和培养工作，加强我国信息化人才队伍的建设具有重要意义。

考虑当前国家信息化人才培养的需求、各个专业和不同教育层次（博士生、硕士生、本科生）的需要，以及教材开发的难度和编写进度时间等问题，“信息化与信息社会”系列丛书编委会采取了集中全国优秀学者和教师、分期分批出版高质量的信息化教育丛书的方式，根据当前高校专业课程设置情况，先开发“信息管理与信息系统”、“电子商务”、“信息安全”三个本科专业高等学校系列教材，随后再根据我国信息化和高等学校相关专业发展的情况陆续开发其他专业和类别的图书。

对于新编的三套系列教材（以下简称系列教材），我们寄予了很大希望，也提出了基本要求，包括信息化的基本概念一定要准确、清晰，既要符合中国国情，又要与国际接轨；教材内容既要符合本科生课程设置的要求，又要紧跟技术发展的前沿，及时地把新技术、新趋势、新成果反映在教材中；教材还必须体现理论与实践的结合，要注意选取具有中国特色的成功案例和信息技术产品的应用实例，突出案例教学，力求生动活泼，达到帮助学生学以致用的目的；等等。

为力争出版一批精品教材，“信息化与信息社会”系列丛书编委会采用了多种手段和措施保证系列教材的质量。首先，在确定每本教材的第一作者的过程中引入了竞争机制，通过广泛征集、自我推荐和网上公示等形式，吸收优秀教师、企业人才和知名专家参与写作；其次，将国家信息化专家咨询委员会有关专家纳入各个专业编委会中，通过召开研讨会和广泛征求意见等多种方式，吸纳国家信息化一线专家、工作者的意见和建议；再次，要求各专业编委会对教材大纲、内容等进行严格的审核，并对每一本教材配有一至两位审稿专家。

如今，我们很高兴地看到，在教育部和原国务院信息化工作办公室的支持下，通过许多高校教师、专家学者及电子工业出版社的辛勤努力和付出，“信息化与信息社会”系列丛书中的三套系列教材即将陆续和读者见面。

我们衷心期望，系列教材的出版和使用能对我国信息化相应专业领域的教育发展和教学水平的提高有所裨益，对推动我国信息化的人才培养有所贡献。同时，我们也借系列教材开始陆续出版的机会，向所有为系列教材的组织、构思、写作、审核、编辑、出版等作出贡献的专家学者、老师和工作人员表达我们最真诚的谢意！

应该看到，组织高校教师、专家学者、政府官员以及出版部门共同合作，编写尚处于发展动态之中的新兴学科的高等学校教材，还是一个初步的尝试。其中，固然有许多的经验可以总结，也难免会出现这样那样的缺点和问题。我们衷心地希望使用系列教材的教师和学生能够不吝赐教，帮助我们不断地提高系列教材的质量。

曲维枝

2008 年 12 月 15 日

序　言

电子商务作为新的先进的生产力，正以其无比强大的生命力推动着人类历史上继农业革命、工业革命之后的商业革命——第三次产业革命。它直接作用于商贸流通，间接作用于生产、科研和创新。

对于工农业生产的原材料采购、产成品销售、企业的市场营销和商业零售业、国际贸易等的经济活动，电子商务正从微观到中观和宏观，对企业、行业、区域的经济发展产生着巨大的影响和作用；对于人们的日常生活消费，电子商务正逐步地、越来越大和越来越深刻地改变着人们的消费观念、消费习惯和消费方式，在为人们带来显著的经济利益的同时带来安逸的精神享受；对于国家和社会，电子商务对社会效率的发挥、资源的优化配置和再利用、再分配发挥着日益强大的作用，当天灾人祸来临时，它能以最快的速度调配资金和物资，在金融风暴和经济危机到来时，它能以电子速度为政府、企业和个人进行有限资源的调集和重组。

伴随以互联网为主的电子信息技术的进一步发展和信息产品（三网合一、3G 手机等）的广泛使用，电子商务更呈现出泛在性、虚拟性、个人性、社会性和数据海量性等新特征，电子商务的应用和研究犹如东方日出，其前景充满了朝气和阳光。

显然，加快电子商务的发展已经成为很多国家乃至中国的一项重要政策。这就对中国培养高素质的创新型电子商务人才提出了迫切的要求。到 2008 年年底，国家教育部已经批准了 300 多所本科院校和 800 多所高职高专学校开设电子商务专业；在校学生人数已经达到 30 多万，每年毕业生人数达到 8 万多。

但正如与其他新生事物的发展一样，随着网络与电子商务经济理论的研究不断深入，电子商务法规政策的纷纷出台，企业现代化管理水平的不断提高，电子商务创新模式的不断涌现，使得电子商务专业的建设也在变化之中，有关电子商务专业的定义仍在不断充实、完善之中。

2005 年，教育部启动的“全国高校电子商务专业人才培养模式研究”项目中对电子商务专业的定义是：电子商务专业是现代经济学、管理学和工学（以信息技术为主）融合形成的综合性、复合型学科，电子商务专业培养的是适应现代社会需要的复合型人才，电子商务专业的建设和发展必须要求得到经济学、管理学和工学等学科的合力支撑。

2008 年，“全国高等学校电子商务本科专业知识体系”（教育部高等学校电子商务专业教学指导委员会编写）中将中国现阶段电子商务本科专业的培养目标定义为：“面向世界、面向未来、面向现代化”，为国家培养德、智、体、美、劳全面发展的具备现代经济、管理理论和信息技术等多种知识和电子商务综合技能的，能从事网络环境中企业、事业和社会的商贸购销、商务管理或商务技术支持等现代化商务实践、研究和教学等工作的复合型、专门化人才。目前，中国电子商务本科专业的两大基本方向为：电子商务经济管理类方向和电子商务工程类方向。它们分别在经济管理知识与技能体系和信息技术知识与技能体系方面有所侧重。

电子商务专业教育涉及通识教育、综合教育、专业教育三大部分。专业教育按知识层面划分，包括专业基础知识和专业知识两个层次；按教学内容划分，包括课堂教学和实践教学两个方面；从教学计划角度考虑，包括知识体系和课程体系两方面的组织；从学科要求角度考虑，包括知识体系、能力体系和素质体系。

而这种专业教育和相应技术内容最直接地体现在相应教材上。为此，国家信息化专家咨询委员会与教育部电子商务专业教学指导委员会联合组织了本系列教材（高等学校电子商务专业系列教材），以奉献出一批符合国家电子商务发展方向和有利“提高国民信息技术应用能力，造就信息化人才队伍”的优秀教材，充实电子商务教育市场。

本系列教材在内容编排上努力将理论与实际相结合，尽可能反映电子商务的最新发展，以及国际上对电子商务的最新释义；在内容表达上力求由浅入深、通俗易懂；在知识体系划分上严格按照教育部电子商务专业教学指导委员会最新知识体系，具体如下：

知识领域名称	知识领域标记	备　注
电子商务综合	ECG	理论、政策、法规等
电子商务经济	ECE	经济类相关学科
电子商务管理	ECM	管理类相关学科
电子商务技术	ECT	信息技术类相关学科

其编写的内容主要包括：电子商务导论、电子商务管理、电子商务法学教程、电子商务网站建设、网络经济学、网络营销、网络金融、网络财务、电子支付与清算、电子商务物流管理、电子商务系统建设与管理、电子商务安全、电子商务案例分析教程、移动商务、电子政务与商务（侧重政府采购部分）、电子服务及其应用、电子商务项目策划与管理、网上创业、客户关系管理、服务科学概论，共 20 本。其中，电子商务导论（李琪主编），电子商务物流管理（魏修建主编）作为 2008 年“信息化与信息社会”系列丛书编委会重点扶持的教材。

本系列教材突出了“准确把握理论、理论联系实际、优选典型案例、把握发展前沿、启发读者思维、编写科学合理”的特色：对基本概念、基本知识、基本理论给予准确的表述，树立严谨求是的学术作风，注意与国内外的对应及对相关概念、术语的正确理解和表达；从实践到理论，再从理论到实践，把抽象的理论与生动的实践有机地结合起来，使读者在理论与实践的交融中对电子商务有全面和深入的理解和掌握；精选国内外典型案例，支撑相关的理论与实践，使读者能够从具体案例中深入浅出地了解、认识更多的电子商务的应用及其相关问题；对电子商务的理论、研究、技术、实践等多方面的发展状况给出发展前沿和趋势介绍，拓展读者的视野；注意在理论和实践两方面以启发读者学习、专业研究、创新为导向，为读者提供发散思维的空间和精确思考的焦点问题；本系列教材在内容逻辑和形式体例上力求科学、合理，严密和完整，使之系统化和实用化。

自系列教材编写工作启动以来，在国家信息化专家咨询委员会的指导和关怀下，在电子工业出版社与我们的共同努力下，在本系列教材各位主编、副主编和全体参编人员的辛勤劳动下，在各位专家、许多高校教师和研究生及朋友们的关心、帮助下，终于陆续面世了。在此，我们对以上各位领导、专家、老师、同学和朋友们表示最衷心的感谢！

我们深知，虽然我们对本系列教材的组织和编写尽了最大努力，但离我们的目标仍然有较大的差距，衷心希望各位读者不吝赐教，使我们能在今后的再版工作中不断改进，使系列教材越编越好！

高等学校电子商务专业系列教材

编委会

2009-6-25

前　言

编写本教材的最主要目的是为刚刚兴起的移动电子商务教学提供一套较为完整的知识体系。这个知识体系既包括移动互联网概述，也包括移动电子商务的基本概念与总体框架。为了保证概念体系的完整性，教材中涵盖了移动电子商务技术与商务两大层面的知识，以体现这门交叉边缘学科的特殊性，教学中可以酌情有所侧重。本教材适用于大学本科电子商务专业以及其他相关专业高年级学生作为专业课教材使用，也可作为研究生的学习参考书。

移动电子商务活动是电子商务的一种扩展与延伸，其特点体现在网络泛在化、应用情景化和服务个人化三大特征方面。由此所产生的基于位置的应用（LBS）、场景依赖型实时性应用和具有隐私关注特点的个性化应用是商务模式教学的重点内容。尽管对于安全信息管理与移动支付这两项内容是否属于“商务”的概念，目前还存在一些争论，但是作为移动电子商务生态系统的主要组成部分，本教材还是给予了重点阐述，以利于学生完整掌握移动电子商务活动的关键因素。

移动电子商务是移动互联网最主要的应用之一，因此，了解移动数据通信技术和 WiFi、蓝牙等无线接入技术对于这门课的学习是十分重要的。智能终端是移动互联网体系中非常重要的一个组成部分，也会直接影响客户使用移动电子商务业务的体验与意愿，为此本教材也做了专门的介绍。从技术的角度来看，后台运营支撑系统是容易被忽略但却十分重要的内容，本教材开辟了专门的章节对此加以论述，从而保证了业务实现流程的完整性。

移动电子商务是伴随着移动互联网的发展而发展起来的一个全新领域，目前尝试的许多应用都是探索性的。本书后面的章节展示了多方面的实证来指导学生如何根据移动互联网的技术经济特点进行商务模式的分析与设计。总之，这本教材的编写使我可以把自己和国内外同行们近年来的研究成果以及相关企业在这一领域的实践探索引入到课堂上。希望它能够为丰富电子商务专业的教学内容做出应有的贡献。

感谢陈霞博士、王慧贤博士、何仲博士、王雯婧博士以及贾原、孙超、李昕、张念照、郑磊等同学为本书的写作所做出的重要贡献。与他们之间的合作使我再次体会到了教学相长的真谛。

吕廷杰

北京邮电大学经济管理学院

2011 年 6 月 于北京

目　　录

第 1 章

绪　　论

1.1 移动经济与移动电子商务发展

1.1.1 移动经济的背景

近年来，移动通信与互联网通过整合产业资源，已逐步形成移动互联网产业链。这个产业链由移动运营商、设备提供商、终端提供商、服务提供商、内容提供商、芯片提供商等产业部门组成，已逐步向商务、金融、物流等行业领域延伸。移动互联网的产业技术环境以移动通信技术为主，辅以 WiMAX、WiFi、蓝牙等无线接入技术组成的网络基础设施，以云计算等信息处理技术作为支撑平台。移动互联网可以使客户随时、随地通过任何设备保持在线。

在信息经济时代，驱动社会财富增长的引擎是信息技术（如图 1-1 所示）。移动经济（m-economy）已经到来，并且是大势所趋。

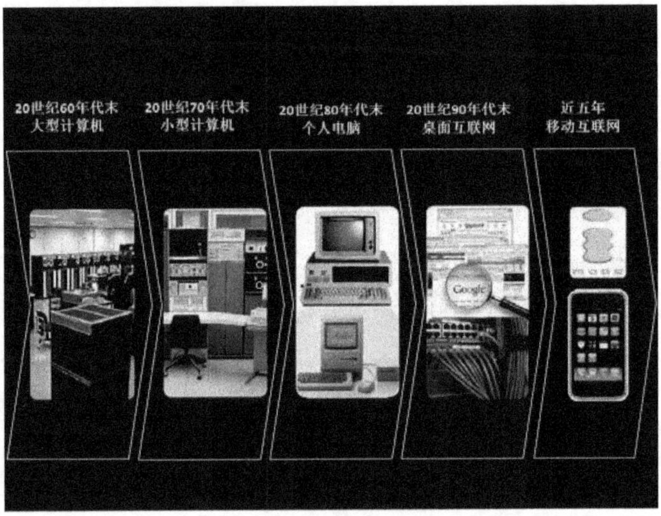

图 1-1 信息技术演进趋势图

1. 移动通信市场用户与资源已有较好积累

自从 20 世纪 90 年代初引入 GSM 系统以来，全球移动通信市场迅猛发展。截至 2010 年年底，全球移动电话用户数（即潜在移动互联网用户数）已达 50 亿，是全球桌面互联网网民数量 20 亿的 2.5 倍。尽管目前移动互联网用户仅占移动电话用户数的五分之一（10 亿多），但据摩根斯坦利的估计，依照目前的发展速度，未来 5 年内通过移动装置接入互联网的用户数将会超过通过桌面电脑接入互联网的用户，并将带来移动电子商务活动井喷式的发展（如图 1-2 所示）。

截至 2011 年 5 月 17 日“世界电信与信息化社会日”，我国移动手机用户数已经突破 8 亿，拥有智能终端并使用移动互联网业务的用户数已突破 3 亿大关。随着人民生活水平的不断提高和移动通信费率的不断下降，我国移动电子商务活动的发展前景十分看好。

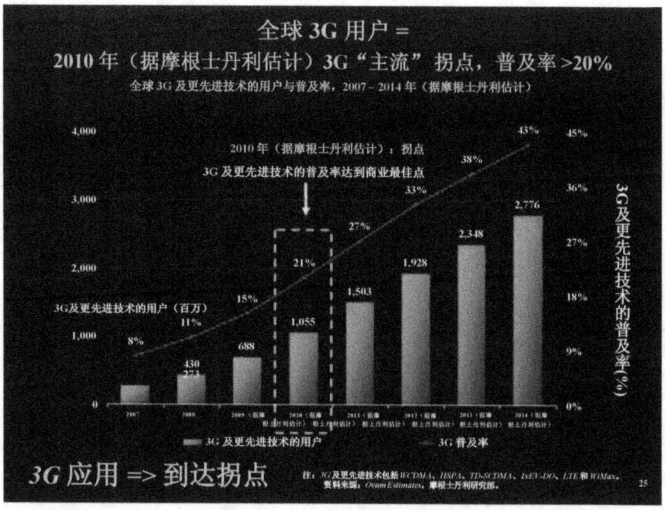

图 1-2　全球 3G 用户增长

2．3G/4G 技术可以应对移动通信高速发展面临的挑战

随着移动用户井喷式的增长，移动通信面临高速发展带来的挑战：未来几年内，数以亿计的用户增长将首先使大城市和热点地区面临频谱资源的限制；通过小区不断细分的方式来增加容量，将使网络成本不断上升；随着用户数的不断增长和用户基础向低端扩展，传统语音业务带来的平均每用户营收（ARPU）在全球范围内均呈现下降趋势，运营商利润也因此趋于下降。

技术的发展可以应对这些挑战。3G/4G（第 3 代/第 4 代移动通信）引入了新的频率资源，由于其具有更高效的频率利用效率，使得 3G/4G 能以更经济高效的方式为语音和数据业务提供极高的网络容量，从而满足未来数以亿计的用户使用各种移动服务的需要。同时它也为较高速率的各种移动互联网业务的广泛应用提供了一个理想的平台。另一方面，移动互联网业务的发展，特别是移动电子商务的开展将有效促进网络话务量的增长并开　新的收入来源，从而扭转 ARPU 下　的趋势。因此，移动运营商已经成为移动电子商务发展的重要推动力量。

3．移动运营商的积极推动有助于移动电子商务的发展

随着移动互联网时代的到来，运营商在移动电子商务价值链上占有关键的竞争优势。

（1）拥有网络基础：运营商可对联结业务、增值业务等收费。

（2）拥有客户基础：运营商现有庞大、高价值的用户群均是未来新业务的潜在客户。

（3）拥有收费渠道：运营商可代为 ICP 收费、可用电话账单为用户的小额移动电子商务购物收费、也可与信用卡 / 银行联网合作，为较大额的电子商务购物收费。拥有收费渠道是移动互联网相对固定互联网的一大优势，也是移动电子商务开展活动的理想基础。

因此，目前各国移动运营商均积极推动移动电子商务的发展，都在努力增强它现有的业务提供商和网络提供商的角色。一方面，语音业务在未来几年内仍将是移动运营商最主要的收入来源；另一方面，新的数据业务和移动互联网业务将成为移动运营商推动

话务量增长和补偿 ARPU 下降的重要推动力。

20 世纪 90 年代以来，移动通信迅猛增长，而且这一增长还将继续。目前，我们正经历着巨大的技术和商业模式转型：由于移动互联网时代已经到来，WiFi、WiMAX、3G 以及即将到来的 LTE 等无线通信技术正在为新的业务应用和井喷的容量需求铺平道路，因此，未来十年中，客户交互的性质和交易速度会发生改变，移动经济下的交易将会以比现在更快速度、更智能、更好的交互性、更个性化的方式为客户提供更多丰富多彩的业务和应用。

1.1.2 移动经济下的移动电子商务

移动经济在　　期可能会呈现出一些混　。在商业领域，客户对技术创新的接纳很少一　风顺。当一家企业采纳了一项创新技术后，它会因此变得与众不同。然而接下来，现有的社会及商业过程却常常会出现混　。不过，这一时期是短暂的，而且技术和应用的变化将很快以一种稳定和渐进的方式融入企业。对大企业来说更是如此。在层出不穷的移动设备以及新的互联网应用推动移动电子商务　　发展时，技术和应用究竟如何渗透到企业中，将成为企业界关注的主要问题。

运用无线技术接入计算机，在创造无限商机的同时也带来了巨大的复杂性。移动互联网在提高了客户期望的同时也加剧了竞争。在这种环境下，企业发现：成功的交易必须是实时完成，仅仅快速移动是远远不够的。面对如此大规模的结构性变化，移动经济下的产业链成员必须尽快且前瞻性地制定企业战略，以适应实时交易的复杂性。

移动经济既是支撑因素也是核心业务。不同类别的产业链成员对此应有不同的定位。

（1）对于金融机构、制造业、零售商：移动通信是支撑要素，它是核心业务的补充，它会使核心业务更有效但不能从根本上改变它们。

（2）对于移动运营商、手机和便携设备制造商，以及一部分硬件、软件和咨询业：移动经济是其核心业务。

（3）对于将移动系统看做支撑要素的公司：焦点问题是要理解移动通信会如何影响它们为客户和员工创造价值。

（4）对于将移动通信看做核心业务的公司：存在极大的压力，需要快速行动，以便开拓出赢利的市场机会。

（5）对于核心业务是移动通信的公司：应该拥有新的态度、采用新的理念和方法。

在制定移动电子商务战略时，对每一个参与者来说，关键的第一步是确定在何处建立和捕捉最有价值的环节。

（1）对企业家而言：价值最大的环节是在创新阶段将新价值理念率先投入市场。

（2）对管理者而言：价值最大的环节是在技术导入期利用移动技术更好地提供服务和生产产品，通过提供增值的应用率先进入市场。

（3）对投资者而言：价值最大的环节涵盖了上述创新和技术导入两个阶段，即投资给新市场领导者以及投资给新应用领先者。

目前，在经历了一段时间的轻度经济　退及稳定后，大量的新进入者已涌入了移动电子商务市场。

1.1.3 移动电子商务的前景

尽管在短期内，以前占主导地位的商务模式仍将存在，但巨变已经开始。由于基于智能手机的移动互联网应用不断普及，客户上网有了更多渠道的选择，而这种变革将产生深远的影响。移动互联网的发展速度将快于桌面互联网，并且其规模将大得超乎多数人的想象，因为它代表着五大趋势的融合：先进的移动通信技术 + 社交 + 视频 + 网络电话 + 日新月异的便携终端。近年来，各种改变游戏规则的通信/商务平台（社交 + 移动平台）也正飞速涌现，海量数据增长也正在推动运营商/设备制造商走向转型。

一个公司如果想要知道移动经济模式对它是否合适，它在管理上就必须关注以下三个重要问题。

（1）创新和客户价值：公司应追求哪些机遇？哪些机遇会使公司保持最高的效率或价值创造潜力？哪些机遇会对公司目前拥有的核心力做出补充？

（2）赢利的商业模式：如何在创新中赢利？确保赢利需要什么条件？哪些创新是客户愿意付费的？

（3）目标聚集与领导：为跨越机遇和现实之间的 沟，必须面对哪些商业问题？靠技术创新赚钱是很困难的，因为企业没有更多的时间和资源来实现那些好的想法。公司需要有主见的领导者，从那些仅仅是好的想法中挑选真正的创新点。领导者在做出选择之后，必须确立清晰的技术方向，并引领公司向这一方向前进。

此外，移动电子商务的发展将使产业链中的不同角色：基础设施、平台和应用服务提供公司面临不同的机遇和挑战。

1．基础设施公司

（1）无线数据使用量的增长会影响到基础设施提供商/供应商/物流提供商（运营商）/有线电视/通信 公司、通信设备/终端提供商、半导体公司和数据分包商之类的公司。所有公司都必须根据消费者的份额变化调整自己的业务。

（2）对于无线运营商，“规模 + 频段 + 稳健的资产负 表”是在移动互联网市场中制胜的关键因素：为了承受逐渐快速增长的数据流量负 ，构建稳固网络，无线运营商必须扩大规模，因为规模可促进优化分布、提高运营效率并拓宽融资渠道，从而使它们可以购买更多频段（或 “无线不动产”）和设备。

（3）对于通信基站 公司：在无线覆盖领域，他们可以从网络扩展和 4G 产品问世中获得收益。

（4）对于设备和网络供应商：“智能手机需求 + 数据使用量的需求”正在不断激增，这将推动电信设备发生结构性变化，并对设备和网络供应商的定位和市场份额产生重大影响。

（5）终端提供商：虽然诺基亚和中国的一些终端供应商主 着不断受到 食的低端/大容量功能手机市场，但手机的战场和利润源 已转移到带有操作系统、能够上网的智能手机。苹果公司和黑莓公司（RIM）近几年的发展证明，在这个市场中，取得成功的关键是拥有一个产业生态系统（操作系统 + 硬件）。未来几年，苹果公司将在高端手机

市场中继续名列前 ，但运营商、手机制造商和软件提供商会全力对抗苹果公司在应用程序/产业生态系统的领导地位，如开放的安卓（Android）操作系统正在主导智能终端市场。

2．平台公司

就像大型机时代的 IBM、小型机时代的 DEC 以及个人电脑时代的微软那样，在技术领域，引领技术发展周期并赢得大多数用户的公司通常会获得最大主 权。事实证明，互联网时代与上述时代存在一些差别，在互联网时代，没有哪一个参与者能凭借“软件 + 硬件”设计领域的关键地位就能主 “平台”。互联网具有松散性和开放性的特点，作为一个搜索引擎公司（实际上是一个超级聚合体），谷歌获得了成功，它的成功正是体现了互联网的特点。

1999—2005 年，NTT DoCoMo 在日本移动互联网市场的发展中充当了平台领导者的角色；而目前苹果公司正处于移动互联网领头 的位置。在未来 2～3 年内，至少在许多讲英语的市场中，苹果公司仍将担当这一角色并引领移动互联网向前发展。苹果公司的定位与早期平台领导者类似，即控制自己的硬件和软件，并鼓励用户借助广泛的设备（iPhone/iTouch/Macintosh/个人电脑/苹果电视/iPod/iPad），通过其 iTunes 分发系统访问它基于互联网的娱乐/应用，并让用户为此付费。

需要思考的是，移动互联网的下一阶段会以一种分割/开放的方式发展（就像桌面互联网那样），还是会以主导/封闭平台的方式发展（就像大型机、小型机和个人电脑时代那样）？正如在个人电脑市场的初期发展中所做的那样，苹果公司极为注重维持它在早期高端移动平台市场的领导地位。苹果公司在 20 世纪 80 年代所犯的错误源于两件事情：它没有向其他硬件制造商开放其 Macintosh 操作系统；它通过保持超高价格来维持利润。而现在和未来，苹果公司会极为重视获得无线消费者设备的市场份额，并将会努力确保该目标的实现，包括压低硬件价格、迫使运营商降低服务计划定价或实行分层定价，以及发展新的运营商和分销合作伙伴。

在接下来的几年中，除了苹果公司外，其他参与者也可以维持他们在某些领域的份额。比如 RIM 在企业领域的份额，以及诺基亚/信比安和三星在一些新兴市场（如中国和印度）中的份额。而新的进入者（如谷歌 Android）也拥有机会，作为更为开放的“手机 + 设备”制造商，它们对苹果公司起到牵制作用，而运营商也会寻求替代合作伙伴，以 制苹果公司的发展势头。

另外，facebook 和 twitter 是即时信息的一个变种，facebook 最初是基于桌面互联网的，而 twitter 植根于手机上。它们使得用户可以将自己的最新动态和想法以短消息的形式发送给个性化网站群或群发至手机，而不仅仅是发送给某个人。这类社交网站已经成为上亿人保持联系的主要方式。基于社交网络的垂直化虚拟社区，如健康类社交网站，它们通过“同病相联”的模式，对 、 品和保健食品产生了巨大的口碑营销效果。

随着更多的消费者开始使用功能日渐强大的移动通信平台/引擎（具有照片/视频功能和高速访问能力），移动电子商务将会以多媒体方式呈现，从而优化客户体验。

3. 应用服务提供公司

在技术方面，就像谷歌、亚马逊、eBay、雅虎、 骨文、SAP 和 Adobe 等公司所取得的成功那样，那些利用新计算平台建立创新应用程序/服务/内容的公司，将有机会构建庞大用户群（且往往还可以获得经常性收入）。

在移动互联网市场，一群最早且积极关注移动商机的“传统”的互联网公司可以成功把握渐进式增长的机遇，如“搜索 + 广告服务 + 视频”领域的谷歌、商务领域的亚马逊和 Rakuten、移动社交领域的 Mixi 以及移动内容创建/提供领域的 Adobe。此外，一些私营移动公司也正在市场中 露头角，包括游戏制作商 Zynga、Playfish（2009 年 11 月被 Electronic Arts 收购）及移动广告公司 AdMob（2009 年 11 月被谷歌收购）等。

1.2 移动电子商务发展概况

1.2.1 移动电子商务发展现状

在国际上，尽管已经有多种的移动电子商务业务进行了尝试，但就消费者市场来看，大多数的较先进的业务并没有被终端用户普遍使用。反之，基本通信增值业务，如短信、搜索业务、手机铃声、图标等仍然是最受欢迎的业务。很多用户的手机可以上网，但是在全球 50 亿手机用户中，只有 10 亿多人使用手机上网（日本和韩国是例外，在这两个国家，使用无线网络上网的用户数超过了有线用户）。在芬兰所做的研究显示，移动数据业务的使用呈逐渐递增的趋势。最重要的服务是移动电邮和上网，它们的使用率逐年递增，为移动电子商务的开展打下了基础；和旅游相关的移动电子商务服务也正逐渐为大众所普遍接受；目前只有较少数用户熟悉情景和位置感知服务。与人们的预测相反，有些吸引很大注意的服务，在之前是作为杀手级应用，如移动电视、股票交易和成人内容，现在却 为不受欢迎的服务。因此，服务必须迎合消费者和运营企业的行为。

目前，移动电子商务已在全球范围内发展，并已提供了如下类型服务，使消费者和企业受益。

1. 信息服务

典型的信息服务包括搜索服务、新闻和天气信息、运输时间表、以及信息黄页。信息可以被同一用户或不同用户反复修改和使用，这种信息的再生产既迅速又便宜。通常，移动互联网上的信息包括如下几种。

（1）文本：如新闻、股票价格、电影放映信息、广告、产品描述和酒店预订。

（2）音频：如声音、无线广播和音乐文件（包括 MP3 格式）。

（3）图像：如无线位图（.bmp）和可交换的图像文件（.gif）。

（4）视频：如动画图形文件、移动电视、视频文件。

移动信息服务可以通过文本信息（即短信）、多媒体短信服务（即彩信）或移动互联网进行。在 1999 年，日本的运营商 NTT DoCoMo 提出了移动互联网所采用的无线应用协议（WAP），他们的 i-Mode 服务为用户提供接入内容提供商的接口，计费和连接都由运营商提供，它们在外观和内容上都保持统一，使终端用户具有清晰连贯的用户体验。沃达丰直播（Vodafone Live ）、T 字区域（T-Zone）、 色世界（Orange World）都是复制 i-Mode 模式。除了这些基于提供内容接口的商业模式，一些独立的提供信息服务的 WAP 站点也已经涌现，其中最成功的是那些为个性化的移动设备提供内容下载的站点，这些内容包括手机铃声和壁纸。

位置数据可以使信息变得更有针对性，如过 掉那些会打扰客户的信息。另外，信息数据使各种新服务成为可能，包括为 提供方向和地图信息的导航服务、为找到亲戚朋友或某一物体提供的追踪服务等。

移动数据服务可以补充语音通信服务。短信是移动数据服务中最流行的，虽然对它最初的发展预期较低，但短信已被证明是 今为止很成功的服务；MMS 可以实现更先进的图片和视频资料的通信；目前，有超过 30 家运营商正在运营视频电话服务；通过如黑莓手机这样的专门设备，移动电子邮件的使用也越来越多；即时通信或组信息可能是颠覆短信的创新，它是一种从固网上已有的业务移植下来的解决方案。和短信相比，即时通信用户仅依据它们所产生的数据流量付费，而不必为他们发出的每一条信息付费。

2. 娱乐服务

娱乐服务包括下载音乐、看电视、玩游戏、 天等。移动电视是一种特殊类型的移动娱乐服务。虽然娱乐往往是由专业的 术家或新闻机构生产出来的，但是越来越多的用户通过具有拍照/ 像功能的手机制作相片和视频，生成用户自己的内容，这使得用户成为娱乐方面积极的贡献者和内容开发者，而不再只是被动的消费者。

3. 交易服务

交易服务是与交易和支付相关的服务。移动支付是“使用基于无线网络的移动设备进行从一方到另一方的货币价值的无线交换”。这些支付可以是小额支付，如用于交通的车票或售卖机，也可以是大额支付，如购物或餐饮。与之相关的一种服务类型是手机银行，它是对账户余额和交易过程的访问信息。移动汇款服务在发展中国家更为常见，因为它可以使个人间的转账在没有财政部门监管的情况下进行。

4. 企业服务

除了消费者，企业也可以从移动服务中获益。企业在移动电子商务中的应用，包括自动化销售、移动供应链管理（SCM）、移动访问电子邮件、个人信息管理（PIM）应用、移动追踪和跟踪、移动调度和规划等。对企业而言，采用这些应用具有较多好处，包括旅行时间减少、工作环境具有极大灵活性等。此外，自动的现场管理还可以使企业的后台进程得到精简。企业还可接受使用无线射频技术的解决方案，旨在定位货物和货物数据交换。紧急支 服务是一种独特的移动电子商务，例如，警务人员可以通过接入支 系统的移动设备受益，或者当他们所负责的区域出现事故时，他们可以通过移动设备获得通知。此外，消防和 护人员也可携带移动设备，帮助他们处理风险和确定地理信息。

1.2.2 移动电子商务典型业务发展现状

上述信息、娱乐、交易、企业服务中，有些业务比较典型，并已在全球获得较好发展。下面分别对这些典型业务进行介绍。

1. 基于 PUSH E-mail 的企业商务助理业务（如图 1-3 所示）

基于 PUSH E-mail 的企业商务助理业务，以加 大黑莓（RIM）公司为典型代表。这里以黑莓公司为例对 PUSH E-mail 的企业商务助理业务进行介绍。黑莓公司是最早从事移动互联网应用的公司之一，它利用基于编码压缩与通道加密技术，在手机 PUSH E-mail 业务的基础上开展了企业和政务级移动信息化应用服务。黑莓目前在美国、加大地区相当流行，它将软件客户端结合在移动电话、PDA 及其他通信终端上，用户可以通过其无线装置来安全地访问电子邮件、企业数据、Web 以及进行企业内部的语音通话。行业信息可以随时随地在客户的手机端展现，常用的办公文档经过黑莓公司专利技术转换压缩后，在手机终端上也具有完美的展现效果。

RIM 公司提出的移动电子邮件，具有独特 PUSH E-mail 概念，可将新的电子邮件如短信一样在后台主动推送到移动终端上。黑莓其实是一整套系统，包括移动终端、移动终端客户端软件、企业端服务器、运营商局端移动邮件网关等设备与软件。它使用私钥 triple DES 加密处理，一个密钥存储在企业防火墙后面，一个匹配的密钥则存储在终端设备上，加密的数据穿过防火墙后，只能在终端上被解密，对于收发企业邮件相当安全。

黑莓具有如下特点：

- 可以对企业无线信息环境进行安全的无限扩展；
- 利用上推下拉技术来实现对企业数据的无线安全访问；
- 能够和企业现有的服务器系统有机集成；
- 管理简便，并且可以对无线网络进行中央控制；
- 支持多种无线网络和无线设备；
- 具有可在全球部署的能力；
- 具有自动化的桌面软件配置；
- 提供集成了电话、电子邮件、企业数据、浏览器、SMS 以及组织应用程序功能的高级无线手持设备；
- 拥有功能强大的开发环境，同时具有对第三方以及内部解决方案开发开放的架构。

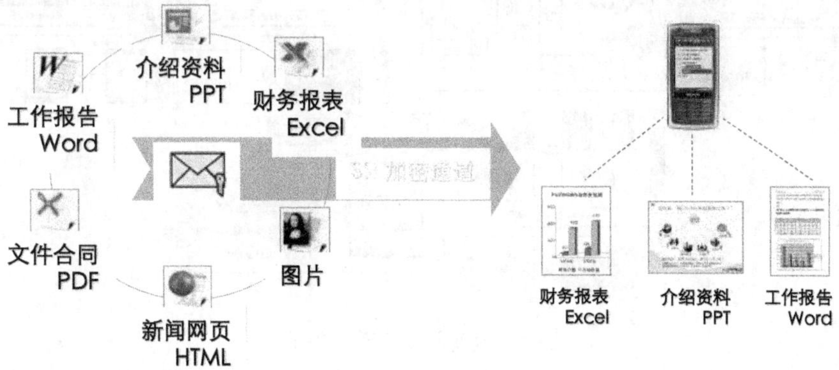

图 1-3 基于 PUSH E-mail 的企业商务助理业务

2．手机广告业务（如图 1-4 所示）

在手机移动广告业务的发展上，日本最大的移动通信运营商 NTT DoCoMo 是典型代表。从 2002 年起，NTT DoCoMo 就在它的移动数据业务平台 i-Mode 上开展了手机广告业务。随着第三代移动通信的采用，通信带宽得到了显著的提升，相关广告业务在它的 FOMA 平台上也正向多媒体化方面发展。目前，手机广告业务已与带有娱乐性的问题抢答和二维码打折促销券派送相结合。

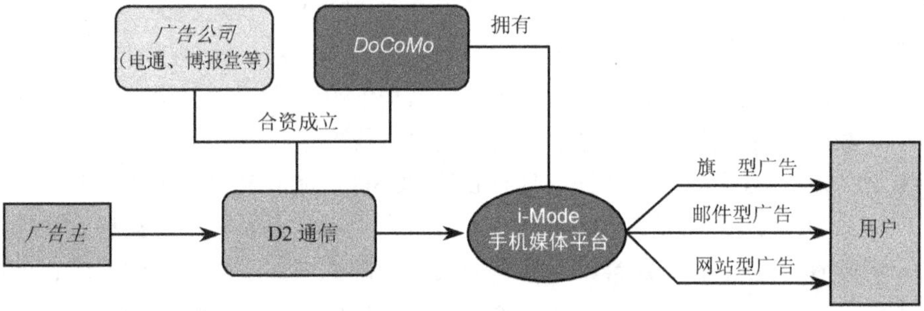

图 1-4　手机广告业务

3．三网融合类移动电子商务业务

三网融合类移动电子商务业务开展的典型代表是日本的第二大移动通信运营商 KDDI。早在 2007 年，KDDI 就和日本朝日电视台联合推出 1SEG 业务实验。1SEG 是电视手机，它可以免费接收数码电视节目。该业务经历了三个发展阶段并迅速商业化（如图 1-5 所示）。

- 通过电视媒体和数字广播的联合，扩大宣传，促进业务知名度的提高。
- 提供电视购物节目中相关商品的网上购买解决方案。
- 朝日电视台节目及其衍生信息产品的数字内容交易。

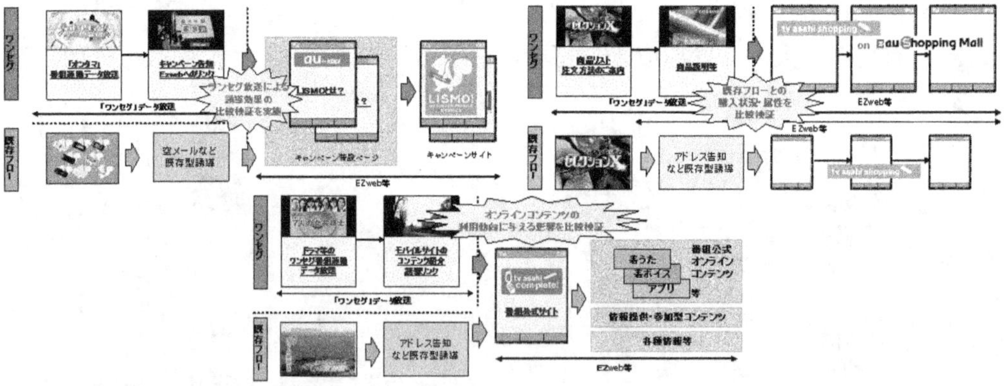

图 1-5　1SEG 发展的三个阶段

4．第三方移动支付业务

第三方移动支付业务也是典型业务。它是第三方移动电子商务平台通过与银行系统互连，为广大的移动用户提供了方便、快捷的电子商务服务，并且为广大的商户提供接入服务、银行信息查询和支付服务。第三方移动电子商务平台的服务对象是用户和商户。

进行一项交易服务，对用户来说，第三方移动电子商务平台提供的接入手段包括：语音、短信、GPRS（如 Java）、WAP、OTA 等方式。对商户来说，接入有两种形式：无线接入和 Internet 接入。电子商务平台提供两种支付手段：一是用户发起支付；二是商户/SP 发起支付。第三方移动电子商务平台与移动网络的连接关系如图 1-6 所示。

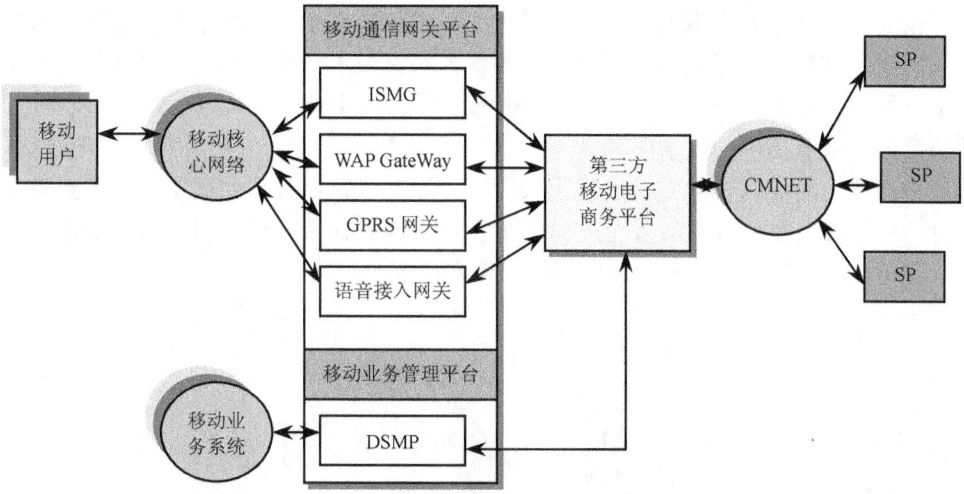

图 1-6　第三方移动电子商务平台与移动网络的连接关系

第三方移动支付平台可以支撑多种业务，主要包括以下几种。

- 信息服务：包括银行到账通知、银行账务核对、账号余额查询、彩票查询等。
- 自动售货/票：包括自动售货机、自动售票机等。
- 公共事业代收费类：包括：代收手机话费，水费、电费、天然气费等。
- 移动 POS：包括手机 POS 和无线 POS 等。
- 数字购物：包括收费邮箱、收费新闻、网上购卡、充值服务等。
- 转账类：包括银行个人转账。
- 彩票类：包括足球彩票、体育彩票、福利彩票等。

5. 小额现场支付业务

移动电子商务业务中，典型的小额现场支付业务是建立在传感器/RFID 技术基础上或 NFC 手机平台上的一种应用。常见的移动小额现场支付系统是通过建立并管理一个与用户手机号码和本人身份关联的支付账户来实现的。支付账户的作用相当于电子钱包的概念，它为移动用户提供一个通过手机进行身份认证和交易支付的途径。如果这个账户管理平台不在本地，则需要通过机器对机器（M2M）网络进行数据认证与支付操作。M2M 网络以读取客户终端认证信息的电磁　合装置为一端（M1），以支付网关服务器为另一端（M2），完成客户鉴权以及充减值支付操作，M1 和 M2 通常通过广域网或专线相互连接。

表 1-1　各类移动支付方式对比

支付类型	业务提供者	支付操作	通信支持
手机钱包	支付地经营者（如地铁、停车场等）	充减值	无
手机银行	银行	用户鉴权	M2M（传感器到银行支付网关）
手机信用卡	移动运营商或第三方发卡机构	用户鉴权	M2M（传感器到运营商或发卡机构支付网关）

无论支付管理是否在本地，这种支付方式都不直接产生终端到基站的通信流量，所以被称为现场支付。实际上现场支付是一种将各种充值卡、银行借记卡以及信用卡集成到手机上的解决方案。通过它，用户可以随时随地通过手机使用商场 POS 机以及车　站、停车场等读卡机所提供的收款服务。

从小额支付系统提供的支付途径上来看，它涵盖了定向支付、微支付、小额支付、预支付、电子现金支付等多种安全支付方式和技术，确保了小额支付业务的交易安全。这类业务可以在短信、语音和 WAP 三种承载方式下实现。

第 2 章

移动电子商务体系结构及支持技术

商务或商务活动就是至少有两方参与的有价物品或服务的协商交换过程，它包括买卖各方为完成交易所进行的各种活动。

电子商务使得传统的商业活动的全部业务流程或部分业务流程实现了电子化。因此，电子商务的实现首先是企业内部业务的电子商务化，然后才能够实现企业之间、企业与客户之间交易数据和交易流程的电子商务化。

2.1 基本定义

2.1.1 电子商务定义

电子商务（E-Commerce）从广义上说，是指在计算机与通信网络基础上，利用电子工具实现在线的商业交换和经营作业活动的全过程。

从狭义上讲，现代电子商务是指以公众 Internet 网络和技术为依托进行的在线交易和商务作业活动，即实现交易过程乃至资金流和物流管理的信息化过程。换句话说，实现资金流、信息流和物流整个贸易活动的电子化。

从一般意义上认为，电子商务的客户主要是指通过信息终端（一般指固定终端，如PC）以拨号、专线或语音方式接入 Internet 网络的用户。

电子商务业务的关键特性包括：高度的安全性、在线支付、用户的不可移动性和用户的信用等。

2.1.2 移动电子业务定义

移动电子业务（M-Business）是指通过移动方式，可在任意时间、地点进行信息和数据的交换。在移动电子业务中，用户可以利用各种移动终端（包括手机、PDA、移动PC 以及其他具备无线通信功能的设备），通过各种无线环境（如 PLMN、集群网络、蓝牙、WLAN 等）进行业务的处理。

移动电子业务的主要业务特征在于终端的可移动性以及保证事务处理的实时性。

2.1.3 移动电子商务定义

移动电子商务（M-Commerce）从广义上讲，是指基于移动通信网络，通过手机、寻呼机、掌上电脑等移动通信终端和设备所进行的交易、支付和认证等电子商务活动。从狭义上讲，移动电子商务是指以公众 PLMN 和 Mobile Internet 网络和技术为依托，通过便携终端进行的在线交易和商务作业活动。

在移动电子商务的整个事务流程中，至少要在某个事务环节的处理中，至少有一方是处于移动状态的，并且通过移动网络完成该事务环节。以交易类业务为例，用户首先通过 PC 浏览选择商品并订购，然后商家服务器将用户订单通过某种方式（如短信、彩信、WAP PUSH）推送到用户手机上，用户通过手机进行支付。该交易过程我们认为就是一个移动电子商务的过程，因为虽然选购过程是通过有线网络进行的，但支付过程是通过无线网络来完成的。

从技术角度来看，移动电子商务是电子商务的扩展，为电子商务的应用提供了新的应用领域；但是从应用角度来看，它的发展是对有线商务的整合与发展，是电子商务发展的新形态。这种“整合”就是将传统的商务与已经发展起来的、但是分散的电子商务整合起来，将各种业务流程从有线网络向无线互联转移，不仅可以保证商务活动的无缝连接，而且还可以有效地利用消费者的时间碎片。

从互联网的角度看，移动电子商务与电子商务有相当大的共通之处，但是两者的服务对象和服务方式（包括终端设备方面）都有很大不同。正如电子商务不能照搬传统商务的经营模式一样，移动电子商务也不能完全照搬电子商务的经营模式。

移动电子商务与电子商务业务的主要区别在于：用户的可移动性（泛在性）以及对有实时性要求的电子商务业务的支持。而移动电子商务与移动电子事务的主要区别在于后者主要指进行商业信息和数据的交换。

在移动电子商务定义的基础上，我们将移动电子商务业务定义为：以 WiFi/WiMAX/3G 等无线通信网络和移动互联网为依托，利用移动智能终端（手机、PDA、移动 PC、专用移动终端），通过 WAP/SMS/USSD/KJava/语音等方式进行的在线交易和商务作业活动。

2.1.4　移动电子商务的特点

与其他的电子商务相比，移动电子商务及其业务模式有着自己的特点，具体内容如下。

1. 泛在性

与其他电子商务必须在固定地点使用不同，移动电子商务允许用户在任何时间、任何地点使用。这种移动性体现在服务的用户、设备、会话和应用上，这可以通过移动无线网实现。但是需要注意的是，移动电子商务包括但并不仅限于通过无线网络提供的服务。例如，可以通过 USB 端口从台式计算机上把一份音乐文件导出到移动设备上，之后就可以在移动设备上听歌。同样的，移动支付业务可能会用到无线射频技术（RFID），无线射频仅在小范围内工作但不提供移动管理。

2. 个人性

移动电子商务与其他电子商务的另一区别在于移动设备的个人特性。大多数人都拥有属于个人的移动设备，几乎没有其他一种东西可以像个人移动设备一样被人们随时带在身上。这种共生关系使得识别用户并且收集关于用户的个人特征、手机型号或者典型行为成为可能，这使得用户可以享受更加个性化的服务体验，从而又加强了这种共生关系。然而，这也意味着相比于其他电子商务，对移动电子商务的隐私、安全和身份管理显得更加重要。

3. 情景性

除了静态的个人信息，实时的与用户相关的情境信息使得移动服务更加有用，更具相关性。情境信息可以是与服务使用相关的任何信息，如通过全球定位系统（GPS）或基于网络基站三角测量获得的位置信息，或者是时间、温度、设备的电量、日程安排、社交联系，甚至血压和心率等其他的情境信息。情境感知信息会在相关的时间自动传输，为用户产生的内容贴标签，以提供更有效的商务机会。

2.2 移动电子商务业务描述

互联网的出现，改变了人们生活、工作的传统模式，打破了时间、地域的限制，提供给人们更多的信息。但随着互联网与移动通信技术的发展，人们已不满足于在固定地点与互联网的连接，而是希望随时随地得到和处理需要的信息，于是移动互联网出现了，实现了人们自由的愿望。于是在桌面互联网时代的电子商务活动正在向移动互联网转移，越来越多的人相信，移动电子商务的时代已经离我们很近了，并且移动电子商务存在着巨大的潜在市场。由于看好移动电子商务的发展前景，诸如摩托罗拉、索尼爱立信和西门子等全球知名的通信设备制造业和软件业巨头相继推出了移动电子商务系统解决方案，希望在新一轮的产业竞争中占据市场先机。

不少 IT 业界人士也开始关注移动电子商务的发展之路。虽然我国已经开始了这种服务，但是这些服务主要还是试验或试用性质的，不是完全成熟的服务。在这个阶段，移动电子商务在很大程度上还是一个新兴的市场。

2.2.1 移动电子商务业务特征

移动电子商务是一个广泛的概念，在真正的实践中体现为应用的聚合体。在移动电子商务业务发展中，需要寻找的是移动电子商务的杀手级应用（Killer Application），这种应用因采用无线技术而显现出它的优势。可以预见，基于这种应用建立的商业模型，将是未来竞争中真正具有生命力的。增值效益是非常重要的，它引导我们思考，什么是无线能够提供而有线不能提供的？

移动电子商务业务是综合移动通信技术、互联网技术和电子商务技术而发展形成的一项业务，因此该项业务同时具备移动通信、互联网和电子商务业务的业务特征。

（1）服务对象的移动性：根据移动电子商务业务的定义，在参与移动电子商务业务的对象实体中，至少有一方是处于移动状态的。

（2）服务的泛在性：由于移动网络无处不在，用户可以在任何地点进行接入，因此用户可以随时获得所需要的服务和信息。而且随着 WAP PUSH 技术的使用，服务提供者也能够随时将最新的商务信息和用户交易结果推送到用户面前。

（3）服务的情景化：由于移动终端的个人化特征以及移动通信网络的定位能力，使得服务提供者能够根据用户的需求和当前的位置提供给用户个性化的界面和个性化的业务服务。

（4）业务的安全性：电子商务业务中涉及一些敏感和关键的数据（如用户个人账号、交易金额、企业合同标的数据等），而互联网的开放性为电子商务的交易带来了交易风险。因此，移动电子商务业务具有较高的安全性要求，主要包括以下几点。

① 数据的保密性：用户关键数据在网络上传输是安全的、加密的，不相关的交易方是无法辨识交易数据内容的。

② 数据的完整性：用户数据在传输过程中是完整的、不被破坏的。

③ 交易的不可抵赖性：交易的任何一方都无法否认做过的交易活动。

④ 交易者身份确认：即使交易各方是互不谋面的，参与交易的各方的身份是可确认的、可靠的。

⑤ 私有性要求：用户的个人号码、位置信息是个人隐私信息，未经许可不能透露给其他方用于商业或非商业用途。

（5）业务的高效性：由于移动终端具备有限的资源，如 CPU 处理能力、电池容量、存储能力、显示能力、键盘操作能力、空中传输带宽等，所以在业务的流程设计上要求高效、简洁，便于操作。

（6）业务的完整性：由于无线通信环境的不稳定性以及用户可能在一个事务处理过程中的漫游导致移动电子商务业务中事务处理过程的间断，所以移动电子商务业务必须具备有效的事务状态维护和恢复机制，保证一个交易事务处理的完整性。

（7）业务的实时性：移动电子商务业务可以实现信息流、资金流和物流的实时应用解决方案。

（8）服务的个人化：移动电子商务可以提供小众化、个性化应用，也可进行一对一精准营销活动。

（9）用户服务手段的多样性：用户可以通过 SMS/USSD/MMS/WAP/KJava/语音等多种方式使用移动电子商务业务，也可以通过移动终端与 PC 结合的方式使用移动电子商务业务。

（10）服务产品的多样性：移动电子商务业务为用户提供的是有货币价值的商品，包括数字产品（如软件、音乐等）、实物产品及服务。

2.2.2 移动电子商务业务分类

根据移动电子商务的不同业务特征，移动电子商务业务可以有多种分类方法，这里给出其中两种分类方式，即从运营者视角分类和从用户视角分类，见表 2-1。

表 2-1　移动电子商务业务分类表

从运营者角度分类	交易类业务	实物商品交易类
		数字商品交易类
		信息商品交易类
		金融商品交易类
		积分商品管理类
	安全认证类	证书处理类
		证书服务类
		数字版权保护类
		安全商务数据处理类
从用户角度分类	按交易主体分类	个人应用类
		企业应用类
		政府应用类
	按交易机制分类	社交应用类
		情景应用类
		交易撮合类

1．从运营者视角分类

从运营者视角分类，主要以业务的提供是否涉及商品所有权与使用权的转移为依据，对各种移动电子商务业务进行划分。为此，可将移动电子商务业务分为交易类业务和安全认证类业务。

交易类业务通常具备以下主要业务特征：

（1）通过该类业务，用户可以获得实物产品、数字产品或服务；

（2）交易过程涉及买卖双方或多方的交易主体；

（3）交易的触发因商务模式的不同而有所区别。

从应用和实现的角度来分析，根据交易商品性质的不同，各种交易类业务可以细分为以下五种子类别。

1）实物商品交易类

这类业务是指借助移动电子商务技术，使用户实现通过移动通信设备来进行网上购物或移动支付，这里所购买的商品是传统意义上的物理商品。其不同于电子商务的特征是：网络泛在化、应用情景化以及目标精准化。这类交易实质上是电子商务的补充与扩展。

2）数字商品交易类

这类业务是指利用移动电子商务技术，使用户实现通过移动通信设备进行网上购物或移动支付，这里所购买的商品是数字产品。数字产品是指电子化的产品，如电子图书、软件、音乐、游戏、图片等。这类业务大多通过移动终端为用户提供娱乐信息。典型的应用场景如：用户通过移动设备收听音乐，订购、下载特定曲目，支付其费用；用户通过移动终端在网上玩交互式游戏，并为游戏支付费用；用户通过移动终端享受高质量的视频服务等。

3）信息服务类

这类业务是面对个人提供的各类信息服务，包括票务、旅游、订餐和酒店预订等。通过移动互联网门户的个性化信息服务中心，用户相当于得到了一个功能强大的个人信息服务助手。这类业务为用户提供的是服务，而不是实物产品，通常由垂直化的移动电子商务运营商运营，主要的赢利模式是通过反向付费实现，即经营者向服务提供商收取服务费提成。

这类应用的最大的特点与数字商品交易一样，即不需要物流。典型的应用场景如：用户通过智能手机可方便核查票证的有无，并进行购票和确认；用户能在票价优惠或航班取消时立即得到通知，也可支付票费或更改航班；借助移动设备，用户可以浏览酒店信息、阅读评论，然后预约酒店住宿服务等。

4）金融服务类

这类业务主要是指通过移动终端在银行、证券和保险领域开展的商务业务。这类业务提供的是金融产品和金融服务，具有较高的安全风险，因此在业务模式和安全模式的实现上需要重点考虑。另外，这类业务的实施需要与金融机构全面合作。比较典型的三类金融类业务包括：

（1）手机银行业务。这类业务通过移动终端为用户提供远程在线银行服务，因为是高度管制行业，主要有中国银行监管市场准入问题，所以进入该业务市场必须与现有商业银行进行合作。

其业务内容包括：用户能够通过移动终端安全地进行个人财务管理，如核查账户、支付账单、进/转账以及接收付款通知等。

（2）手机证券业务。这类业务是通过移动终端为用户提供远程在线证券服务，因为是高度管制行业，主要有中国证监会监管市场准入问题，所以进入该业务市场必须与现有证券机构进行合作。

由于移动电子商务具有即时性，所以非常适用于股票等交易应用。移动设备可用于接收实时财务新闻和信息，实现确认订单并安全地在线管理股票交易等。

（3）手机保险业务。这类业务是通过移动终端为用户提供远程在线保险服务，因为是高度管制行业，主要有中国保监会监管市场准入问题，所以进入该业务市场必须与现有保险公司进行合作。保险业务与证券业务不同，它对实时性要求不高。

其业务内容包括：用户可以通过移动终端安全地进行个人保险情况管理；在线咨询保险经纪人；在线处理保险业务，包括索赔、订购、取消、更改等。

5）积分类

这是一类特殊的交易类业务，用户可以用积分购买商品或服务。积分作为一种虚拟资金流，在计费结算管理中需要特殊处理。为鼓励移动电子商务消费，各种形式的业务都可以为用户带来积分，因此积分类业务的管理涉及各种商务类型，但以积分购买商品或服务，都作为交易类业务处理。

目前在开展的移动电子商务业务中，金融类业务开展得比较早，已开展的业务有：手机银行（包括定向缴费）和手机证券；在票据类业务上，开展了手机彩票业务；对于购物类业务，目前开展了商店购物、第三方支付（即电子钱包支付）和自动贩卖机业务。总的来说，各项业务的实施还处于初期阶段，还需要在丰富业务种类、推广业务等方面继续努力。

安全认证业务对商务活动起着支持的作用，用于保证商务交易中的信任关系，它是商务活动中不可缺少的重要环节。安全认证类业务具备以下主要业务特征：

（1）这类业务对用户提供的是服务性产品，而不是直接的商品。

（2）在交易过程中存在信息流，而不存在物流和资金流。

安全认证类业务是指针对安全认证开展的相关业务，可分为三类：与数字证书相关的业务、数字版权保护业务、安全商务数据处理业务。

（1）与数字证书相关的业务包括对证书的处理和应用两个方面的内容，这类业务必须是在整个移动电子商务业务环境中引入证书作为认证模型之后才存在的，它是整个移动电子商务业务体系中的辅助业务。

（2）数字版权保护业务就是采用数字水印技术来实现安全认证功能的业务，它为用户的产品提供版权保护。

（3）安全数据处理业务是指对商务参与者之间的商务性信息和数据的交换、查询、浏览、下载以及推送等服务，包括个人应用和企业应用两种典型情况。这类业务需要保证数据传输和存储的安全性，需要鉴别通信双方的身份（双向认证），因此在实施中需要采取额外的安全保障措施。

对各类安全认证业务简要介绍如下。

1）证书处理业务

证书处理业务主要是指针对证书所进行的处理和管理业务。这类业务主要由 CA 认证中心来处理，CA 认证中心是 PKI 体系中的信任权威，交易中的各个参与者都信任 CA。

证书处理类业务包括如下内容。

（1）公钥/私钥的生成：采集系统的随机信号产生随机数，根据算法计算公钥和私钥，并将私钥加密保存。

（2）证书申请：支持通过机构及网络两种申请方式。

（3）用户信息审核：对申请数字证书的用户信息进行审核。

（4）证书签发：为通过审核的用户签发数字证书。签发的数字证书符合相关标准，并支持扩展。

（5）证书发布：自动发布已签发的证书到公开的目录服务器中。

（6）证书撤销与恢复：撤销失效的证书和恢复证书。

（7）证书更新：自动或者根据用户的要求进行数字证书的更新。

（8）证书撤销列表维护：根据证书撤销情况实时更新列表。

（9）交叉认证：签发与其他 CA 之间进行交叉认证的交叉认证证书，并对交叉认证证书进行撤销及证书撤销列表的发布。

2）证书服务业务

证书服务业务主要是指利用证书为个人用户或企业用户提供的服务，这可以看做对证书的应用，其目的是为了保证商务活动中的安全性。这类业务包括如下内容。

（1）证书查询服务：提供在线对数字证书和数字证书状态的查询。

（2）证书下载服务：提供数字证书的下载服务。

（3）数字签名服务：是保证信息不可否认性的一个环节，这需要利用相应的软件来实现。主要是通过使用私钥对需要签名的数据进行加密以实现数字形式的签名，因为只有用其公钥才能解密，所以证明了是本人签署的文件，这在一定程度上保证了信息的不可否认性。

（4）时间戳服务：是保证信息不可否认性的另一个环节。要实现防抵赖，不仅需要对交易数据进行数字签名，还必须保证此交易数据在某一时间（或之前）的存在性。时间戳服务需要一个可信任的第三方——时间戳权威（Time Stamp Authority，TSA）来提供。TSA 提供可靠的时间信息，证明数据在某个时间（或之前）存在，防止用户在这个时间前或时间后伪造数据进行欺骗活动。

（5）网上公证服务：网上公证服务作为商务活动的“第三者”，其目的是提高网络交易的信用度和安全度。其典型实现方法是：网上交易的任何一方，在向生意伙伴发出电子邮件的同时也就传给网上公证处一份。其核心内容包括网上身份审核确认、网上数据备份保全和电子提存。

3）数字版权保护业务

数字版权保护业务的主要目的是保护数字内容的版权，防止数字内容的非法复制或限制数字内容的使用次数，只有授权用户才能使用数字内容。

数字版权保护主要采用加密技术和水印技术来对数字内容进行保护。加密技术对数字内容进行加密，这样从发送者到接收者之间传送的就是密文，此密文对截获者是没有用的。数字水印是在数字文件中加入不可见的标识，以保护原作者的合法权益，同时为了增加去除水印的不可预测的难度，通常在加入、提取水印时采用密钥，这样即使攻击者知道水印嵌入算法的全部细节，只要他不掌握密钥，就不能将水印提出或破坏。加密技术和水印技术可以保证数据的安全传输、保护作品的复制权、防止作品的非授权传播以及进行侵权的认定。

4）个人安全数据处理业务

个人安全数据处理业务中，传送的商务性信息和数据是关于个人的机密信息。个人数据主要包括：用户账号、信用卡/储蓄卡账号、存款余额、商品订单、业务记录及其他个人商务信息等。

业务服务提供商给用户提供的业务有单向的，也有双向的（也可以理解为交互的）。单向的业务主要是指用户对个人数据的查询和浏览，如查询账号、账单、业务记录等；双向的业务是指整个商务数据的处理需要有双方进行交互，如用户资金转账、建立账户、取消账户等操作。

5）企业安全数据处理业务

企业安全数据处理业务中，传送的商务性信息和数据是关于企业的机密信息。企业数据包括：产品库存、产品销售量、内部机密文件（生产计划、销售计划、资金预算等）、企业合同、产品价格表等。通过企业应用系统，企业雇员可以安全地获取或上传企业内部数据信息。

2. 从用户视角分类

从用户视角出发，可以按照交易主体和交易机制的不同对移动电子商务应用进行分类。

按交易主体的不同，可将移动电子商务应用分为个人类应用、企业类应用和政府类应用。

1）个人应用类

针对个人用户移动商务应用，如 B2C 应用。企业可通过移动门户直接向用户提供个性化和本地化的信息服务。例如，可提供基于位置的信息，如与用户的当前位置直接相关的宾馆预订、最近的加油站位置查询，同时可以考虑与用户相关的信息，如用户简介、兴趣爱好、过去的消费行为等。

2）企业应用类

针对企业用户的移动商务应用，如 B2B 应用。现有的 B2B 平台包括三类：公共独立平台交易模式、行业性平台交易模式和企业专用平台。由于企业对企业之间的营销关系的特殊性，和个人类应用相比，企业级移动商务应用相对更为复杂。

3）政府应用类

针对政府机关的移动商务应用，例如移动电子政务，它可大大提高政府办公的便利性。通过移动电子政务平台，政府人员可实现远程登录、移动办公，用户可实现政务网站的无线访问，或及时收到紧急事故的短信通知等。

按交易机制的不同，可将移动电子商务应用分为社交应用类、情景应用类和交易撮合应用类。

1）社交应用类

社交网络服务（即 SNS）是以现实社会关系为基础，模拟或重建现实社会的人际关系网络。使用社交网络服务，人们可以实现个人数据处理、社会关系管理、信息分享、知识共享，可以利用信任关系扩展自己的社会网络，并达成更有价值的沟通和协作等。移动社交类应用（移动 SNS）则是在此基础上发展起来的一种基于无线应用的社交网络，称为移动社区服务，它有效地结合了社交网络的特点和移动网络移动化、个性化的特点，能为用户提供跨越 PC 互联网和手机平台的全新的社交体验。

与传统 SNS 相比，移动 SNS 又增加了真实性和地域性这两种属性。首先，用户的真实信息被安全记录，从而可以保证提供真实可知的安全网络；其次，位置信息的引入可以丰富业务提供的范围，提供位置相关的服务是移动社区的亮点业务。

2）情景应用类

情景应用是指通过情景感知提示来触发、发现与提供对应的业务信息。结合移动用户的信息档案与情景感知感知信息，服务提供商可提供最适当的业务信息。在情景感知应用业务模式中，服务提供商通过分析移动用户所处的当前位置、时间和业务需求，可分析和预测移动用户下一个业务需求发生的时间和位置，理论上再配合推理机制来分析出移动用户的意图，以提供适时、适量的即时业务信息。

情景类应用中的最新进展是基于位置的服务（Location Based Service，LBS），它是通过电信移动运营商的无线电通信网络（如 GSM 网、CDMA 网）或外部定位方式（如 GPS）获取移动终端用户的位置信息（地理坐标或大地坐标），在 GIS（Geographic Information System，地理信息系统）平台的支持下，为用户提供相应服务的一种增值业务。LBS 服务内容十分丰富，如周边生活服务商户的搜索、优惠信息推送服务等。

3）交易撮合应用类

交易撮合应用是指通过一个支持移动用户访问的门户平台提供各种与交易相关的服务，从而促进交易的达成。例如，在该平台上，产品/服务提供商可以随时随地发布最新的产品信息，用户可通过移动终端访问该平台，查询商品信息，并经由该平台完成移动支付等。此外，利用移动通信网络个性化服务特征，进行精准广告推送也是目前较为流行的一种交易撮合形式。

2.3　移动电子商务的商务模式

移动电子商务并不是一项单纯的移动数据业务，它的开展涉及技术和非技术等多方面的因素，如技术方面包括安全与隐私管理、支付与认证、智能终端、业务支撑、业务实现等；非技术方面涉及商务模式与运营管理、金融与物流服务、法律法规等。从移动电子商务的标准化程度来看，目前在国际上还没有任何比较具有权威性的标准和规范。一些由通信厂商、IT 公司或金融机构组织的论坛对移动电子商务中某些技术问题提出了自己的标准，重点在安全和支付方面，如 OMA 组织的 M-COM 工作组所进行的有关标准化工作。

2.3.1　以移动运营商来划分的商务模式

考虑到移动电子商务活动对移动通信网络的强依赖性，可以从移动电子商务企业与移动通信运营商之间相互关系的角度，将移动电子商务分为三种主要商务模式，即移动通信运营商作为信息通道提供商的通道模式、与移动电子商务企业（或第三方解决方案提供商）共同提供业务的平台模式、移动运营商负责所有的业务管理工作的围墙模式，见表 2-2。

表 2-2　各类商务模式对比

	通 道 模 式	围 墙 模 式	平 台 模 式
用户认证	移动电子商务企业或第三方	移动通信运营商	移动通信运营商或移动电子商务企业
商家认证	移动电子商务企业或第三方	移动通信运营商或第三方	移动电子商务企业或第三方
支付授权	移动电子商务企业或第三方	移动通信运营商或第三方	移动电子商务企业或第三方
商品以外交易成本	（1）通信费（通话费、流量费、短信费） （2）SP/CP（服务提供商/内容提供商）接入费用	（1）通信费（通话费、流量费、短信费） （2）业务收入 （3）服务费	（1）通信费（通话费、流量费、短信费） （2）SP/CP 接入费 （3）服务费
运营风险	（1）客户的信用风险 风险低	（1）客户的信用风险 （2）政策风险 （3）业务风险 风险高	（1）客户的信用风险 （2）商家的信用风险 （3）政策风险 风险中等
业务示例	当当手机购书网	基于 NFC（近场通信）手机的小额支付业务	如移动应用软件商店业务（Mobile Market）

在移动电子商务业务实现过程中，应该根据不同业务的特点选择适当的业务模式。

1. 通道模式

在通道模式中，移动运营商提供业务通道和服务接入，具体的业务内容和业务流程则完全由移动电子商务运营商或第三方完成。后者负责业务管理工作（如用户的认证、商家的认证等）。

采用通道模式，不存在政策风险。但在这种方式下，只能给运营商带来通信流量的增长，业务收益低。例如，在目前提供的第三方支付业务中，移动运营商承担的是信息通道服务的职责；在原来开展的基于 STK 卡的手机银行业务中，移动运营商则负责提供用户到银行之间的无线和有线网络通道。

2. 围墙模式

在围墙模式下，移动运营商不仅提供业务通道和服务接入，而且提供业务管理与认证服务。在这种模式下，那些 IT 部门比较薄弱的中小型电子商务企业，可以借助运营商提供的平台解决方案迅速开展相关业务，有利于把精力放在业务创新和敬意服务方面。

由于在该种模式下，移动运营商负责所有的业务管理工作（如用户的认证、计费、支付授权等）所以也有可能控制整个商务流程中所有环节能够产生的利润和分配方式。因此，对于运营商而言，其收益应该是三种模式中最高的。相应地，由于需要独自承受所有环节中可能的风险（如客户风险和业务风险），尤其是承担全部的投资风险，所以其风险应该也是三种模式中最高的。

3. 平台模式

在平台模式下，移动运营商与移动电子商务解决方案提供商合作，共同提供业务，共同发展。尤其是在移动电子商务业务领域中，实际进行了跨行业的业务操作，如进入零售行业、金融行业，与金融、政府、企业、商家等合作，参与他们的部分业务流程，实现自己业务市场的拓展。

在平台模式下，移动运营商负责部分业务管理工作（可以是用户的认证、商家认证、支付授权等）。而在合作模式下，在与合作伙伴分享商务流程中不同环节的利润的同时，也把风险相应地在各个合作伙伴之间进行了分摊，因此其收益和风险应该都属于中等。在该模式下，需承担 SP 信用风险，不过这种风险可以通过双方的合作模式来降低。从业务的长远发展来看，该模式是一种有效的模式。但利益关系、责权关系的明确将直接影响该模式的正常运营。

2.3.2 移动电子商务商务模式的核心因素

无论采用何种商务模式开展移动电子商务业务，以下几个核心因素对商务模式的成败都有着很大的影响。

1. 安全

交易类业务是移动电子商务业务中比较典型和代表性的业务。该类业务对安全非常敏感，尤其当交易的金额达到一定限度后，安全就成为业务成败的关键。移动电子商务业务必须提供相应的安全特性，而且必须保证安全特性的引入不致使业务的效率显著降低，才能够使用户可能使用移动电子商务业务。

移动电子商务业务中的安全主要需要考虑以下需求：

（1）数据机密性需求；

（2）信息的完整性需求；

（3）信息的可认证性（可鉴别性）需求；

（4）防抵赖性需求；

（5）用户身份隐密。

2．支付

支付是交易类业务的一个重要业务特征，它在用户、商家/服务提供者、支付服务提供者、银行、移动运营商之间建立了一种复杂的契约关系。

3．客户管理

当采用第一种商业模式开展业务时，客户的管理完全由第三方完成，无须提供客户管理服务。但在第二和第三种商业模式下，就可能需要提供相应的客户管理机制，如用户注册和认证管理、计费管理、SP/CP 注册和认证管理、客户自服务系统等。

4．终端技术

虽然目前通过现有的终端可以进行一些初级的移动电子商务应用（如目前通过短信进行一些小额度的支付、移动购物等），但随着移动电子商务业务的发展，一些新的业务特性和功能需求需要终端进行支持，如对安全特性的支持、处理能力的需求、对新的业务平台支持的需求等。

2.3.3　移动电子商务关键解决方案

开展移动电子商务业务时需要全面考虑安全、支付、终端和业务管理四个方面的解决方案。

1．加密技术

建议安全能力分两个阶段实施：

（1）第一个阶段为非 PKI 模式，主要是采用口令、VPN 等技术提供认证、和保密。

（2）第二个阶段采用 WPKI 模式，提供全面的安全特征。

对于 WPKI 方案的实施，既有由独立第三方单独建设并运营的 WPKI 安全服务，也有政府背景的 CA 认证体系，或者是以托管 CA 或虚拟 CA 的方式由专业第三方运营。至于那种方案比较好，必须从成本和风险两方面来进行权衡。但前提是应有利于统一市场，推动移动电子商务业务的大规模发展。

2．支付手段

移动电子商务的支付方式分类见表 2-3。

图 2-3　移动电子商务支付方式分类

分类标准	分　类
交易金额	微支付
	宏支付
支付手段	手机钱包（充减值应用）
	手机银行（与银行账户实时结算）

续表

分类标准	分　类
支付手段	手机信用卡
	手机积分卡
	通过金融衍生品的账户进行支付
支付场景	现场支付
	远程支付

根据移动支付发展的过程通常有三个具体步骤：

（1）第一步，利用现有的移动计费系统做支付的增值服务。

利用移动运营商计费系统做移动电子商务支付，属于贷记。其优点是：简便易行，无须重新设计流程；缺点是：由于贷记，信用风险很大，业务局限性大。

（2）第二步，移动运营商与银行等金融机构合作，为金融机构提供接入服务，借助银行的信用和客户关系扩大移动支付的市场深度和广度。

在大多数支付服务中，移动运营商主要为商业银行提供金融门户的接入服务。在这种方式下，由银行管理账户，移动提供金融门户，为用户提供方便及时的实时接入服务。其优点是：利用商业银行的信用和账户管理经验，扩大移动支付市场的深度和广度。

（3）第三步，移动运营商独立开展微支付和信用支付，并成为金融支付市场的一员。

网上微支付是金融管制的空白，这是具有巨大市场前景的业务；其缺点在于网上安全问题，需重新设计流程（贷记，支付信息流与资金流分开，信息累计到一定金额，如10元，再实行真正的资金流；否则成本大于收益，因为微支付经常会面对几分钱的交易），总体上成本高收益小。独立作信用支付的优点是：可以利用移动运营商想打的现金流为客户移动电子商务消费进行垫付，不仅方便客户，而且易于开展新业务；其缺点是：金融管制的风险，面临政策风险很大，而且需要重新设计基于借记的流程和账户管理的工作量很大，欠费成本高。

3. 智能终端

移动电子商务业务的开展对移动终端的功能提出了更高的要求。在众多要求中，对安全特性和支付特性的支持以及保持一致的用户体验是关键因素。

1）安全特性

在 WAP、Met 和 Mobey 等国际标准中对安全特性进行了较为完善的规定：

（1）在技术实现上可采取 STK、WIM 和 Java 卡三种方式，其中 WIM 和 Java 方式是发展的方向。

（2）预置根证书。

2）支付特性

可以采用电子钱包、电子现金、电子支票等移动支付方式，从技术上来看：

（1）可以支持空中交易和无线局域网两种支付方式。

（2）能够支持一键支付。

3）一致的用户体验特性

为了方便用户业务使用，提高移动终端的可操作性，应该从用户的角度进行业务的设计，主要包括：

（1）预置常用菜单；

（2）使客户了解使用的上下文，包括安全环境和使用的服务；

（3）移动终端应该有方法使用户相信操作的安全；

（4）交易阶段的连续性和一致性；

（5）移动终端作为个人可信任终端的管理的一致性。

4）其他特性

（1）建议支持 OTA 下载；

（2）建议支持 WAP/Java；

（3）建议能够支持红外/802.11；

（4）建议提供友好的业务开发环境，如终端应用中间件环境、通用操作系统环境等。

总的来说，除了不断提高设备的性能外，未来移动终端的发展将以支持多媒体、功能多元化、具备多模功能、外观设计时尚化为趋势，以期更好地满足移动业务发展的需要。

2.3.4　移动电子商务的承载方式

移动电子商务可以采用 SMS/WAP/USSD/M-Internet 等方式开展。

从目前网络和终端情况看，采用 SMS 方式实现技术最为简单。但由于 SMS 传输方式的局限性，只适合开展安全性要求不高、交易额度低、实时性要求不高的业务。USSD 方式利用 GSM 的信令信道，实时性优于 SMS，能提供类似 WAP 业务特征，但用户需要记忆特殊字符。目前从发展用户和推广业务的角度来看，SMS/USSD 这两种方式仍会起到重要的作用。

但从长远来看，为了支持更多类型的业务以及实现业务流程的实时性和连贯性，基于移动互联网的移动 IP 方式更为适合。

2.4　移动电子商务总体框架

作为移动互联网总体框架的一部分，移动电子商务业务是一个主要的业务分支。移动电子商务业务总体框架的提出是以移动互联网总体框架为基础的，遵循数据业务的总体规划和管理原则。移动电子商务总体框架如图 2-1 所示。

2.4.1　移动电子商务功能模型

根据分层业务模型，移动电子商务业务总体结构由三个层次组成：终端层、网络服务层及移动电子商务应用服务层。其中移动电子商务应用服务层又可细分为三个层次：业务基础功能层、业务扩展功能层及移动电子商务业务管理层。

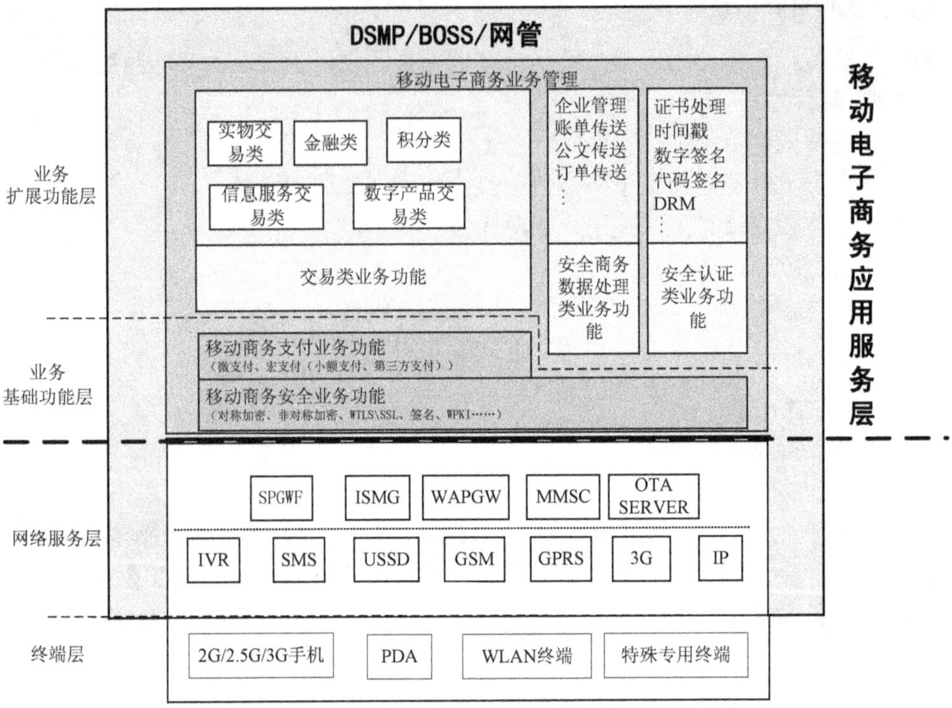

图 2-1　移动电子商务总体框架

1．终端层

终端层为最终用户提供业务的交互界面，为支持移动电子商务业务提供所需的终端软、硬件环境和应用程序支持。例如，提供安全特性保证业务的安全性，支持 WAP/KJava 功能，支持支付服务键功能等。

终端层能够支持多种形式的移动终端，如 2G/2.5G/3G 手机终端、PDA 终端、支持 WLAN 的移动终端、特殊专用终端（如移动 POS、行业专用终端等）等。

2．网络服务层

网络服务层主要是指能够为移动电子商务业务提供业务承载的各种通信网络、业务网关、计算机服务器平台（业务能力平台）及通信协议的集合。网络服务层具备提供业务接入和业务能力的能力。

移动电子商务可以承载在各种移动通信网络之上，包括 GSM、GPRS、USSD、3G、LTE。

用户可以通过各种业务接入方式使用业务，包括语音方式（IVR/IP）、SMS 方式、MMS 方式、WAP 方式、Java 方式等。

应用服务提供商可以通过移动互联网，采用 IP 协议实现业务的接入。当然，对于一些特殊的应用服务提供商（如银行），可以通过专线直接实现业务的接入，而不通过公网接入。

业务网关实现业务的接入，它是为实现终端与移动电子商务应用服务平台之间的通信而构建的业务功能，为用户和应用之间进行必要的协议转换，提供终端向增值应用的接入。目前的业务接入有 NAS、GGSN、WAP 网关、短信网关（ISMG）、多媒体中心（MMSC）、服务交付平台（SDP）等。

业务能力是网络所拥有的资源，可以通过标准接口向应用平台开放，以实现某些特殊的业务特性。目前的业务能力有 LSP，未来网络将逐步具备以下业务能力。

（1）用户状态展示（Presence）：指示通信对方是否在线或是否能够通信等状态的能力。

（2）移动数字版权管理（DRM）：实现对下载数字内容的版权管理，能够有效保护内容提供商的权利，并配合内容计费系统实现更合理的计费方式。

（3）设备管理（Device Management）：为方便用户使用而提供的远程配置用户终端设备的能力，包括新业务的配置、用户设备参数的设置和管理、用户设备的远程诊断和故障定位。

3. 应用服务层

应用服务层向最终消费用户（包括个人用户和企业用户）提供移动电子商务业务服务。

1）业务基础功能层

安全性和支付特性是典型的移动电子商务业务特征，其中安全性是所有移动电子商务业务的共同特性，而支付特性则是所有交易类移动电子商务业务的共同特性。

业务基础功能层提供的安全业务功能和支付业务功能负责为这两项业务特征地支持。

业务基础功能层提供应用调用接口（API/消息方式），为在具体的业务流程中调用安全或支付功能提供标准的接口。

2）业务扩展功能层

业务扩展功能层实现具体的业务流程。根据移动电子商务业务的分类，业务扩展功能层应能够实现交易类、安全商务数据处理类和安全认证服务类三大类业务的业务流程。

3）移动电子商务业务管理层

移动电子商务业务的实现是以移动数据增值业务的总体框架为基础的，由 DSMP 实现主要的业务管理和控制功能，其中包括用户管理、业务管理、SP 管理、资费管理、业务控制、统计分析六类。关于 DSMP 管理功能的详细描述参见《数据业务总体技术要求》以及 DSMP 相关文档。

除了 DSMP 完成的管理功能之外，其他的管理需求由移动电子商务业务管理层来完成，如移动支付的管理、CA 安全认证系统的管理、移动电子商务业务子门户的管理、计费数据的管理等。

2.4.2　移动电子商务架构模型

移动电子商务架构模型如图 2-2 所示。

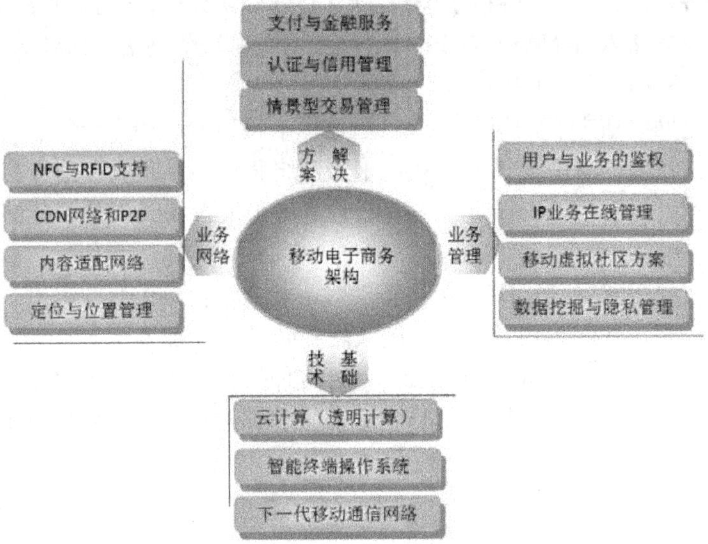

图 2-2　移动电子商务架构模型

在移动电子商务业务的实现中还涉及一些非技术因素（图 2-2 中未标出）。非技术因素主要是指在移动电子商务业务开展过程中所涉及的与技术和商务无关的因素，包括法律法规环境、商业运营模式、移动电子商务的标准与规范等。此外，对于移动电子商务的开展，在目前的条件下基本上不存在技术上的困难，要想获得商业成功，除了社会大环境的影响外，关键在于业务和运营模式的设计。

2.4.3　移动电子商务业务实体

移动电子商务业务实体的确定是根据实体在整个业务流程中实现的功能来划分的。它是一个逻辑上的实体，在物理上可能由一个物理实体承担多个逻辑业务实体的功能。

移动电子商务体系涉及的逻辑业务实体如图 2-3 所示。

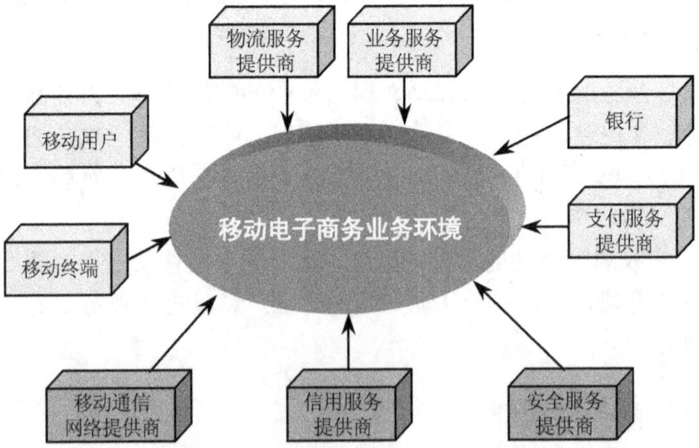

图 2-3　移动电子商务业务实体

这些逻辑业务实体之间依靠移动网络和 IP 网络连接起来，构成移动电子商务业务体系。其中，安全服务提供商和信用服务提供商为整个移动电子商务业务的有效开展提供业务保障，我们也可以把他们看做业务保障实体。

以上各个业务实体相互配合，并以无线网络和互联网络为载体，完成移动电子商务的业务历程。

1. 移动用户

移动电子商务业务的服务对象，是移动电子商务的使用者以及业务服务费用的支付者。

2. 移动终端

移动用户使用移动电子商务的工具，需要为用户提供进行移动电子商务所需要的设施，包括通用的移动终端和专用的移动终端。

3. 移动通信服务提供商

（1）为移动用户/移动终端提供移动接入承载网络，如 GSM/GPRS/3G/SMS/USSD 等。

（2）为各业务实体的提供接入服务。

（3）可提供必要的移动电子商务业务支撑，如业务网关、用户管理、计费管理等。

4. 业务服务提供商

业务服务提供商可以在运营商提供的应用平台之上开展各式各样的服务，其作用与有线网络中的 SP 是一样的，他们是各种业务的开发者，在移动电子商务体系结构中起着重要的作用。

业务服务提供商可以通过互联网（如 CMNET）或专线进行业务接入。

5. 银行

银行作为移动电子商务体系结构中的一个功能实体，其作用主要体现在交易类业务中，其中有直接与银行进行的业务来往，也有将银行作为结算机构的间接来往。与银行的合作是开展交易类业务不可跳过的环节，这也是支付模式、运营模式中需要重点讨论和解决的问题。

银行一般通过专线进行接入，如直接接入 IDC 中心。如果是网银，则可以通过 Internet 进行接入。

6. 支付服务提供商

支付服务提供商主要是解决移动电子商务的支付问题。支付是商务业务的重要环节，在这里我们考虑三种类型的支付服务提供商，即第三方 PSP、银行和运营商。

支付服务服务提供通过专线进行接入，如直接接入 IDC 中心。

7. 安全服务提供商

安全服务提供商为移动电子商务业务提供安全保障，在这里主要是指提供证书服务的 WPKI 体系结构。但是根据现阶段的基础设施，开展 WPKI 是一项庞大的工程，而且需要各方面基础设施配合，如通信网络、终端等，因此将 WPKI 作为终极的安全解决方案，过渡期的安全方案则采用非 PKI 方式。考虑的安全方案需要进行划分，以切合实际的物质基础，并且尽可能满足业务需求，这是安全模型中需要重点讨论和解决的问题。

安全服务提供商必须建立一个安全的服务体系，通过安全的通道进行业务的分发。

8．信用服务提供商

信用服务提供商提供用户的信用情况。根据移动电子商务业务的特点，用户的信用资料在交易过程当中的地位是很重要的。信用服务提供商可以是运营商或者独立的第三方。

9．物流服务提供商

在进行实物交易的业务过程中，如果用户是通过远程方式（或者说网络方式）进行商品的选购，那么就需要将用户购买的商品送达用户的手中。物流服务提供商就承担了该项业务功能。

2.5　移动电子商务技术基础

本节将介绍支持移动技术的主要趋势和特征。首先，主要探讨无线网络，介绍最新的技术发展以及发展趋势；接着，讨论支持移动服务和移动互联网接入的中间件和应用；最后，将以对移动智能终端的简短探讨作为结尾。

2.5.1　无线网络

在过去的 15 年里，通信行业发生了重大的技术演变。从模拟、语音、电路交换传输开始，发展到今天的高速网络，并提供分组交换、数字语音和数据服务。现在通用的主要有两种类型的无线接入技术：一种是蜂窝网络，它能覆盖大的范围；另一种是其他无线接入技术，如 WiFi 或蓝牙，它们往往能提供更高的数据传输速率，但覆盖范围较小。这些短程技术通常用于覆盖范围较小。人口稠密的地区，如城市中心或大学校园。可以通过将短程技术进行配置以实现系统切换或者通过蜂窝网络整合短程技术以实现更大的覆盖率。

无线接入网络通常根据两个指标进行分类：终端用户的数据传输速率和网络覆盖的范围。通常会存在这两方面的权衡：蜂窝网络技术提供了高覆盖率但数据速率低；而其他技术如 WiFi，提供更高的数据传输速率，但覆盖范围小。图 2-4 所示为各种无线技术接入对比。

部署移动网络需要较高的投资，包括部署天线和底层基础设施的成本，以及获取使用频率的牌照的成本。由于蜂窝网络倾向于重用现有的天线站点和上一代技术的核心网络资产，所以蜂窝网络一般由大的国际网络运营商所控制，这使得新运营商很难进入市场。

相反，短程网络更容易部署。设立天线和收发站的费用通常较低，因为它们的覆盖范围小，网络的初始投资也较低。此外，很多这种技术不需要牌照，这意味着部署短程网络成本较低，阻碍较少。

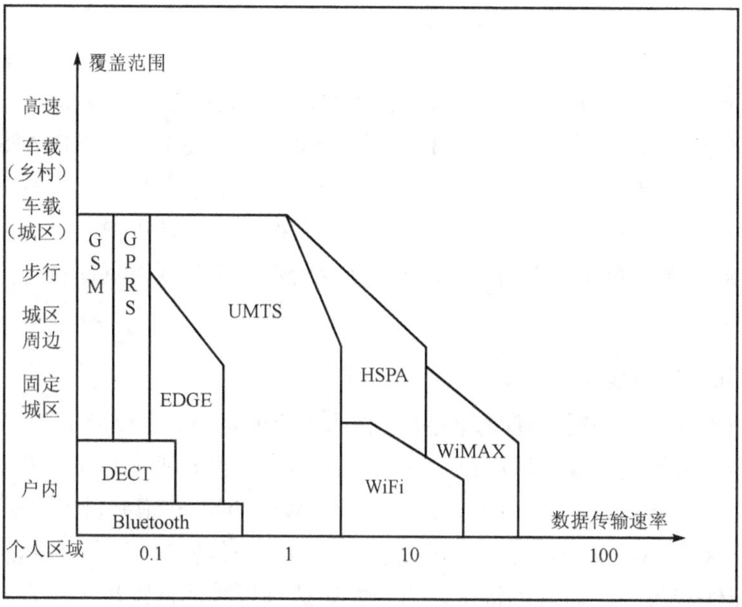

图 2-4　各种无线接入技术对比

1. 蜂窝网络技术

第一代蜂窝网络是在 20 世纪 80 年代部署的，它能提供模拟语音电话但使用率很低。第二代网络部署之后，蜂窝网络开始受到欢迎。在欧洲国家中，GSM（全球移动系统）标准推动了蜂窝网络的发展，而在美国使用的 cdmaOne 则影响较小。这些技术使得数字语音电话的通话质量第一次可以与固定电话相媲美。此外，GSM 推出了国际漫游，使用户即使在国外也可以正常通话。

虽然 GSM 提供了高质量的语音电话，但对数据业务却没多大贡献，因为其数据传输率太低。此外，GSM 的电路交换传输效率低，这是因为它在连接期间占据固定的带宽。所以，对用户收费是根据他们的连接时间而不是实际的数据传输量。为了解决这些问题，GPRS（通用分组无线系统）和 EDGE（速率提高的 GSM）技术应运而生。除了能提供浏览 Internet 所需的高速率外，这些技术还提供包交换传输，使用户能够“始终保持连接”。

第三代移动网络预计能够提供真正的宽带质量。目前，有两个相互竞争的标准：一个是宽带码分多址（WCDMA），如欧洲的通用移动通信系统（UMTS），它是 GSM 的后继者；另一个是 CDMA2000，它是建立在 cdmaOne 网络的基础之上的。除了提供的数据传输率略有改善，UMTS 的主要优点是它允许根据所需的服务质量高低安排数据流量优先级。

由于 UMTS 的容量和数据传输速率不足以支持高效的宽带接入，于是人们在此基础上又进行了一些改进。高速下行分组接入（HSDPA）提供了更高的下载数据传输速率，天线容量增加了，网络的响应时间也减少了。它还辅以高速上行分组接入（HSUPA），从而增加了上传的能力。当两者相结合，其数据传输速率可以和有线非对称数字用户线（ADSL）网络相媲美。后续演进技术的标准化正在进行之中，这将可以简化网络架构，提高数据传输速率，减少延迟和每个数据包的费用（UMTS 论坛，2006）。

蜂窝网络方面的一个重大发展是 IP 多媒体子系统（IMS），这是 UMTS 标准的重要组成部分。它是中央网络组件，可以将蜂窝网络和固定网络以及短程接入网如 WiFi 整合。由于整合的过程发生在运营商的网络，运营商仍然控制着终端用户（Cuevas，Moreno，Vidales & Einsiedler，2006），并且运营商可以对接入公共互联网页面进行限制（Braet & Bailon，2007）。

2. 短程无线接入技术

在蜂窝技术发展的同时，短程无线接入技术也不断涌现，主要源于固定互联网领域。这些技术中最著名的是无线区域网络（Wireless LAN）和无线宽带（WiFi），它们是以太网标准的无线扩展，可以达到 50m 的传输距离。WiFi 标准有很多，能提供 11～100Mb/s 的速度。 下一代的 WiFi（802.11 n）可提供更高的数据传输速率。虽然这种技术只是为固网提供了无线接入点，但可以将接入点合并以达到更大的网络覆盖率。与蜂窝网络相比，WiFi 被部署到人口密集区时显得更快、更便宜、更有效。但是，安全性低、抗干扰能力低、范围小是它的短板。在应用上，WiFi 被用于室内因特网接入、公司基于 IP 和内部网的语音通信、互联网的公共接入点和点对点网络（Bohlin，Lindmark，Rodriguez & Burgelman，2006）。

WiMAX（全球微波互连接入）的移动版本是一种可以提供几公里覆盖范围的新技术。相对于 WiFi，它提供了更高的数据传输速率、更宽的覆盖面和更高的安全性。此外，它比 WiFi 能更有效地利用频谱。另一方面，它的部署费用更高，不适用于本地高速覆盖。除了提供互联网接入，WiMAX 可以用来覆盖 WiFi 网络接入点之间的空隙。它也可以与蜂窝网络相结合以提高这些网络的能力。

另外还有用于机器之间通信的局域网（PAN）（Frodigh，Parkvall，Roobol，Johansson & Larsson，2001）。这些短程技术包括蓝牙、超宽带和 Zygbee。因为具有低耗电、低成本的特性，蓝牙技术最初是为取代电缆而研发的。它使用和 WiFi 相同的无线频谱，可以以较低的传输速率覆盖 10～100m。超宽带则因为其潜在的干扰而尚未被广泛应用。它在高频谱范围内使用低功率脉冲，能覆盖约 20m 的距离。

短程技术的一种特殊应用是在自组织网络中的应用。自组织网络由无线移动节点构成，并不需要中央控制单元，也没有网络基础设施（Chlamtac，Conti & Liu，2003；Niemegeers & Heemstra De Groot，2003）。如果有足够的用户，这种网络的可靠性和移动性可以非常高。这种技术不需要像基站和中央控制单元那样的网络组件。因此，自组织网络的部署比需要中央控制的网络的部署更快更便宜。另外，由于不依靠中央网络组件，它也更灵活，理论上更可靠。其缺点是没有标准路由协议，存在安全问题，并且当用户较少时网络可靠性降低。

2.5.2　移动互联网

使移动设备接入互联网的中间件和应用有很多。第一种是 WAP，其初衷是将相关信息和服务更容易更快速地传递给移动用户。尽管基于 WAP 的浏览器没有实现这个初衷，但其传送机制却依然在使用（Jaokar & Fish，2004）。WAP 架构的中心部分是处于应用服务器和移动设备中间的 WAP 网关。网关使用超文本传输协议（HTTP）与应用服务器通信，而与客户端通信则使用无线标记语言（WML），这是为了克服 HTTP 在无线网络应用上的限制（Jaokar & Fish）。WAP 也可以用于将互联网信息通过 WAP 推入协议发给终端用户，如包含链接的短信。WAP 协议是 i-Mode 的基础，i-Mode 是一种用来在移动设备上浏览 WAP 站点的专利技术。

访问远程服务器上的应用的另一种方法是使用 J2ME 或无线二进制运行环境（BREW）运行手持设备上的应用程序，J2ME 可以使用超文本标记语言（xHTML）调整内容以适应设备的屏幕。

Web 服务是移动互联网接入服务中一种极具前景的服务（Farley & Capp，2005；Pashtan，2005）。近年来，Web 服务在 IT 世界越来越流行。网络服务是面向服务架构（SOA）的基础工具，SOA 定义了三个基本角色。服务请求者是要求从外部接受服务的一方，提供服务的一方则称为服务提供商。服务提供商提供的服务发布在服务中间商的数据库中，服务请求者可以通过询问中间商而找到对应的服务提供者，并要求相应的服务。服务提供商和服务请求者通过异步信息进行交流。Web 服务定义了一组协议来实现 SOA。简单对象访问协议（SOAP）用于在服务请求者和供应者之间传递信息。该消息使用 XML（可扩展标记语言）协议建立。Web 服务描述语言（WSDL）是用于描述由服务提供者发布的服务的标准。WSDL 文件由服务中间商使用 UDDI 协议（统一描述、发现和集成协议）保存。所有这些标准都是开放的，也就是说，任何服务提供者和请求者都可以使用 Web 服务相互交流。该标准还“保护”服务提供商提供的应用程序的内部复杂性，简化了提供者和请求者之间的沟通，并保证了他们的系统之间的互操作性。因为服务请求者很容易转换到其他供应商提供的其他服务，所以网络服务非常灵活。此外，由供应商提供的服务是可重用的，即对多种终端服务有用的一种通用功能可以在服务设计中被反复应用。

随着移动通信网络提供更加高速的数据通信，考虑将 web 服务技术应用到移动设备上是一件顺理成章的事，这种方法被称为移动互联网服务（MWS）（Farley & Capp，2005）。与目前服务发展和执行的方式相比，MWS 有很多优势。由于 MWS 使用开放标准，开发新的服务和重用服务都十分容易（Farley & Capp，2005）。后者还使得通用服务模块可以被整合到其他如认证、计费和内容信息服务等服务中。此外，MWS 将使动态服务挖掘和移动电子商务的互操作性得到发展（Pilioura，Tsalgatidou 和 Hadjiefthymiades，2003）。现在的移动设备和操作系统、分析程序等多种多样，互操作性很难得到保证，这也了导致成本的低效率。由于业务的发展导致更多种类和数量的服务、更高层次的个性化服务、更好和更简单的用户界面以及使用更适合的接入技术提供服务，MWS 也被期望能都使得终端用户受益。

为了说明 MWS 的潜力，下面介绍一些应用。MWS 可以解决的一个问题是，用户可能有多个移动设备，如电话、PDA 和笔记本电脑，而里边并不一定都有用户的通信录。为了解决这个问题，通信录可以存储在中央数据库中，用户可以通过 MWS 访问通信录数据（Farley & Capp，2005）。MWS 的另一个应用是用于提供诸如地理地图或认证和计费服务的通用服务组件。服务提供商可以重用这些通用组件，并将它们整合进特定的服务中，而无须对各种服务都开发这些模块。事实上，通用的认证和支付服务是微软和沃达丰所提出的 MWS 架构的主推业务（微软，2003）。除了从外界请求服务，MWS 也可以用于由外部向移动设备请求信息。例如，服务提供商提供的情景感知应用程序可以请求关于用户的位置和正在从事的活动的信息。如果由 UDDI 中的用户发布的标准 Web 服务能够被如此应用，那么在原则上，任何服务提供商都能很容易地把情景感知信息加到其价值定位上。用同样的方法，可以将从便携式传感器、人际交往、支付以及其他信息得到的情景信息应用到服务中。

虽然 MWS 的好处是其灵活性、互操作性和可重用性，但将网络服务应用到移动领域也存在诸多挑战。移动设备和有线设备的一个明显区别在于其便携性和设备的流动性，即移动设备可以移动到另一个位置。除了流动性，移动设备的个人特质也决定了 MWS 和固网服务的区别。通常，移动设备为个人所拥有，这使得将设备和此设备用户的身份联系在一起成为可能。这就提供了很多业务机会，例如个性化 MWS。然而，这同时也产生了身份管理和和隐私保护等问题，这些问题比在固网服务中加更棘手。

尽管我们认为随着技术的进步，这其中的一些问题可能可以得到解决，但是现在 MWS 必须被重新设计以限制它们对计算、存储和能源资源的使用（Berger 等，2003）。另外一个问题是小屏幕和小键盘的用户界面使得用户很难提交表格，这将对 MWS 的应用造成重大影响（Farley &Copp，2005）。此外，由于移动网络的带宽比固网带宽更窄更昂贵，所以必须对有限的数据速率加以考虑。由于 Web 服务使用 XML 和 SOAP 协议编码信息，所以带宽和处理能力方面的问题对 WMS 构成了极大的挑战，移动设备处理 XML 信息比处理 HTML 信息需要更高的处理能力（Limbu，Wah & Yushi，2004）。另外，XML 信息会产生比 HTML 网页更大的开销，因为 XML 信息是内容信息的五倍（Tian，Voigt，Naumowicz，Ritter & Schiller，2004），如果带宽有限，或者运营商根据数据传送量向用户收费，那么这会成为 XML 应用的一大限制。

虽然标准化的 MWS 架构还没有明确定义，但是行业成员如微软和沃达丰（微软，2003）正在共同努力发展 MWS 架构，诺基亚和 Sun 也是如此（Nokia & Sun，2004）。开放互联网标准化组织 OMA（开放移动联盟）也在正在做这方面的工作。在应用 WMS 方面需要在开放式协议和使用私用标准之间做出均衡选择，使用私有标准可能会降低互用性，并且可能导致“围墙花园”的商业模式。

2.5.3　移动智能终端

虽然早期的移动电话只提供语音通话和短信功能，但目前移动设备的发展趋势是多功能的消费电子设备。目前，高端移动设备可提供广播、音乐、视频的播放和编辑、Internet 浏览器、日程安排、录音和拍照功能。除了提供 GSM 接入，现在大多数设备具有蓝牙和红外功能，并能接入 3G 和 WiFi 网络。一方面，移动电话具备了这些以前集成在不同终端上的电子功能。但同时也有一种与之相反的趋势，即 MP3 播放器等具备了移动通信的功能，如苹果公司的 iPhone。

此外，移动终端的处理能力、数据存储能力、屏幕分辨率也得到了大大的提高。在软件方面，现在的设备能够执行 Java 应用程序，能够通过移动互联网浏览器上网，并有特定的操作系统，如微软的 Windows Mobile，以及 Symbian。

随着无线网络的容纳量、数据传输速率和成本效益不断增加，越来越多的智能性终端正在改变移动领域内各个角色的面貌。

第 3 章 移动电子商务安全解决方案

本章将首先分析移动电子商务的安全需求；接着在分析通信的安全模型基础上，对在两种典型承载技术之上实现移动电子商务业务所需采用的安全模型进行分析；最后说明在安全模型中需要用到的各种安全技术，包括基于非 PKI 体系的安全实现技术和基于 WPKI 体系的安全实现技术。

3.1　移动电子商务安全需求

在移动电子商务中，需要为以下因素提供安全保护。

（1）交易：对交易方和交易数据提供安全保护。

（2）信息：保护敏感和有价值的用户信息。

（3）基础设施：保护承载网络不被攻击。

本节侧重业务的分析，因此主要侧重交易和信息的安全保护。

3.1.1　安全需求概述

根据移动电子商务业务的定义，业务的承载是以开放的移动互联网为基础的。根据 ISO 10181 关于开放系统安全服务框架的建议，开放系统的安全服务框架包括认证、接入控制、机密性、完整性、不可否认性、审计告警六个方面。

基于此，移动电子商务系统的主要安全需求如下。

（1）数据机密性需求：数据在传送过程中不被泄露，且未被授权的人不能读懂数据。

（2）信息的完整性需求：数据在传输和存储的过程中不会受到非法的修改、删除和重放，要确保信息的顺序完整性和内容的完整性。

（3）信息的可认证性（可鉴别性）需求：需要确认发出信息者的身份。

（4）防抵赖性需求：发送方对已发出的信息不可抵赖，接收方对已收到的信息不可否认。

（5）用户身份隐密：主要包括以下内容。

① 用户身份隐藏：用户的永久身份（IMSI）不能在无线接入链路上被窃听到。

② 用户位置的隐藏：用户到达某个位置或某个区域不能通过对无线接入网的窃听而得到。

③ 用户的不可跟踪性：攻击者不能通过在无线接入网上的窃听来推断出是不是对某个用户提供了不同的服务。

对于以上的安全需求，可以通过采用以下安全机制来实现。

1．数据机密性

可以通过使用加密技术和安全信道（WTLS/SSL/TLS）来实现数据的保密性。加密技术可以是对称密钥（秘密密钥）加密技术或非对称密钥（公开密钥）加密技术。对称密钥加密技术使用一个和多个密钥对数据进行加密，同时使用相同的密钥对加密数据进行解密。该加密技术需要使用密钥管理技术。非对称密钥加密技术包含两个密钥：公开密钥和秘密密钥。使用其中一个密钥加密数据后只能使用另一个密钥对其解密。

鉴于移动终端的计算能力和存储能力的限制，一般采用对称密钥加密算法。GSM 网络的加密算法可以提供基本的安全（目前无线链路没有采用加密算法），但是对于开展移动电子商务业务而言，这还远远不够。还需要采用传输层和应用层的加密措施，如 SSL/TLS（采用 WAP 终端的情况下，可以采用 WTLS）、SHTTP。

2. 信息的完整性

通常采用使用消息摘要技术、加密技术（安全的散列函数）、数字管理技术来保证信息的完整性。

消息摘要技术是指从可变大小的消息中提取固定大小的内容。单向消息摘要技术可以检查信息的完整性，它与加密技术和数字签名技术一起来保证信息的完整性。支付信息的完整性可以由支付协议来保证。

3. 信息的可认证性（可鉴别性）

通常使用身份认证技术来对信息发送和接收签名进行认证。采用的技术包括：口令技术、公开密钥技术、数字签名技术和数字证书技术。数字证书应由认证中心来负责发放和管理。

4. 防抵赖性

通常使用数字签名技术（可辅以公开密钥加密技术）来实现信息的防抵赖。

5. 用户身份隐密

为了达到以上目标，用户需要一个临时身份来隐藏，或通过加密了的永久身份信息来隐藏，临时身份只有拜访网络才知道。为了避免用户跟踪、防止用户身份秘密的泄露，不能长期使用相同的临时身份或加密了的永久身份来标识用户。对于可能会暴露用户身份的信令和数据，要进行加密。

3.1.2　业务安全需求

对业务安全需求而言，针对业务和客户需求的不同，应该提供不同级别的应用安全保障。采用何种级别的安全，应从以下几个因素进行考虑：

（1）安全模式增加的业务成本；

（2）业务能够容许的安全强度；

（3）安全模式对业务流程和效率的影响。

在考虑上述三个因素的基础上，下面将分析移动电子商务三类业务的安全需求。

1. 交易类业务

交易类业务中一般都涉及资金信息，因此这类业务安全性要求是较高的。

一般来说，交易类业务最小的安全需求包括：认证和数据机密性，即保证客户和可信任的商家之间安全通信。

微支付类业务：单次交易涉及资金很少、业务频度很高，因此，一般为用户提供认证服务就足够了。但目前的微支付方式有的提供不可否认性，如 PayWord。

宏支付类业务：当单次交易涉及资金较少、频度不定时，用户可能要求提供账目清单，此时就需要提供认证服务和加密服务；而对小额批量或涉及金额较大的业务，则需要提供认证、机密性、完整性和不可否认性。

2．安全商务数据处理类业务

对重要的商务性信息和数据的传输需要提供认证、机密性、完整性和不可否认性。

如果查询数据为银行账号等重要数据，则需要提供认证、机密性。

其他查询视数据的重要程度，只提供认证或同时提供认证和机密性。

浏览对象一般不是重要数据，因此，只需提供认证服务。

推送服务一般只需提供认证服务。

总之，安全商务数据处理业务的安全需求视数据的重要程度而定，对重要数据需提供认证、机密性、完整性和不可否认性；而较重要数据一般提供认证和机密性；一般数据只提供认证即可。

3．安全认证类业务

安全认证类业务是为用户提供安全服务商品，在这类业务中需保证服务提供者身份的权威性。这类业务的产品可为其他业务应用提供安全保障。例如，证书类业务可以提供认证、完整性和不可否认性；时间戳服务可以抗重放攻击；数字版权保护提供认证、对非法用户的跟踪。

3.2　业务安全实现模型

通信系统从分层结构上看，包括点到点和端到端两种安全模型。在说明这两种通信安全模型的基础上，本节将具体分析在移动电子商务的承载系统（短消息系统和 WAP）之上可实现的安全模型。

3.2.1　通信安全模型

针对开放系统互联通信模型的分层结构，通信系统中定义了点到点和端到端两种安全模型。在七层通信模型中，加密一般是在最底层（第一或第二层）或较高层。如果在最底层就称为链-链加密，即点到点加密，它使得通过特定数据连接的任何数据都要被加密；如果发生在较高层就称为端到端加密，数据被选择性地加密，并且只在最后的接收端进行解密。

1．点到点安全模型

点到点安全模型，即链路加密方式，是一种把数据置于物理通信链路之前对数据进行加密的方式。因此，它既可以应用在网络的物理层，也可以应用在数据链路层。

通常物理层接口是标准的，在此处最容易连接硬件加密设备。这些设备对通过它们的数据进行加密，包括数据、路由信息、协议信息等，它们可以被用于任何类型的数据通信链路上。另一方面，发送端与接收端之间的任何智能交换或存储结点都必须在处理这些数据序列之前对其进行解密。

如图 3-1 所示，链路加密对网络相邻结点之间（包括端结点与相邻结点之间）在通信链路上传输的数据进行保护。加密/解密发生在两个网络结点之间（包括端结点与相邻结点之间）通信线路上的两个保密设备之中，这两个保密设备置于相邻结点的保密设备使用的密钥是相同的。

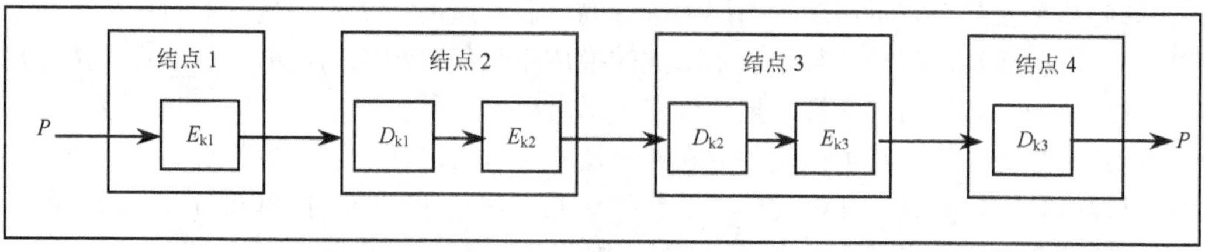

图 3-1　点到点加密

在链路加密方式中，报文在第二层到第七层之间都是以明文的形式出现，只是在链路层的结束、物理层的开始之间，报文得到加密，然后以密文的形式在物理线路上传输。当报文传到通信路径的某个中间结点时，报文在中间结点上被相应保密设备解密，以明文形式出现，随后再被加密，发送给下一个结点。

这种类型的加密非常有效，因为任何数据都被加密，密码分析者得不到任何关于消息结构的信息，他们不知道谁正跟谁通话、发送消息有多长、哪天进行的通信等，这叫做流量保密。攻击者不仅不能存取消息，而且也不知道消息的出处与去处。同时，密钥管理也简单，仅仅是线路的两端需要共同的密钥，可以独立于网络其他部分而更换密钥。

物理层加密最大的缺点就是网络中每个物理链路都必须加密，如果有一处没有加密就会危及整个网络的安全。如果网络很大，这类加密的开销会变得很大，以至于限制了它的实施。

另外，必须保护网络中的每个结点，因为它处理未加密的数据。如果网络中每个用户都相互信任，并且每个结点都很安全，这或许是可以接受的。但是这是不可能的，即使在一个公司里，信息也可能必须在某个部门里保密。如果网络偶然将消息发错了路线，那么任何人都可以看到它。表 3-1 所示为是链路加密的优缺点。

表 3-1　链路加密的优缺点

优点：
易操作，因为它对用户是透明的，即在通过链路传送之前所有数据都被加密
每一次链路仅需一组密钥
因为任何路由信息都被加密，所以能够提供安全的通信序列
缺点：
在中间结点间数据易被暴露

总的来说，链路加密只对线路上的通信予以保护，而对主机（包括端结点和中间结点）上的报文不予保护。在各结点上的报文以明文形式出现，极易受到攻击，这种加密方式要求中间结点是可信的。不过，这种加密方式可以有效地防止对网络业务流进行分析，并对网络口令和在链路层中产生的控制信息进行了有效保护。

2．端到端安全模型

端到端安全模型是指直接建立通信双方之间的安全模型。它直接提供交易双方之间的保密通信，在整个通信过程中信息都以密文的形式存在，而只是在最终用户处才解密为明文。

端到端加密是在表示层和应用层上进行的。表示层的主要任务是对不同系统采用的数据表示进行转换，将异种数据表示形式转换成本系统可识别的数据表示形式。数据加密本身也是一种对数据的变换，把它放在表示层中很容易实现。

端到端加密方法是将加密设备放在网络层和传输层之间，加密设备必须根据低三层的协议理解数据，并且只加密传输层的数据单元。这些加密的数据单元与未加密的路由信息重新结合，然后送到下一层进行传输，如图 3-2 所示。

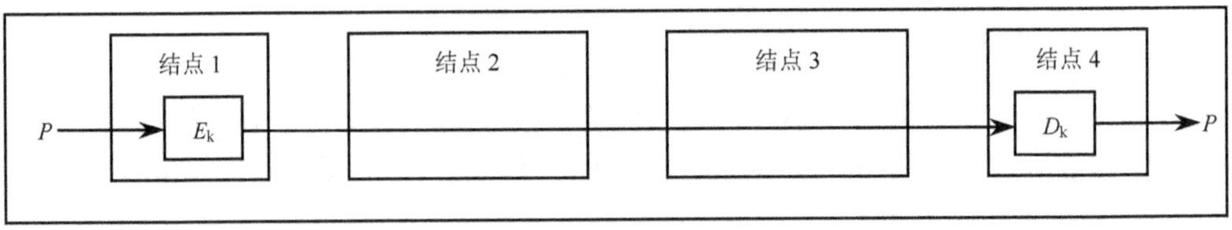

图 3-2　端到端加密

当结点 1 的终端要与结点 4 的终端进行通信时，首先将要发送的数据加密发往结点 1，结点 1 根据网络的信息流量和最短路径决定路由器把收到的数据原封不动地转发给下一个结点，如结点 2，然后结点 2 把它再原封不动地转发给结点 3，结点 3 再将数据原封不动地发送给结点 4。结点 4 收到这个加密数据后，把它原封不动地转发给终端上，被加密的数据才能解密，还原成明文。

端到端加密发生在通信系统的高层，如应用层或表示层，它可以独立于网络所用的通信结构。但是在这些高层进行加密要与相应层的软件相互作用，这些软件因终端结构的不同而不同，所以必须针对不同的终端系统，通过软件自身或特殊的硬件进行加密。在后一种情况下，终端在发送到低层进行传输之前数据必须用特殊的硬件加密。这种处理需要智能终端而不适合非智能终端，另外各种不同类型终端之间可能还有兼容问题。从另一方面看，制造端到端加密设备是很困难的。每一个特殊的通信系统都有其自身的协议。有时这些层之间的接口没有很好的定义将使任务更加困难。

端到端加密处理方法避免了在物理层中出现的加解密问题。通过端到端加密，数据一直保持加密状态，直到到达目的地才被解密。端到端加密的主要问题是路由信息未被加密，因此它允许流量分析。一个好的密码分析者可以据此知道谁和谁在通信、何时通信以及通信时间有多长，而并不需要知道通信内容。其次，密钥管理也很困难，因为每个用户都必须确保他们与其他人有共同的密钥。表 3-2 列出了端到端加密方式的优缺点。

表 3-2　端到端加密的优点和缺点

优点：
保密级别更高
缺点：
需要更复杂的密钥管理系统
流量分析是可能的，因为路由信息未被加密
加密是离线的

总的来说，由于被传输的信息在应用层和表示层就被加密，所以信息在进入通信子网之前就已加密，在网络传输时，不论是在物理线路上还是在中间结点主机上，信息本身都始终处于加密状态。而到达目的结点之后，信息也没有被立即解密，同时也不必对中间结点及中间结点上的操作人员提出特别要求。但是这种加密方式中的缺点是同时提供了网络确定报文目的地的编址信息和一些必要的网络控制信息，如路由信息、信息帧的格式等是以明文方式出现在通信线路上的，所以不能避免入侵者对网络信息流的分析和篡改报文路由之类的主动攻击。

3.2.2　移动电子商务系统中安全实现模型

移动电子商务业务的承载技术有两种：短消息方式和 WAP 方式。下面将就这两种承载技术分析移动电子商务业务的安全实现模型。

1．安全实现模型考虑因素

建立移动电子商务业务的安全实现模型不仅需要考虑具体的承载系统和技术，还需要考虑业务环境、网络环境及业务安全需求三方面因素：

（1）移动电子商务的业务环境复杂。在一次交易中，一般需要涉及移动用户、移动运营商、服务提供商（或者企业）三方，有些业务可能还会引入别的独立实体（信用服务提供商、支付服务提供商等）。

（2）移动电子商务的网络环境复杂。具体网络环境包括：无线网络、移动运营商的核心有线网络、移动运营商与服务提供商（或者企业）之间的互联网或者专线连接。

（3）不同业务有不同的安全需求，对安全性要求高的业务需要建立端到端的安全模型。具体业务的安全需求将在后面章节的业务分析中进行说明。

2．基于短消息的移动电子商务安全实现模型

基于短消息的移动电子商务业务是以短消息为承载开展的商务业务应用，它直接在短消息系统上开发各类业务和应用。另外，短消息系统的网络结构复杂，各个网络结点之间没有统一的接口。

点到点的安全模型对基于短消息的移动电子商务业务是不适合的。因为底层的加密技术只能保护通信传输的安全，而无法保证上层商务应用业务数据的安全。同时，对于移动电子商务业务环境来说，业务涉及的各个实体之间缺乏可靠的信任关系，因此业务交易需要保证端到端的安全，以防止商业数据和个人机密数据在传输的中间环节遭到窃听、篡改等攻击。

所以，基于短消息的移动电子商务业务适合采用端到端的安全实现模型，直接在应用层上采取各种安全实现机制来建立业务安全模型。

3．基于 WAP 的移动电子商务安全实现模型

基于 WAP 的移动电子商务安全实现模型也将采用端到端的安全模型，即在通信模型中的高层实现安全机制。

WAP 本身是针对移动应用定义的一族协议，它屏蔽了下层的各种承载技术，包括

GSM、短消息、WCDMA 等，为上层提供统一的应用环境。在 WAP 的分层协议中定义了安全机制来保证应用的安全。从协议实现来看，主要是 WTLS 协议，其中核心是 WPKI 和 WIM。

WAP 目前有多种版本，其中 WAP1.2 版本是最成熟的，市场上大多数的移动终端都支持 WAP1.2 协议。WAP1.2 协议提供的安全机制可以实现端到端的安全，不过这个端到端的安全只是从移动用户终端到 WAP 网关之间。如果 WAP 网关存在于提供移动电子商务业务的服务商端，那么将是真正的端到端安全模型。如果 WAP 网关在移动运营商处，那么运营商需要将消息在 WAP 网关处进行协议转化，然后转发给移动电子商务业务的服务商。在这种情况下，尽管信息在传输线路上都是保密的，但是由于它在 WAP 网关处在协议转化时被解密成明文，所以这并不是真正意义上的端到端安全模型。

在 WAP 2.0 协议中提供了两种实现真正端到端安全的方式，WAP2.0 协议能够满足移动电子商务业务所有安全需求，提供端到端的安全。

关于 WAP 提供的安全机制将在 3.4.1 节中说明。总之，基于 WAP 的移动电子商务业务的安全实现模型是在上层实现的端到端安全模型。点到点（链路）安全模型不适合移动电子商务业务。

3.3 基于非 PKI 体系的安全实现技术

3.3.1 基于口令的安全实现机制

基于用户名/口令的方法是传统的身份认证方式，这是一种最简单同时应用最广泛的身份鉴别方法。

它的工作原理是这样的：系统为每一个合法用户建立一个用户名/口令对，当用户登录系统时，提示用户输入自己的用户名和口令，系统通过核对用户输入的用户名/口令与系统内已有的合法用户的用户名/口令对是否匹配来验证用户的身份。

其处理流程如图 3-3 所示。

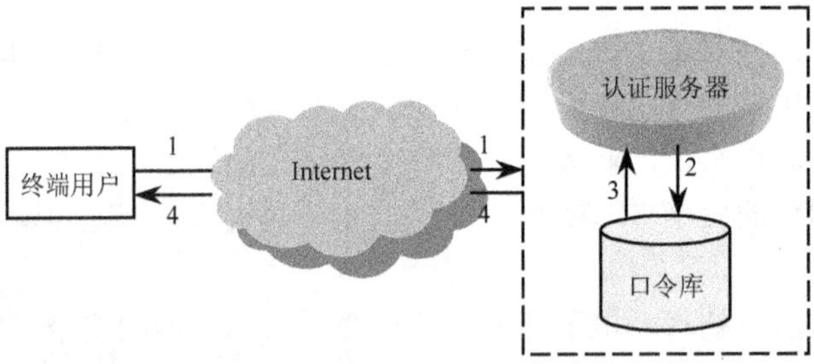

1—终端用户将用户名/口令传送给认证服务器；
2—服务器根据终端用户输入的用户名向口令库查询相应的口令；
3—口令库返回查询的口令；
4—认证服务器进行比对，并将认证结果返回给终端用户

图 3-3 口令机制的处理流程

这种方式的弱点是口令容易被猜测和监听。在口令认证方法中，口令的安全是一个

重要的方面。为了保证口令的安全，可采取以下四种措施。

1. 软件加密

为了防止存储口令的系统受到意外攻击，可以用软件对口令进行加密。常用的加密方法有两种：传统加密方法和单向函数方法。

（1）传统加密方法：把口令加密，当接收用户口令时，把存储的口令解密，然后比较两个口令。如果两者相同，那么证实用户为合法用户，并允许其使用权限范围内的任何资源。

（2）单向函数法：利用单向函数加密容易、解密困难的特性，对口令进行加密存储。当用户输入口令时，口令也被加密，然后比较加密后的口令，如果两者相同，那么证实用户为合法用户。

2. 一次性口令

一次性口令是对于口令认证的改进。使用一次性口令，可以极大降低监听带来的危险。一次性口令就是一个口令只使用一次，这是减少口令危险的一种有效方法。通过在系统中安装新的软件或硬件，可以使用一次性口令。一个用户可能收到打印输出的口令列表，每次登录使用一个口令，然后就将它从列表中删除，同时服务器在比对口令之后也将相应的口令从数据库中删除。或者用户携带口令卡，这个卡每次显示一个不同的口令。

3. 随机口令

口令的随机性越大，被猜测出来的可能性就越小，所以要尽量使用随机数作为口令。采集大量随机数的最好方法是选取真实世界的自然随机数。目前市场上已经有了基于半导体内部噪声信号随机性的数字物理噪声芯片。口令由随机的方式产生，在使用时，用户输入口令，然后服务器对比自己存储的口令，如果两者相同，那么证实用户为合法用户。

4. 动态口令

静态口令系统存在许多漏洞，如攻击者可以窃听、截取口令系统，可以采取生日攻击、字典攻击等。采用动态口令系统可以较好地解决这些问题。动态口令系统由动态口令发生器和认证服务器两部分组成。

（1）动态口令发生器：动态口令发生器用于产生动态口令，类似于随机口令发生器，它可以做在终端内，由一个键盘来触发；也可以做成类似于小计算器的动态口令令牌，以便于用户携带。产生的动态口令直接显示在液晶屏上，便于用户读取。

（2）认证服务器：认证服务器是整个系统的核心部分，提供全面的认证、授权和审计服务。认证服务器拥有完善的自身数据安全保护功能，所有用户数据经加密后存放在数据库中，并具有安全、完善的数据库管理功能。

使用时，用户输入口令，然后服务器对比自己存储的口令，如果两者相同，那么证实用户为合法用户。

基于口令的安全机制在实现上是最简单的，同时它的安全性也比较弱，因此在这种模型上可以考虑简单地以明文的形式进行数据传输，所以在这里没有设计密钥协商协议。如果需要对数据进行加密，可以使用终端用户和系统共享的密钥，这个密钥可以在用户开设账户时协定。

3.3.2　基于挑战响应机制的安全实现机制

基于挑战响应（Challenge/Response）方式的身份认证机制的原理为：每次认证时，认证服务器给客户端发送一个不同的“挑战”文本，客户端程序收到这个“挑战”文本后，进行相应的“响应”。利用挑战响应机制既可以实现单向认证，也可以实现双向认证。认证过程如下所述。

1. 单向认证过程

所谓单向认证，就是实现服务器对客户的认证。其具体过程如图 3-4 所示。

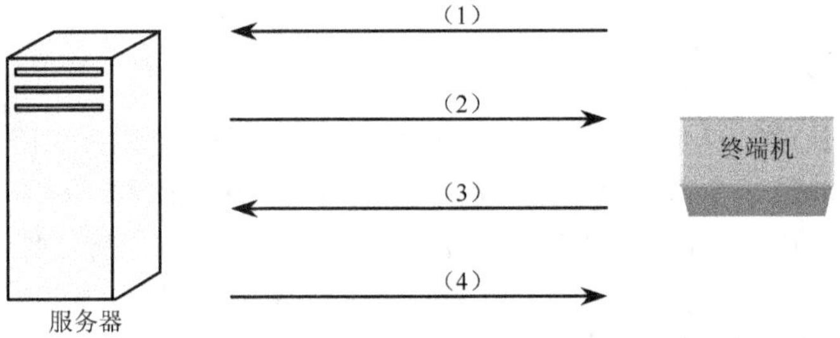

图 3-4　单向认证过程

图 3-4 中具体含义分析如下：

（1）终端发起认证请求。

（2）认证服务器处理请求。

① 认证服务器从用户数据库中查询用户是否是合法的用户，若不是，则不做进一步处理。

② 认证服务器内部产生一个随机数，作为“挑战”文本。

③ 将“挑战”文本发送给终端。

（3）终端处理响应。

① 终端将用户名和随机数合并，使用单向 Hash 函数生成一个字符串。

② 终端利用自己的口令对这个字符串进行加密。

③ 将加密的结果作为响应返回服务器。

（4）认证服务器处理响应。

① 认证服务器通过查询或计算得到用户的口令，并用该口令对所接收到的响应进行解密。

② 认证服务器将解密结果与自己的计算结果（Hash 值）进行比较，若相同，则通过认证；否则，认证失败。

③ 认证服务器通知客户认证成功或失败。

（5）认证结束。

2．双向认证过程

在单向认证的基础上可以很容易地实现双向认证。

实现双向认证需要一个前提，即终端用户保存有与服务器共享的秘密信息，这可以在用户注册的时候生成。双向认证过程如图 3-5 所示。

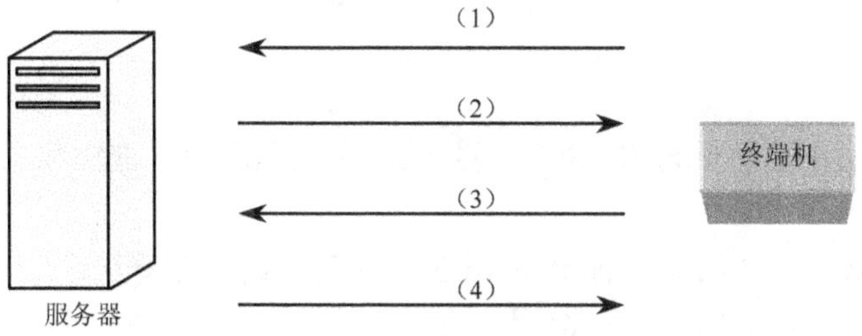

图 3-5　双向认证过程

图 3-5 所示过程说明如下：

（1）终端发起认证请求。

① 终端产生一个随机数 R1，作为“挑战”文本。

② 将认证请求和“挑战”文本发送给服务器。

（2）认证服务器处理请求。

① 认证服务器从用户数据库中查询用户是否是合法的用户，若不是，则不做进一步处理。

② 认证服务器使用单向 Hash 函数对 R1 进行运算生成一个字符串，并用与终端共享的秘密信息对字符串加密，作为响应。

③ 认证服务器内部产生一个随机数 R2，作为“挑战”文本。

④ 将响应和“挑战”文本发送给终端。

（3）终端处理响应。

① 终端用共享的秘密解密响应，将解密结果与自己的计算结果（Hash 值）进行比较，若相同，则通过对服务器的认证；否则，认证失败。

② 终端将用户名和随机数 R2 合并，使用单向 Hash 函数生成一个字符串。

③ 终端利用自己的动态口令对这个字符串进行加密。

④ 将加密的结果作为响应返回服务器。

（4）认证服务器处理响应。

① 认证服务器通过查询或计算得到用户的口令，并用该口令对所接收到的响应进行解密。

② 认证服务器将解密结果与自己的计算结果（Hash 值）进行比较，若相同，则通过认证；否则，认证失败。

（5）双向认证结束。

采用挑战应答机制进行认证，可以避免口令在网络上传输；同时，认证不定期地进行，并且每次认证的报文不同，可以防止他人的“重放”攻击，也保证用户不会被他人冒充而遭受到损失。对于加密密钥的协商可以在认证握手的过程中实现。

3.3.3 动态口令与挑战响应机制相结合的安全实现机制

1. 动态口令的生成

动态口令的生成是本认证机制的核心，而动态口令的核心是口令生成算法和时间同步。

1）口令生成算法

口令生成算法是基于时间的一种密码算法，它是利用用户密钥和当前时间来产生固定长度的字符串。

为了便于理解，下面给出一种产生16位动态口令的示范算法：

（1）程序提取当前时间和用户密钥。

（2）利用时间对用户密钥数据进行加密。

（3）利用Hash算法提取加密结果的消息摘要。

（4）将所产生的消息摘要作为动态口令使用。

当然，在需要用户输入动态口令的情况下，还要对此动态口令进行代码转换，将其转换为ASCII码，否则用户无法输入。

2）时间同步

时间同步是本算法的一个重要问题。如果服务器端和客户端的时间无法同步，那么产生出来的口令肯定不同，从而无法进行认证。

为了保证时间同步，客户端可以在传送过程中将当前的时间进行适当变换传送给服务器，服务器计算动态口令时将以此为基础进行计算，并将此时间列入已使用时间，下次客户端送来的时间必须在此之后，否则不予认证。

3）用户密钥的产生和分配

用户密钥是动态口令的产生的基础，因此必须在安全的情况下产生和分配用户密钥：

（1）当用户注册时，服务器随机产生用户密钥，然后分发给用户（分发时最好是让用户亲自来取），并在自己的数据库中进行保存，以供以后产生口令时使用。

（2）用户可以根据需要申请服务器重新产生密钥。

（3）密钥数据的保存必须经过加密保存。

2. 认证系统机制

认证系统机制如图3-6所示。

动态口令与挑战响应机制相结合的安全实现机制的认证过程与3.3.2节描述的过程是一样的，区别在于对“挑战”文本的加密，这里使用的是动态口令。

3. 安全性分析

下面分析该认证机制的安全性，主要分析常见的攻击方法的攻击效果。

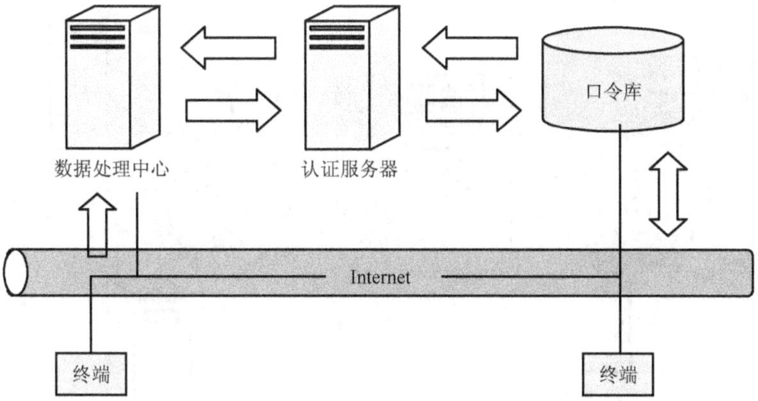

图3-6　认证系统机制

1）网络侦听

在认证过程中，密钥和口令并不在网络上传输，在网络上传输的内容是经过用户的动态口令加密的，所以网络侦听攻击无效。

2）重放攻击

由于认证服务器每次选取的随机数不同，即 Challenge 不同，而且每次都是用新的口令（动态口令）对传输的数据进行加密，所以重放攻击是无法通过服务器的认证的。

3）口令猜测

由于采用动态口令，而且口令不在网络上传输，所以侦听者很难从侦听到的报文中得到用户的口令。

4）字典攻击

由于多数用户习惯使用有意义的单词或数字作为密码，所以某些攻击者会使用字典的单词来尝试用户的密码。但是本系统使用的是动态口令生成算法，根据时间随机产生口令，这是不具备字典攻击的条件的。另外，由于本系统的动态口令随时间的改变而改变，所以给攻击者提供的可利用的时间非常短。

基于动态口令的认证机制不仅充分利用了挑战/应答方式的优点，而且在此基础上，它还利用动态口令对挑战的结果进行加密，这样即使第三方攻击者破译了 Hash 算法，他也无法进行认证，因为他无法破译合法用户的动态口令。因此，这是一种非常安全的认证机制。

此外，它在实现上也相对简单。使用者只需安装客户程序，申请成为合法用户，运行客户程序，使用自己的用户名/口令进行认证，就可以安全地使用服务了。目前市场上已经出现了动态口令卡（如 RSA 的 SecureID 卡）。

4．基于本安全机制的商务模式

这里给出本安全机制在商务活动中的实现模式，商务活动中各方之间的关系如图3-7所示。

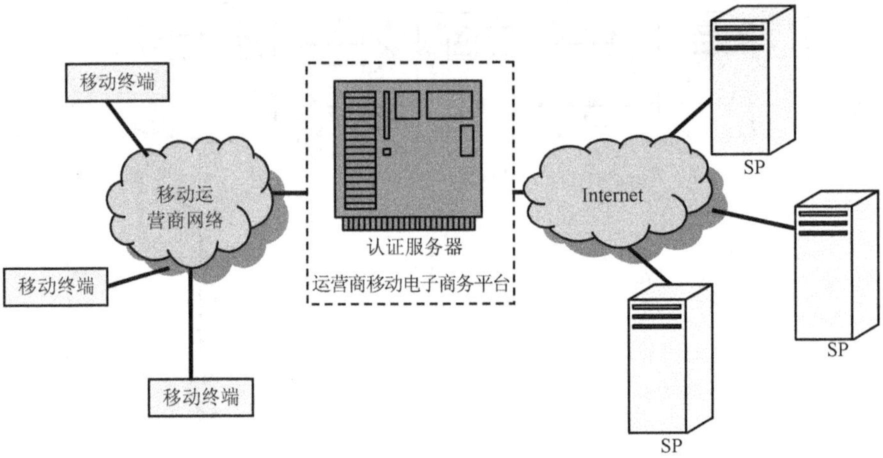

图 3-7 商务实现模式

由图 3-7 可以看出，实际上移动运营商充当了各 SP 的代理，移动运营商为各商务服务供应商提供统一的接入平台，同时也为各 SP 对用户进行认证。

在这里我们提出的双向认证是在终端用户和移动运营商的移动电子商务平台之间进行的，这种方案实施的前提是 SP 与运营商在合作之前建立了信任关系，运营商完全可以代替 SP 对用户进行认证；同时对于用户来说，运营商与服务供应商之间的合作是透明的，用户只需完成对服务器的认证，就认为是与合法的 SP 进行了交易。

这里引入移动运营商进行认证代理是基于以下考虑：

从本质上来看，该安全机制是基于共享密钥的，也就是说相互认证的双方需要拥有共享的秘密信息。由于商务活动涉及众多的用户和商家，所以让每个用户和每个商家之间进行秘密信息的共享必将造成资源的极大消耗，以及管理上的不便利。

另一方面，移动电子商务作为一项增值业务，其实现方式必然是由运营商提供统一平台，并向各 SP 开放来引入各式各样的服务。由于存在统一的平台，所以适合把认证服务集成起来，这样结构清晰，实现方便。

但是，这需要移动运营商与每个服务供应商之间通过技术或法律等手段建立信任关系。

3.3.4 Hash 链安全实现机制

为了保证支付的有效性和不可否认性，很多机制采用了公钥签名技术。但过多地采用公钥技术会严重影响系统效率。所以，实际中更多地采用了效率更高的 Hash 函数来代替签名，或者是两者的结合。

1. Hash 链的基本思想

Hash 链的思想最初是由 Lamport 提出的，其具体方法就是由用户选择一个随机数，并对其进行多次 Hash 计算，把每次 Hash 的结果组成一个序列 $\{x_n, x_{n-1}, \ldots\ldots, x_2, x_1, x_0\}$，其中 $x_{n-1} = h(x_n)$，$x_{n-2} = h(x_{n-1})$，$x_1 = h(x_2)$，$x_0 = h(x_1)$，x_0 称为根。由于 Hash 函数

的单向性，验证时可通过相反的顺序进行。基于 Hash 链的认证机制的实例包括 S/KEY 和消息认证等，其中 Hash 函数可选用 MD5 和 SHA，也可以使用传统的对称算法。

2．基于 Hash 链的安全支付模式

应用 Hash 链的基本思想来进行支付的过程如图 3-8 所示。

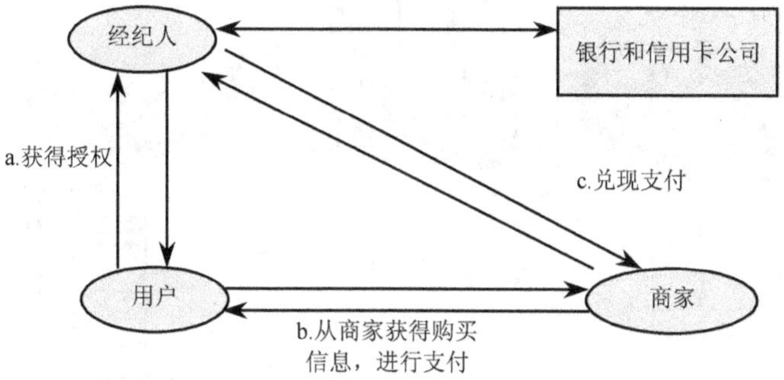

图 3-8　基于 Hash 链的安全支付模式

用户初次在经纪人处注册时，由经纪人颁发一个支付证书。

支付前，用户把 Hash 链的最后结果（根）签名后发送给商家，该签名结果称为支付承诺，它可以表示在信用机制下用户支付的可认证性。

用户在做每次支付时都以同计算 Hash 链相反的顺序向商家提交 Hash 序列中的 Hash 值，每个 Hash 值代表一个支付单元，商家只需进行一次 Hash 计算即可进行验证，而反向计算在计算上是不可行的。

Hash 链一般由用户产生，而签署支付承诺的证书由经纪人颁发。在进行支付时，用户把自己的证书、支付承诺和 Hash 链（以 Hash 链生成相反的顺序）提交给商家。一定时间以后，商家会集中把 Hash 链和支付承诺提交给经纪人进行兑现。由于采用了支付承诺的方式，一个 Hash 链一般都针对特定商家。

本安全机制提供的支付方式具有如下特点。

（1）安全：可以实现鉴别性、机密性、完整性、不可否认性。

（2）简单：Hash 运算的速度很快，是 RSA 签名的 10000 倍。

说明：基于 Hash 链的支付需要用户证明自己的身份，它可以采用数字证书的方式来证明自己的身份，也可以采用口令或者别的方式来证明自己的身份。在这里以证书为例说明支付流程并不是表明基于 Hash 链的支付机制在实现上一定需要数字证书的支持。

3．基于 Hash 链安全机制的商务模式

基于 Hash 链安全机制的商务模式如图 3-9 所示。

由前面的分析可知，这种安全机制在进行交易时涉及三方之间的协作。在应用到移动电子商务时，三方的角色承担如下：

经纪人的角色可以由移动运营商或独立的第三方来承担，主要负责给用户颁发证书，并且对商家进行支付的兑现。

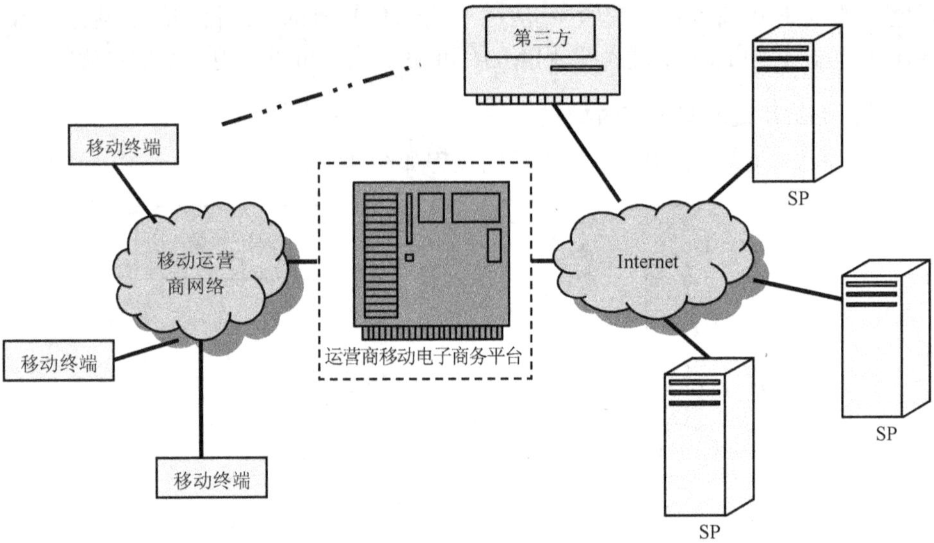

图 3-9 基于 Hash 链安全机制的商务模式

商家的角色可以是承建了移动电子商务平台的移动运营商或者直接是移动电子商务服务供应商承担，当由移动运营商承担时，运营商就作为商家的代理对用户进行收费，同时运营商与商家之间通过别的信任关系进行收益的分成。

最后，作为用户，要求其终端能够处理证书，同时还配置有相应的软件来进行相关的操作。

3.3.5 VPN 安全实现机制

VPN（Virtual Private Network，虚拟专用网）是指利用开放的公共网络建立私有数据的传输通道，从而将远程的分支办公室、商业伙伴、移动办公人员等连接起来，并且提供安全的端到端的数据通信的一种 WAN 技术。

VPN 是利用隧道技术来实现端到端的数据安全传输，它有一套完备的认证、加密和密钥协商协议标准，可以为用户提供安全可靠的通信。同时，随着移动通信网络的不断发展，目前的 GPRS 网络可以为用户提供分组数据业务，将 IP 骨干网络和移动通信紧密结合起来。因此，可以在移动电子商务活动中引入 VPN 技术，用于实现商务活动中数据的安全传输。

1. VPN 的实现原理

VPN 的实现一般是采用隧道技术，将企业网的数据封装在隧道中进行传输。隧道技术是一种通过使用互联网络的基础设施在网络之间传递数据的方式，被封装的数据包在隧道的两个端点之间通过公共互联网络进行路由，一旦到达隧道终点，数据将被解包并转发到最终目的地。在封装过程开始之前，分组被加密，这样局外人就无法读取这些数据；加密后的分组在 Internet 上传输，直到它们到达目的地为止；在目的端，分组被还原为原来的格式。

2. VPN 安全实现机制

安全是 VPN 的一个重要方面，但是大多数的隧道协议都没有指出使用哪种加密和认证技术。因此，在加密和认证技术上，VPN 可以采用许多种不同的算法。

1）认证

认证是指对用户身份进行认证，而不仅仅是认证 IP 地址。一旦用户向公司的 VPN 服务器进行了认证，根据访问权限表，他就有一定程度的访问权限。每个人的访问权限表由网络管理员制定，并且要符合公司的安全策略。

目前 VPN 普遍使用 RADIUS 来进行用户认证。在 RADIUS 服务器中设立一个中心数据库，数据库中包含用户身份证信息（如用户名、口令），RADIUS 根据这个中心数据库来认证用户。RADIUS 用户认证的过程为：当远程用户拨入远程访问服务器时，RAS 或 VPN 获得认证信息，并将认证信息传给 RADIUS 服务器；如果用户在中心数据库中，并且拥有访问网络的权利，RADIUS 通知远程访问服务器继续处理，同时 RADIUS 发送一些关于用户的概要信息（如用户 IP 地址、用户和网络保持连接的最大时间、允许用户拨入访问网络的电话号码等）给远程访问服务器，RAS 或 VPN 根据这些信息来检查用户是否符合所有的条件。只有当拨入用户符合所有的条件时，用户才能访问网络。

2）加密

在数据包传递时，采用加密技术来隐藏数据包。在隧道的发送端，认证用户要先加密，再传送数据；在接收端，认证用户接收后再解密。

3）密钥的交换和管理

在 VPN 中无论是认证还是加密都需要秘密信息，因而密钥的分发和管理非常重要。密钥的分发有两种方法：一种是通过手工配置的方式，另一种是采用密钥交换协议动态分配。手工配置的方法由于密钥更新困难，只适合简单网络的情况。密钥交换协议采用软件方式动态生成密钥，适合复杂网络的情况且密钥可快速更新，可以显著提高 VPN 的安全性。

根据移动通信网络的特点，可以构造远程访问 VPN，即在公司和远地职员或移动的职员之间建立 VPN。这种连接由无线网络和通过 Internet 的远程拨号来建立，它在远地职员和公司之间建立了一条加密信道。其网络结构如图 3-10 所示。

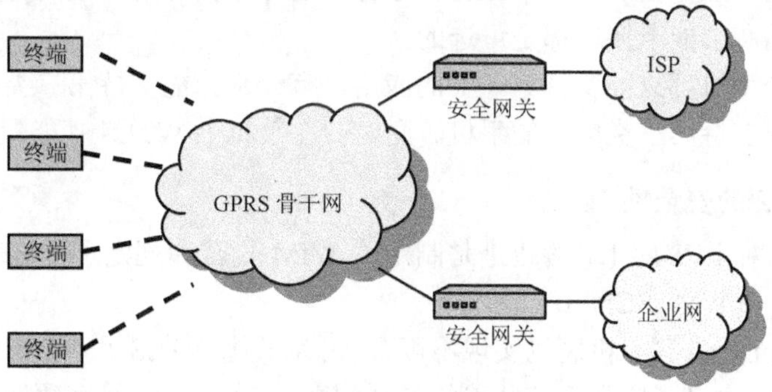

注：终端配置了 VPN 客户端软件；安全网关是 VPN 服务器

图 3-10　移动环境下 VPN 的构建

VPN 网关和安装在移动终端上的 VPN 客户端为通信创建安全加密通道。所有离开企业内部网的通信由网关进行加密，同时网关也对进入网络的数据进行加密和认证。VPN 客户端执行类似的任务。

3.4　基于 WPKI 体系的安全实现技术

3.4.1　WAP 安全机制

WAP 的目标是将三种快速发展中的网络技术——无线数据传输、电话和 Internet——融合起来，向无线数据服务提供一个以 Web 为中心的应用模型，并按照与 Internet 安全模型一致的、可互操作的方式为安全的应用和通信提供支持。

WAP 论坛成立以来共发布过四个版本的 WAP 协议标准：1998 年发布了 WAP1.0，2000 年发布了 WAP1.1，2001 年发布 WAP1.2，2002 年发布了 WAP2.0。现在网上采用的主要是 WAP1.2 协议。

下面将简单介绍 WAP1.1、WAP1.2 和 WAP2.0 提供的安全机制。

1．WAP 1.1 的安全性

WAP1.1 提供 WTLS 实现传输层数据的机密性、完整性和通信双方的身份认证。它可以解决移动电子商务中除了不可否认性之外的其他安全问题，类似于有线电子商务中用得最多的 SSL 协议。

WAP1.1 的安全性依赖于 WTLS 协议。WTLS 根据服务器和客户端相互认证的情况把 WTLS 应用分为如下三类：

第一类应用，服务器和客户端不需要相互认证。这类应用必须支持公钥交换、加密和消息认证码（Message Authentication Code，MAC）。客户机和服务器证书、共享秘密握手是可选的。不需要支持压缩算法和智能卡接口。这类应用可以选择通过证书实现客户机和服务器的认证，但不是必需的。

第二类应用，客户端需要认证服务器，但服务器不需要认证客户端。这应用实现必须支持服务器证书。压缩和智能卡接口都是可选的。

第三类应用，服务器和客户端相互都进行认证。这类应用必须同时支持客户机和服务器证书。压缩和智能卡接口都是可选的。

现在大部分手机都只能支持第一类的应用，有一部分能支持第二类的应用。市面上几乎还没有出现支持第三类应用的手机。同时，在手机上 WTLS 功能默认是关闭的。

2．WAP1.2 的安全性

WAP1.2 相对于 WAP1.1 的改进是制定了 WIM 规范和规定了一套用于 WMLScript 的安全 API 库——WMLSCrypt。

WMLSCrypt 提供签名机制以实现不可否认。为了使 WTLS 和 WMLSCrypt 的操作更安全，WAP1.2 中定义了应用于智能卡的 WIM 规范，实现了在机密数据不脱离硬件的情况下完成加解密功能。

抛开对 WAP 网关的安全性的担忧，WAP1.2 能实现电子商务所要求的所有安全服务。

3. WAP2.0的安全性

WAP2.0主要解决的问题是实现一种端到端的安全服务。

WAP2.0对WAP1.x是完全兼容的，WAP1.x中提出的安全操作在WAP2.0中都能实现。同时，WAP2.0针对WAP1.x应用中的问题以及根据移动通信技术发展的情况增加了一些新的安全协议和规范。

WAP2.0提出了两种端到端的安全解决方案。

方案一：将WAP网关和应用服务器捆绑，利用重定向的机制使用户直接连接到商家的WAP网关，使用的仍然是WTLS的传输层端到端安全的解决方案。

方案二：针对无线环境进行优化的TCP，同时认为可以直接在无线设备上使用TCP协议，因此，传输层的安全便可以直接使用SSL/TLS来保护，真正解决了传输层端到端安全传输的问题。

WAP2.0中还提出了WPKI和WAP数字证书的说明，为无线应用客户的证书请求和使用提供了标准规范。

WAP2.0是一种移动电子商务的理想状态，是未来发展的方向。特别是在以后的3G时代，利用WTLS的隧道可以实现一种真正的端到端的安全。

小结：虽然WAP1.x不提供端到端的安全解决方案，但支持WAP1.x的网关是由运营商来负责维护和管理的。在运营商保证WAP网关安全性的情况下，可以忽略WAP1.x的WTLS+TLS两阶段安全传输的安全问题，即可视为等同端到端安全。

WAP2.0能够实现端到端的安全，其中WPKI和数字证书非常重要，下面将重点说明WPKI的安全机制。

3.4.2　PKI技术

在Internet环境中，电子商务交易的一个重要安全保障是公开密钥基础设施PKI（Public Key Infrastructure）。在保证信息安全、身份证明、信息完整性和不可抵赖性方面PKI得到了普遍的认同，起着不可替代的作用。

公开密钥基础设施PKI是一种遵循标准的密钥管理平台，它能够为所有的网络应用透明地提供采用加密和数字签名等密码服务所必需的密钥和证书管理。

从广义上讲，所有提供公钥加密和数字签名服务的系统都可以叫做PKI系统。PKI的主要目的是通过自动管理密钥和证书，为用户建立起一个安全的网络运行环境，使用户可以在多种应用环境下方便地使用加密和数字签名技术，从而保证网上数据的机密性、完整性和有效性。同时，PKI是一个普适性的基础。也就是说，PKI是一个大环境的基本框架，只要遵循需要的原则，不同的实体就可以方便地使用基础设施提供的服务。

1. PKI的基本组成

完整的PKI系统包括认证机构（CA）、数字证书库、密钥备份及恢复系统、证书作废系统、证书应用管理系统等基本构成部分，WPKI系统的构建也将围绕这五个系统进行。它们之间的关系如图3-11所示。

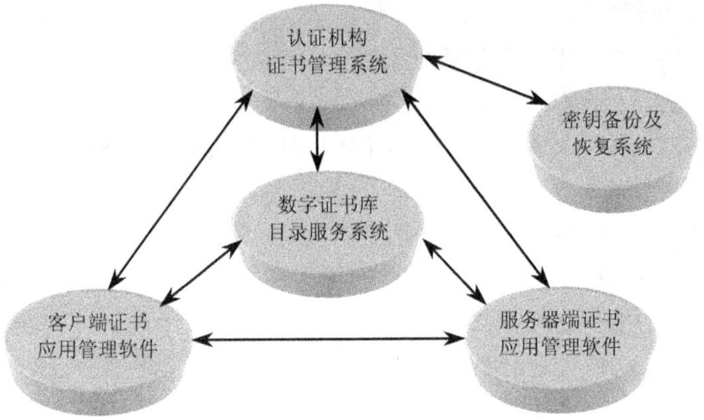

图 3-11　PKI 体系结构

1）认证机构（CA）

CA 是证书的签发机构。构建密码服务系统的核心内容是实现对密钥的管理。公钥密码体制涉及一对密钥，即公钥和私钥，CA 中心作为网络中受信任的第三方，专门解决公钥的合法性问题，它是 PKI 的核心。

CA 为每个使用公钥体系的用户发放一个数字证书。数字证书是一种权威的电子文档，用于证明某一主体（如人、服务器等）的身份以及公钥的合法性。从技术上讲，证书的作用就是绑定主体身份以及其与公钥的匹配关系，而 CA 正是确立这种绑定关系的机构。同时，为了保证数字证书不被攻击者伪造和篡改，CA 将对数字证书进行数字签名。归纳起来，CA 的职责包括如下内容。

（1）接收、验证用户数字证书的申请；

（2）证书的审批：确定是否接受用户数字证书的申请；

（3）证书的发放：向申请者颁发、拒绝颁发数字证书；

（4）证书的更新：接收、处理用户的数字证书的更新请求；

（5）接收用户数字证书的查询、撤销；

（6）产生和发布证书作废列表（CRL）；

（7）数字证书的归档；

（8）密钥的归档；

（9）历史数据的归档。

其中最为重要的是 CA 自己的一对密钥的管理，它必须确保其高度的机密性，防止他方伪造证书。

在实际的系统中，一般将 CA 系统分为两个部分：RA 和 CP，来分别实现 CA 的职责和功能。

RA（Register Authority）：审核授权部门，它负责对证书申请者进行资格审查，并决定是否同意给该申请者发放证书，承担因审核错误而为不具备资格的证书申请者发放证书所引起的一切后果。

CP（Certificate Processor）：证书处理部门，它负责为已授权的证书申请者制作、发放和管理证书，并承担因操作运营错误所产生的一切后果，包括失密和为非授权者发放证书等。它可以由审核部门自己承担，也可以委托给第三方担任。

图 3-12 所示为一个简单的 CA 系统的模块结构图。CA 系统由 RA、预处理模块、CA 引擎、发证策略模块、证书扩展模块、CSP、LDAP、数据库模块和退出模块组成，除 RA 模块以外的模块组成该 CA 系统的 CP。在这 9 个模块中，CA 引擎是整个系统的核心，其他模块向 CA 引擎提供服务，由 CA 引擎调用来完成证书的发放和管理等各项功能。

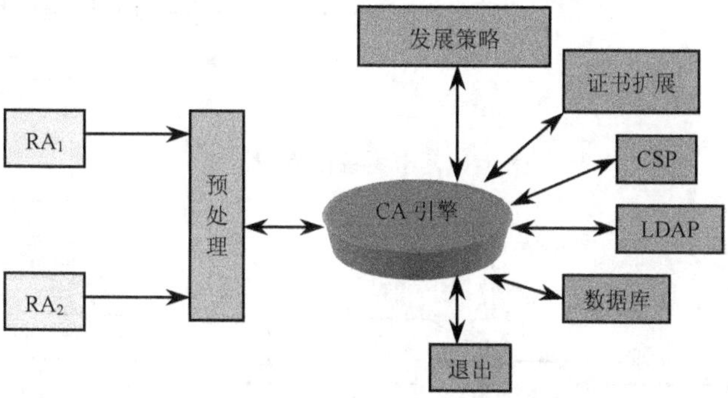

图 3-12　CA 系统模块结构

2）数字证书库

数字证书库用于存储已签发的数字证书和公钥，它是一种网上公共信息库，用户可以从此处获得其他用户的证书和公钥。构造证书库的最佳方法是采用支持 LDAP 协议的目录系统，用户或相关的应用通过 LDAP 来访问证书库。系统必须确保数字证书库的完整性，防止伪造、篡改证书。

3）密钥备份及恢复系统

如果用户丢失了用于解密数据的密钥，则数据将无法被解密，这将导致合法数据丢失。为避免这种情况的发生，PKI 提供备份与恢复密钥的机制。但必须注意，密钥的备份与恢复必须由可信的机构来完成。并且，密钥备份与恢复只能针对解密密钥，为确保签名密钥的唯一性，不能对它备份。

（1）密钥的备份：如图 3-13 所示，在 CA 向申请者发放数字证书时进行密钥的备份。由图 3-13 中可以看出，密钥产生机构的私钥经过加密（对称加密）之后存储到条件交付机构，同时存储的还有被条件交付机构的公钥加密的对称密钥。完成这些步骤后，密钥产生机构立刻删除该私钥在系统中留下的痕迹，以确保其安全性。

（2）密钥的恢复：如图 3-14 所示，当恢复中心收到用户恢复密钥的请求之后，首先从数据库中找到被条件交付机构加密的会话密钥，送往条件交付机构进行解密，再利用解密得到的会话密钥解密用户的私钥，然后恢复用户的私钥。在整个密钥恢复的过程中，由恢复中心、条件交付机构相互牵制，以确保用户的私钥安全。在一次密钥恢复过程完成后，恢复中心立即删除该密钥在系统中留下的痕迹，以防止密钥泄露。

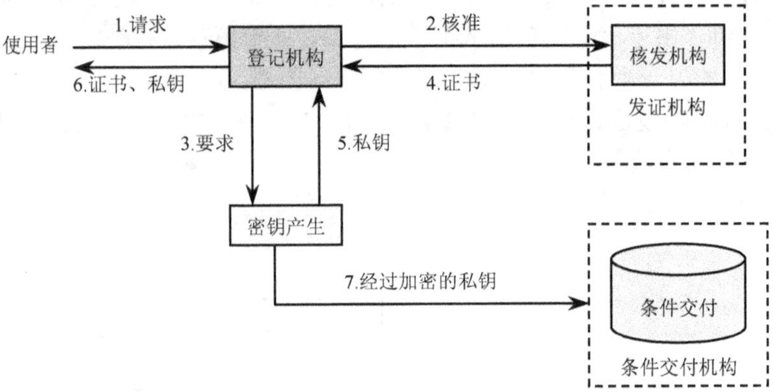

图 3-13　密钥备份流程示意

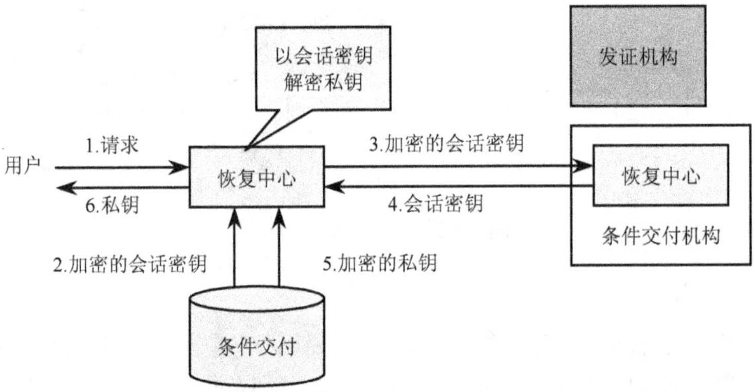

图 3-14　密钥恢复流程示意图

4）证书作废系统

证书作废系统是 PKI 的一个必备和重要的组件。同日常生活中的各种证件一样，证书在 CA 为其签署的有效期以内也可能需要作废，如密钥介质丢失或用户身份变更等。

作废证书一般通过将证书列入作废证书列表（CRL）来完成。通常，系统中由 CA 负责创建并维护一张及时更新的 CRL，而由用户在验证证书时负责检查该证书是否在 CRL 之列。CRL 一般存放在目录系统中。证书的作废处理必须在安全及可验证的情况下进行，系统还必须保证 CRL 的完整性。

5）证书应用管理系统

证书应用管理系统就是图 3-11 所示结构中的客户端证书应用管理软件和服务器端证书应用管理软件。它面向具体的应用，具有不同的功能和性能。完成对某一确定的证书的应用和管理任务，主要具有应用该证书进行加密、签名、验证签名、保存，以及证书的安全、可信任度验证等功能，达到 PKI 体系透明应用的目的。

2. PKI 的信任关系

数字证书的合法性和可信任性由颁发证书的 CA 的数字证书来保证。验证数字证书中所包含的数字签名，就可以判断该证书是否合法。但是，要验证数字证书中 CA 的数字签名，就需要该 CA 的数字证书。一般，CA 的数字证书由该 CA 的上级 CA 来颁发，上级 CA 由更上级的 CA 来颁发，这样就形成了一条认证链，对证书的用户而言，则形成了一条信任链。CA 的认证结构可以被描绘为一棵倒立的树，根在顶上，树枝向下伸展，树叶在下面。根 CA 代表一个对整个 PKI 系统的所有实体都有特别意义的 CA，它充当信任的根或信任锚（Trust Anchor），也就是认证的起点或终点；在根 CA 的下面是零层或多层子 CA，它们的合法性由根 CA 来认证；与非 CA 的 PKI 实体相对应的树叶通常被称为终端实体。在这个模型中，层次结构中的所有实体都信任唯一的根 CA。

3. PKI 的运行机理

PKI 最主要的任务是有效地管理密钥，而信息的安全则主要通过加密和数字签名来保证。有效地将数据加密和数字签名结合，就可以提供 ISO 规定的五种标准的安全服务。典型的利用 PKI 体系进行的通信流程如图 3-15 所示。

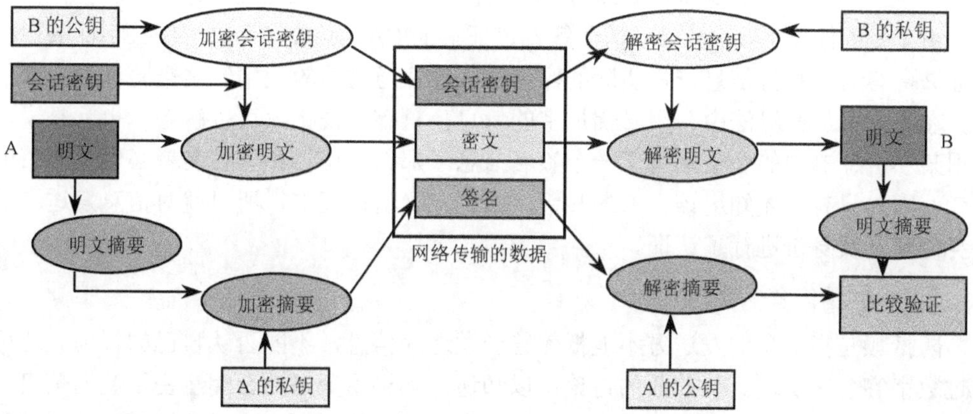

图 3-15　PKI 体系通信示意图

4. PKI 安全服务的支持

1）访问控制服务

安全管理人员能够控制用户的权限，分配和终止用户的访问、操作、接入等权限。而访问控制服务的关键是对控制对象身份的确认。利用数字证书可以确认用户的身份，从而达到访问控制的目的。

2）数据保密服务

该服务保证信息的发送和接收是在安全的通道上进行的；保证通信双方的信息保密；保证通信的参与者在信息的交换过程中没有被窃听的危险，非参与者不能获取信息。加密是保证数据机密的最好方法，如图 3-15 所示，将要传输的明文使用会话密钥（一般是对称加密算法）加密，然后将会话密钥用信息接收方的公钥加密。这样做有两点好处：首先，要想从密文恢复成明文，必须持有 B 的私钥，这样就保证了信息的机密性，他人无法阅读传输的消息；其次，由于目前所使用的不对称加密算法效率低下，而对称加密算法相对而言效率高得多，所以采用对称加密算法来加密数据量大的信息，而采用不对称加密算法加密对称密钥，可达到提高数据传输效率的目的。

3）信息完整性服务

信息完整性服务是指信息的接收方可以验证收到的信息是否同发送方发出的信息完整一致，是否被人篡改。利用摘要和数字签名可以有效地实现这一点。对要通信的信息首先进行单向散列加密（通常使用 MD5 或 SHA 算法），然后利用信息发送方的私钥加密这个摘要，随同密文一起发送到接收方。信息接收方在接收信息的同时，也接收到了发送方的签名，用发送方的公钥解密签名，同时将得到的明文也做一次单向散列加密，比较两个摘要，如果信息在传送途中被修改，则两个摘要必然不同，这样就保证了信息在传输过程中的完整性。

4）身份认证服务

数字证书能够提供身份认证服务。数字证书的内容包括数字证书持有人的身份信息，并且由 CA 进行数字签名，只要信任签发该证书的 CA，那么就可以信任数字证书中提供的证书持有者的身份信息。在实际的操作中，往往通过检验数字签名来验证签名者的身份。在不对称加密算法中，用私钥加密的信息，只有用公钥才可以解密。也就是说，如果用某一份证书中的公钥解密了一个签名信息，那么就可以相信签名者必然是证书的持有者，因为只有他才知道该证书的私钥，而用户又信任证书，所以就对信息发送者的网络身份和真实身份进行了认证。

5）防抵赖安全服务

防抵赖是指信息的发送方不能抵赖曾经发送的信息，不能否认自己的行为。这可以通过数字签名来实现。从前面的讨论可以知道，如果用证书的公钥解密了签名信息，则签名者必然是证书的持有者，因为只有他持有该证书的私钥，这样就达到了防抵赖的目的，使签名者无法否认对文件的签名。同时，其他人也无法伪造签名，因为其他人无法知道签名者的私钥。

3.4.3 WPKI 技术

PKI 的系统概念、安全操作流程、密钥、证书等也同样适用于解决移动电子商务交易的安全问题，但在应用时需要考虑移动通信环境的特点，要对 PKI 技术进行改进。

WPKI 技术是在 PKI 技术基础之上进行改进以适合移动通信环境的一种技术，其基本的安全思想与 PKI 是一脉相承的。

无线应用协议 PKI（WPKI）并不是一套新的 PKI 标准，它只是对传统环境中的 PKI 进行的优化扩展以应用到无线环境中。WPKI 与 PKI 一样都是通过管理关系、密钥和证书来执行商务策略的。WPKI 主要解决管理移动电子商务的策略问题并通过 WTLS 和 WMLSCrypt 为无线应用环境提供安全服务。

具体说来，WPKI 对 PKI 的优化扩展主要有以下几方面。

1．PKI 协议

用于处理 PKI 服务请求的传统方法依赖于 ASN.1 Basic Encoding Rules（BER）和 Distinguished Encoding Rules（DER）。然而 BER/DER 需要较多的处理资源。WPKI 协议则使用 WML 和 WML Script Crypto API（WMLSCrypt）。与传统 PKI 中使用的方法相比，WML 和 WMLSCrypt 中的 signText 函数在编码和提交 PKI 服务请求的时候能够节约大量的处理资源。

2．数字证书

由于无线信道和移动终端的限制，要安全、便捷地交换用户的数字证书，就需要对原来的 PKI 机制进行优化。在这里有如下两种方法。

1）WTLS 证书

WTLS 证书的功能与 X.509 证书相同，但与传统的 X.509 证书相比它的尺寸大大减少了，以利于在资源受限的手持终端中处理。注意：所有证书必须含有与密钥交换算法相一致的密钥；除非特别说明，否则签名算法必须与证书中密钥的算法相同。由于 WTLS 证书格式是 X.509 证书的子集，所以可以在标准 PKI 中保持互操作性。

2）移动证书标识

将标准的 X.509 证书与移动证书标识唯一对应，并且在移动终端中嵌入移动证书标识，用户每次只需要将自己的移动证书标识与签名数据一起提交给对方，对方再根据移动证书标识检索相应的数字证书即可。移动证书标识一般只有几字节，远小于 WTLS 证书，并且不需要对标准的 X.509 证书做任何改动。

3．加密算法和密钥

从性能和资源的角度来看，传统的签名方案在无线环境中是不实用的。支持 RSA 算法的智能卡通常需要高性能的具有协处理器的芯片。这里提出的椭圆曲线加密体制（ECC）使用较短的密钥就可以达到和 RSA 算法相同的加密强度，这为密钥存储、证书大小、内存使用和对数字签名的处理带来了很高的效率。WAP 安全标准完全支持 ECC，并且已经被 WAP 设备厂商广泛使用。需要注意的是，需要小心地选择椭圆曲线，否则将很容易遭到各种各样的攻击。

ECC 于 1985 年由 Neal Koblitz 和 Vieter Miller 提出，它的数论基础是有线域上的椭圆曲线离散对数问题，现在还没有针对这个难题的亚指数时间算法，因而在当今公钥密码体制中，椭圆曲线密码体制（ECC）具有每比特最高的安全强度。由于智能卡在 CPU 处理能力和 RAM 大小的限制，因而采用一种运算量小同时能提供高加密强度的公钥密码体制对在智能卡上实现数字签名应用是至关重要的，椭圆曲线密码体制（ECC）在这方面具有很大的优势。RSA 算法与 ECC 算法的比较见表 3-3。

WPKI 是传统 PKI 的扩展，包括了传统 PKI 中的大部分技术和概念。WPKI 与 WAP 环境中的所有安全和应用服务一样必须使用更有效的加密和数据传输技术来进行优化，以适应个人无线设备和窄带的无线网络。

表 3-3　RSA 算法与 ECC 算法的比较

破解时间（M IPS years）	RSA/DSA 密钥长度	ECC 密钥长度	RSA/ECC 密钥长度对比
10^4	512	106	5:1
10^8	768	132	6:1
10^{11}	1 024	160	7:1
10^{20}	2 048	210	10:1
10^{78}	21 000	600	35:1

3.4.4　基于 WPKI 体系的商务模式

WPKI 网络结构如图 3-16 所示。

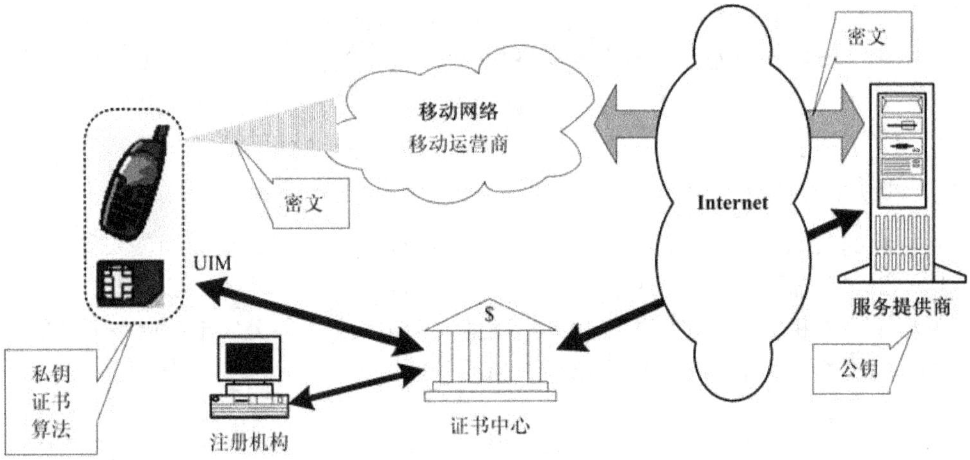

图 3-16　WPKI 网络结构

在无线终端和服务器之间进行安全传输有两种方式：一种是在无线终端到网关（在移动网络和终端之间）之前的无线链路采用 WTLS 进行安全传输，而在从网关到服务器的有线链路上采用标准的 SSL 传输，这种方法不能实现完全的端到端安全；第二种方式就是利用 WPKI 设施提供的数字证书和密钥管理服务，通过在终端和服务器之间使用加密和数字签名等技术来实现真正的端到端安全。

CA 中心可以由运营商管理，也可以由独立的第三方管理。在 CA 建成后，可以通过证书系统保证各自的身份及密钥交换的安全。

签发的证书支持 WTLS 证书和 X.509 证书。为了扩展的需要，必须能够与 X.509 证书互操作，这样可以支持现有的基础设施，充分利用现有资源，减少重复投资。

3.4.5　WPKI 工作模式

WPKI 工作模式的前提是手机终端采用具有 WPKI 功能的 SIM 卡。

1. 直接通过手机终端实现的端到端的安全交易流程

WPKI 工作模式对手机的 SIM 卡芯片要求较高，要能够独立完成数据加解密处理、证书处理等功能。具体安全交易流程如图 3-17 所示。

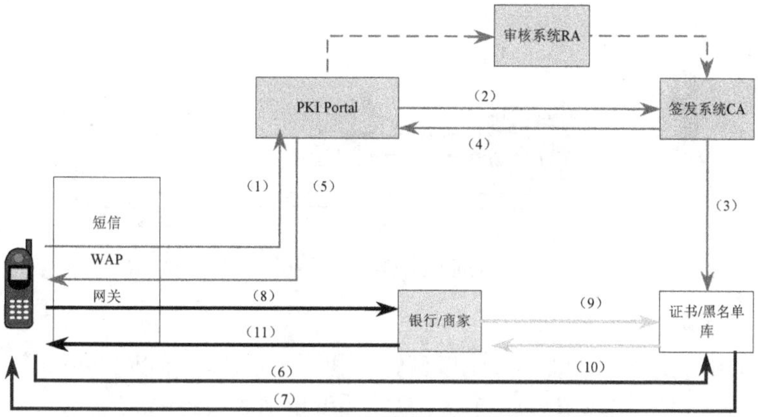

图 3-17　端到端的安全交易流程

图 3-17 所示流程说明如下：

（1）手机用户使用 WPKI 芯片生成密钥对和证书请求，向 PKI Portal 门户申请证书。

（2）PKI Portal 在完成审核后向 CA 签发系统申请签发证书。

（3）签发系统签发证书并通过证书库发布。

（4）签发系统将用户证书回送给 PKI Portal。

（5）PKI Portal 将证书回送给手机终端，存放在 WPKI 芯片中。

以上过程是用户终端的数字证书申请过程，下面介绍业务处理流程：

（6）用户在确定执行交易时，先查询黑名单库。对方证书的获取是在决定交易前在线获取。

（7）用户终端根据黑名单检查对方证书是否作废。

（8）用户在传输敏感数据时，首先使用私钥签名，用于交易防抵赖，然后用对方证书公钥作数字信封加密。签名和加密根据需要可以只做其中一项，或全做。

（9）商家查询用户证书黑名单。

（10）商家根据黑名单验证用户证书的有效性。

（11）对于有效的用户进行业务操作，然后回送操作结果。

2. 通过增加验证服务器实现的端到端的安全交易流程

在此方案中引入验证服务器（Validation Authority，VA），用于减轻手机终端的负担。引入 VA 后的逻辑结构如图 3-18 所示。

引入 VA 后，VA 作为所有无线终端的代理，完成各种复杂的证书验证和加解密操作，如多级证书链的验证。此时，手机只需要处理单级证书验证，即只需对验证服务器回送的结果进行验证即可。

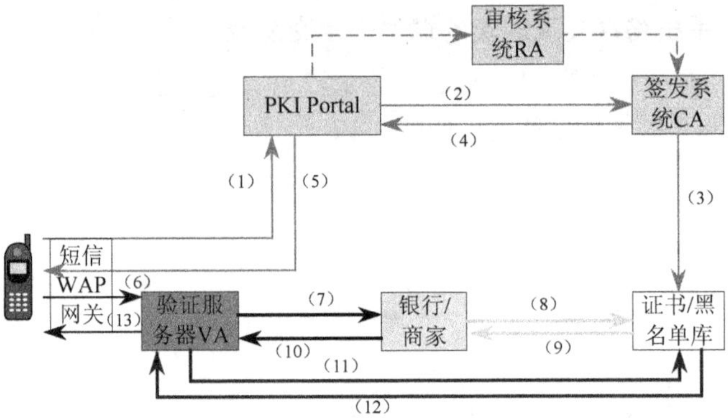

图 3-18　验证服务器实现的端到端的安全

图 3-18 所示流程说明如下：

（1）手机用户使用 WPKI 芯片生成密钥对和证书请求，向 PKI Portal 门户申请证书。

（2）PKI Portal 在完成审核后向 CA 签发系统申请签发证书。

（3）签发系统签发证书并通过证书库发布。

（4）签发系统将用户证书回送给 PKI Portal。

（5）PKI Portal 将证书回送给手机终端，存放在 WPKI 芯片中。

以上过程是用户终端的数字证书申请过程。下面介绍业务处理流程：

（6）用户在传输敏感数据时，首先使用私钥签名，用于交易防抵赖，然后用对方证书公钥作数字信封加密。签名和加密根据需要可以只做其中一项，或全做。终端将数据发送给 VA。

（7）VA 将数据转发给相应的商家。

（8）商家查询用户证书黑名单。

（9）商家根据黑名单验证用户证书的有效性。

（10）对于有效的用户进行业务操作，然后回送操作结果。

（11）VA 查询商家证书黑名单。

（12）VA 通过黑名单验证商家证书的有效性以及数据的有效性。

（13）VA 将结果使用自己的私钥签名，然后回送给手机终端。手机终端通过验证 VA 的签名来确认数据的可靠性。

3. 从终端到银行的端到端安全支付流程

本方案以 VA 模式来实现网上在线支付，并略去证书申请环节，如图 3-19 所示。

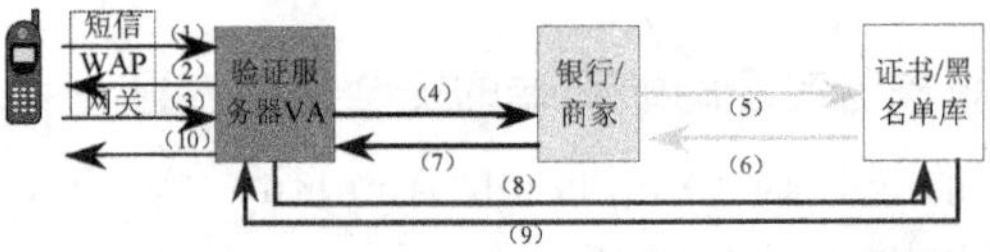

图 3-19　从终端到银行的端到端安全支付流程

图 3-19 所示流程说明如下：

（1）用户在浏览商品后进行支付时，首先选择支付银行，并将该信息发送给 VA。

（2）VA将银行证书回送给手机终端。

（3）用户输入用户账号和口令后，先使用自己的私钥进行签名，然后使用银行证书中的公钥加密，将加密后数据送给VA。

（4）VA将数据转发给相应银行。

（5）银行解密数据，查询用户证书黑名单。

（6）银行获取黑名单后验证用户证书合法性及数据的真实性，对验证通过的请求执行相关业务处理。

（7）银行将处理结果签名/加密后回送给VA。

（8）VA查询银行证书黑名单。

（9）VA获取银行黑名单后验证银行数据的合法性和真实性。

（10）VA将银行结果使用自己的私钥签名后回送给手机终端，手机终端通过验证VA签名决定是否接收该交易结果。

3.5 两种技术的比较

前面两节中分别介绍了两种安全实现技术：非PKI体系的安全实现技术和WPKI体系的安全实现技术。下面将首先简单地对各种安全技术进行总结，然后在此基础上对两种安全技术进行比较，并最后说明两种安全技术在商务应用中的关系。

3.5.1 各种安全机制总结

1. 非PKI体系的安全实现技术

这里提出五种安全实现机制，最后再介绍WAP提供的安全机制。

1）基于口令的安全实现机制

（1）特点：实现简单，用户使用方便（只需要输入用户名和口令），速度快，同时安全性也是最弱的。

（2）安全性：提供服务器对用户的单向身份认证服务，不提供用户对服务器的认证、机密性、完整性和不可否认性服务。

（3）实现：只需要在服务器端保存用户的账号信息即可，对终端处理能力要求不高。

（4）应用：主要用于移动电子商务中对安全级别要求最低、每笔业务资金额较小的业务，典型业务有收费电子邮箱、收费游戏、下载铃声、图片、信息查询等。

2）基于挑战响应机制的安全实现机制

（1）特点：实现简单，用户使用方便（只需要输入用户名和口令），速度相对于口令模式要慢（终端用户与认证服务器之间存在四次交互过程），安全性优于口令机制。

（2）安全性：在本质上与口令机制一样，也是基于服务器和终端用户之间的共享秘密。它在安全上的增强主要体现在实现了不要求将共享秘密在网络上传输的机制，这样大大避免了将共享秘密暴露在开放网络上的巨大风险。基于挑战响应机制的安全实现机制提供的是服务器和终端用户之间的身份认证，可以是单向的也可以是双向的，不提供机密性、完整性和不可否认性服务。但是，可以利用握手过程来协商会话密钥，然后再采用加密技术来保证数据的机密性和完整性。这是一种比较可靠的安全认证机制。

（3）实现：需要服务器保存有共享秘密，同时服务器和终端上配置有相关的软件，对终端处理能力要求不高。

（4）应用：主要应用于移动电子商务中对安全级别要求较低，每笔业务资金额较小的业务。这类业务流程简单，具有一定的资金额，需要可靠的身份认证模型，对较长的认证时间可以容忍。典型业务有收费视频点播、收费电子图书、收费音乐、自动售货机、彩票投注等。

3）动态口令与挑战响应机制相结合的安全实现机制

（1）特点：实现简单，用户使用方便（只需要输入用户名和密码），速度与基于挑战响应机制的安全实现机制相当（交互过程是一样的），安全性优于口令机制和基于挑战响应机制的模型。

（2）安全性：这种安全实现机制是对基于挑战响应机制实现模型的改进，主要体现在它提供了更为可靠的方法来保护用户账号，不仅不需要将用户密码在网上传输，同时还采用动态口令技术不断更新用于认证的密码。动态口令与挑战响应机制相结合的安全实现机制提供的是增强的身份认证，可以是双向的也可以是单向的，不提供机密性、完整性和不可否认性服务。但是，它同样也可以利用握手过程来协商会话密钥，然后再采用加密技术来保证数据的机密性和完整性。这是一种增强的安全认证机制。

（3）实现：需要服务器保存有共享秘密，同时服务器和终端上配置有相关的软件及硬件（动态口令卡等，可选），对终端处理能力要求不高。

（4）应用：使用范围与前述业务一样。这种机制的提出实际上是对安全技术的一个改进，而这种单个方向上（只是针对用户密码信息的保护）的改进对业务的影响不大。

4）Hash 链安全实现机制

（1）特点：实现相对简单，用户使用需要按照一定的业务规则，速度快（运算快、交互少），具有较高的安全性。其应用针对特定业务，有特定的应用场合。

（2）安全性：提供商家对用户的身份认证，不提供用户对商家的认证；提供商务活动中很重要的不可否认性服务，这对于交易类业务而言至关重要。

（3）实现：需要引入独立的第三方作为经纪人，它负责为终端用户提供证书以及相应的认证承诺，同时为商家兑现支付承诺。终端和商家都需要配置相应的软件。在实现时需要商家和经纪人进行协商，表明商家愿意接受经纪人为用户提供的证书和用于支付的 Hash 链。对终端处理能力有一定的要求。

（4）应用：这种安全机制提供了一种快速可靠的支付模式，从本质上看这种支付方式属于预付费，因为用户需要在交易之前在经纪人处购买 Hash 链，同时商家在获得 Hash 链之后向经纪人进行支付兑现。国际上应用得最广泛的微支付协议 PayWord 就是利用这种机制来实现电子交易。这类业务有一定的特点，即整个业务流程的实现需要涉及三方（顾客、经纪人、商家），主要应用于微支付业务。

5）VPN 安全实现机制

（1）特点：实现简单，用户使用方便，速度快，具有较高的安全性。其应用针对特定业务，有特定的应用场合。

（2）安全性：具有完备的认证、加密和密钥协商协议标准，能够实现端到端的数据安全传输，为用户提供安全可靠的通信。

（3）实现：需要根据选择的安全机制在服务器和终端配置相应的软件。

（4）应用：主要应用于移动电子商务业务中需要安全传输的数据业务的，这类业务目标用户是集团用户、特殊人群。其典型业务有安全商务数据传送、企业内部办公、企业间公文传递、手机证券、手机银行等。

6）WAP 的安全机制

WAP 是实现移动电子商务的重要技术之一，因此有必要在这里说明一下 WAP 提供的安全机制。在 WAP 中定义了四个与安全相关的机制，即 WTLS、WPKI、WIM 和 WMLScript 这四个规范。

（1）特点：提供了一套完整的安全机制，具有多种安全设置和安全实现。目前推出了四个版本，对安全的支持越来越充分。

（2）安全性：WAP2.0 能满足商务中的所有安全需求，实现端到端的安全。但是目前市场上的终端只支持 WAP1.1 中的第二类应用和 WAP1.2，网关只支持 WAP1.2，提供的安全服务是服务器对用户的单向认证、机密性和完整性，不提供用户对服务器的认证和不可否认性服务。

（3）实现：目前的网关支持 WAP1.2，市场上大部分终端支持 WAP1.2，还没有支持 WAP2.0 的网关和终端。对于 WPKI 的实现需要建立 CA。

（4）应用：WAP 本身提供了完善的安全机制，可以实现商务活动的所有安全需求，可应用于所有的商务活动。但是目前的应用水平无法达到商务业务的安全需求，同时目前的情况是即使终端具备一定的安全措施，但是也默认设置为不使用。因此，目前实际上并没有使用 WAP 制定的安全机制。

2．WPKI 体系的安全实现机制

（1）特点：实现相对复杂，用户使用相对复杂（需要进行一定步骤的安全操作），速度慢，安全性最强。

（2）安全性：提供服务器和用户之间的双向认证、机密性、完整性和不可否认性服务。

（3）实现：需要引入独立的第三方，负责为商务活动中的各个对象颁发数字证书，进行数字证书的相关维护和管理操作。服务器和终端需要相应的软硬件配置，要求具备处理证书、进行数字签名等能力。对终端的处理能力要求高。

（4）应用：主要应用于移动电子商务中对安全级别要求高、每笔业务资金额较大的业务，典型业务有购买高价商品、访问重要信息、大额转账等。

3.5.2　两种安全机制比较

非 PKI 和 WPKI 两种机制之间存在如下的共同点和不同点。

1. 共同点

（1）使用目的：用于保证移动电子商务业务的安全性，包括业务中的数据、交易过程等，涉及的安全因素有交易双方身份的鉴别性、机密性、完整性和不可否认性。

（2）适用范围：需要考虑移动环境下网络和终端的特点，以移动网络为承载，通过移动终端进行商务活动。

2. 不同点

（1）实现：非 PKI 体系的安全机制实现简单；WPKI 体系的安全机制在实现上较复杂，它的建立及运营需要独立的部门来进行。

（2）安全性：非 PKI 体系的安全机制，除了基于 Hash 链的安全机制以外均不能提供不可否认性服务，其他安全机制实现的安全级别也各不相同。WPKI 体系能够最大限度满足移动电子商务的安全需求，包括交易双方身份的鉴别性、机密性、完整性、不可否认性，但是与实际交易活动相比，它还不能提供诸如匿名性、可获得性等安全服务。

（3）应用：各种非 PKI 体系的安全机制在应用上比较灵活，针对不同商务业务的业务特点、安全需求不同，可以采取相应的安全措施。WPKI 体系的安全机制主要面向大额、安全级别高的商务应用。

（4）对终端要求：非 PKI 体系的安全机制在实现上需要在终端上配置相应的软硬件，但是对终端的处理能力要求不高。WPKI 体系的安全实现机制对终端的处理能力要求高，需要能够处理数字证书、进行数字签名、验证签名等。

（5）运营费用：非 PKI 体系的安全机制由于实现简单，易于维护，基本上不需要专门运营。WPKI 体系的安全机制需要独立的第三方对证书进行维护和管理，运营费用高，但是可将它转化为业务，并收取一定的手续费。

（6）可操作性：非 PKI 的安全实现机制对用户而言使用简单，当然对于不同的机制在使用上有一定差异，简单程度也各不相同。WPKI 的安全实现机制对用户而言使用时具有一定的流程，相对复杂，主要表现在需要用户对证书进行维护等操作。

（7）速度：非 PKI 的安全实现机制速度快，对网络的传输速率要求不高。WPKI 体系的安全实现机制数据量大，运算处理复杂，所以速度相对慢，对网络的传输速率要求高。

3.5.3 两种安全机制关系

基于非 PKI 体系的安全实现技术和基于 WPKI 体系的安全实现技术之间的关系如下。

基于非 PKI 体系的安全实现技术：这种技术与实际的应用捆绑比较紧密，在实现上是嵌入在应用系统中。非 PKI 的实现模式建设成本低，实现简单，但是适应性差，各类应用之间缺乏统一机制。

基于 WPKI 体系的安全实现技术：PKI 实现相对比较独立，它提供了一套具有普适性特点机制来保证各类应用的安全性，其应用适应性强。但是 WPKI 体系建设成本高，对系统的性能要求高。

在目前的商务业务环境中，还将以非 PKI 的机制为主。

第 4 章 移动电子商务平台与管理

在移动电子商务的运作过程中，商户可设置移动门户网站，用户通过登录该门户网站使用移动商务服务，通过语音、WAP、Java、SMS 等方式使用移动电子商务业务，如安全商务数据处理业务、安全认证业务和交易类业务等。移动电子商务业务管理的内容涉及单点登录管理、本地业务和全网业务管理、用户认证、授权与审计管理、SP 数据管理、计费管理和结算管理等方面，本章将一一进行介绍。

4.1 移动电子商务门户

移动电子商务门户是用户进入移动电子商务业务和应用的入口，用户通过它可以方便地进入个性化的内容和选择自己所需要的业务。

移动电子商务业务可以由短信、语音、WAP、Web 承载。可以根据业务的需要，在软硬件上扩展承载移动电子商务业务的传统应用网关，实现移动电子商务网关的功能。

移动电子商务门户融合移动门户网站的个性化特性和电子商务网站的购物特性，可以独立于 WAP 门户和 Web 门户，也可以作为公司移动门户的一个组成部分。从方便用户使用和自身管理的角度出发，建议采用后一种方式建立自己的移动电子商务门户。

4.2 单点登录管理

移动电子商务的关键点之一是用户操作简易，单点登录就是为了满足用户这一要求而产生的技术。

4.2.1 单点登录特点

单点登录（Single Sign On，SSO）支持一站式服务："一点接入，全网服务，一点结算"。

单点登录支持 SP 的应用环境，接入到业务体系结构中的任何一个结点就可以服务于全网用户，并且能够实现 SP 在接入地与全网用户服务费用的结算。终端用户可以通过登录一个移动门户获得全网性业务的服务。单点登录的具体实现由数据业务管理平台 DSMP 支持。

4.2.2 理想的单点登录系统

理想的单点登录系统可以描述如下：

（1）从用户的视角看，虽然是在复杂的企业应用环境中，但单点登录不会影响到诸如业务过程、响应效率、网络吞吐量等操作感知，并将互操作性方面的问题减至最少，任何事情都能顺利进行。

（2）单点登录系统应该容易被接受和使用。所有用户都能够立即学会如何使用这个工具。

（3）从管理员的角度看，计算和网络环境在各个方面必须能被管理，而且不会引起额外的工作或安全漏洞。管理过程应该适合组织的结构和政策，这意味着权力和控制需要有一定的层次结构。

（4）认证方法应能在分布式的组织环境中得到全部贯彻而不用付出额外努力。所有的应用程序，无论新旧，可以不需要或只需很少的改动即可适应新的认证方式。

4.2.3　单点登录的安全

单点登录实现了用户操作的方便和简易，但不可避免地会带来安全问题。前面描述的是一个理想的状态，而在实际应用中，一些理论上不错的方案却在实际中无法实现。单点登录在实际应用中有三个主要的安全问题：计算环境相关的问题、组织结构的问题和电子身份认证方法的问题。

4.3　本地业务和全网业务管理

移动电子商务按照业务覆盖区域范围可分为全网业务和本地业务两类。

用户的移动性是移动电子商务业务开展的特点之一。在本地业务的实现上，除了实现用户在归属地能够使用本地移动电子商务业务外，还应该能够实现用户在漫游状态下使用本地电子商务业务。移动运营商自行组织实施本地移动商务业务时需要处理好用户漫游问题。

交易类业务的实物交易中存在物品派送的问题（属于物流范畴），一般情况下不适合用户在漫游状态下使用。在极特殊的情况下，如提供物品的商家在用户漫游地设有连锁店，能够实现用户在漫游状态下使用该业务。其他交易类业务，以及安全商务数据处理类业务和安全认证类业务提供数字化产品和服务，原则上都能够满足用户漫游使用的要求。

在业务的开展中，业务提供方的业务流程不涉及 SP 代理的问题。通道提供方的业务流程则涉及 SP 代理。

4.3.1　用户在非漫游状态下使用本地业务的流程

用户在非漫游状态下使用本地业务的流程如图 4-1 所示。

对图 4-1 所示流程说明如下：

（1）A 省移动终端向 A 省应用网关发出业务请求。

（2）A 省应用网关向全网移动电子商务业务管理平台发出业务请求。

（3）全网移动电子商务业务管理平台向该用户归属省移动电子商务业务管理平台发出用户认证请求。

（4）该用户归属省移动电子商务业务管理平台检查用户数据库，向全网移动电子商务管理平台返回认证成功消息和该用户个性化定制信息。

（5）全网移动电子商务管理平台向 A 省应用网关返回移动电子商务门户首页。

（6）应用网关向移动终端返回移动电子商务门户首页。

（7）移动终端选择使用 A 省本地应用，将业务请求发给 A 省应用网关。

（8）A 省应用网关向 A 省移动电子商务管理平台发出业务请求。

（9）A 省移动电子商务管理平台向 A 省应用网关返回本省首页。

（10）A 省应用网关向移动终端返回 A 省首页。

（11）移动终端选择某本地应用，向 A 省应用网关发出业务请求。

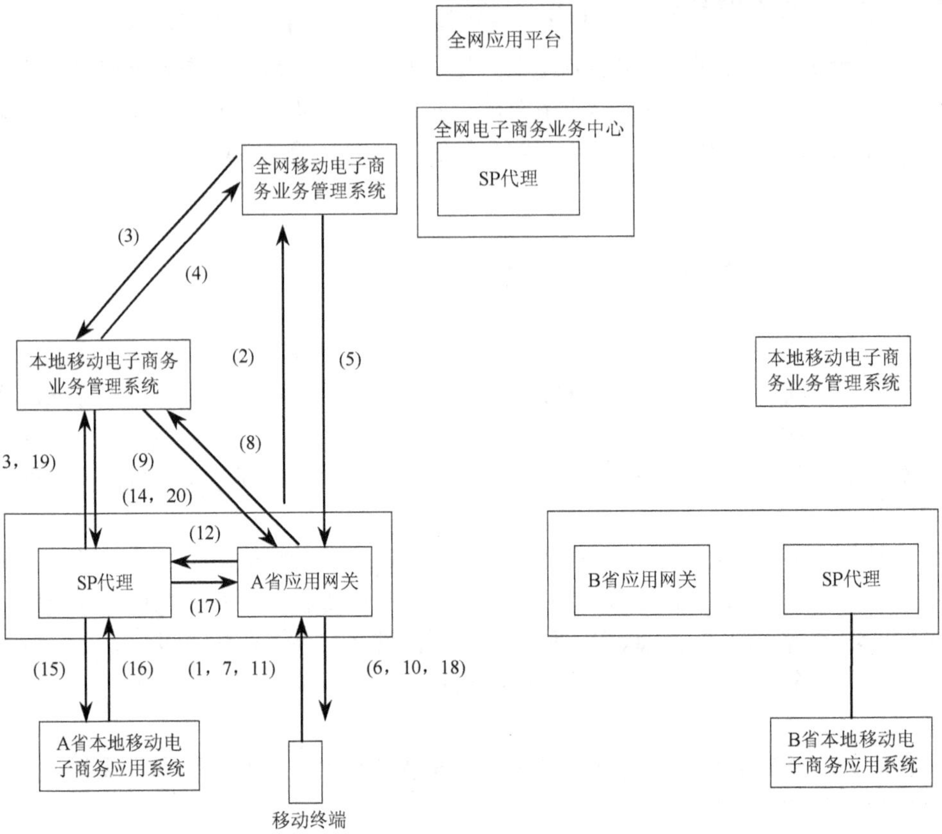

图 4-1　非漫游状态下使用本地业务的流程

（12）A 省应用网关将该业务请求转发给 A 省 SP 代理。

（13）A 省 SP 代理向 A 省移动电子商务管理平台发出业务认证请求。

（14）A 省移动电子商务管理平台对用户是否有权使用该业务进行检验，如有权，则返回成功消息，否则返回失败消息。

（15）A 省 SP 代理向 A 省应用平台发出业务请求。

（16）A 省应用平台向 A 省 SP 代理返回业务响应。

（17）A 省 SP 代理向 A 省应用网关返回业务响应，并记录计费日志。

（18）A 省应用网关向终端返回业务响应。

（19）A 省 SP 代理向 A 省移动电子商务管理平台提交计费日志。

（20）A 省移动电子商务管理平台向 A 省 SP 代理返回计费响应。

4.3.2　用户在漫游状态下使用本地业务的流程

用户在漫游状态下使用本地业务流程如图 4-2 所示。

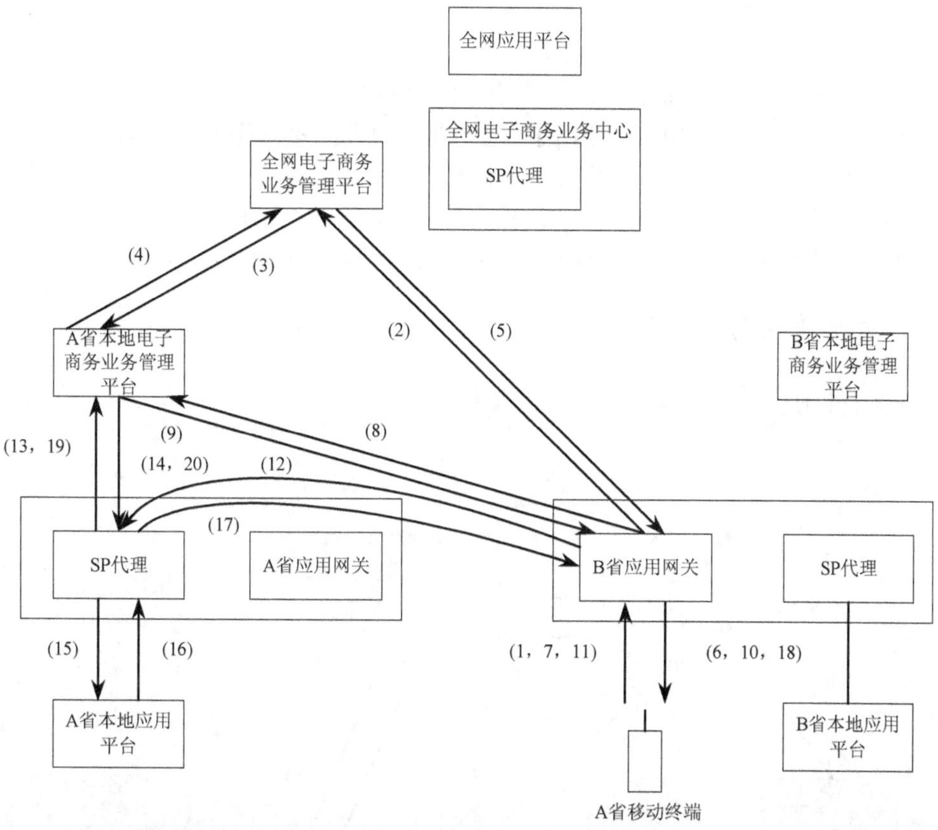

图 4-2　漫游状态下使用本地业务的流程

图 4-2 所示流程说明如下：

（1）A 省移动终端在漫游到 B 省时向 B 省应用网关发出业务请求。

（2）B 省应用网关向全网数据业务管理平台发出业务请求。

（3）全网数据业务管理平台向 A 省数据业务管理平台发出用户认证请求。

（4）A 省数据业务管理平台检查用户数据库，向全网数据业务管理平台返回认证成功消息和该用户个性化定制信息。

（5）全网数据业务管理平台向 B 省应用网关返回移动电子商务门户首页。

（6）B 省应用网关向移动终端返回移动电子商务门户首页。

（7）移动终端选择使用 A 省本地应用，将业务请求发给 B 省应用网关。

（8）B 省应用网关向 A 省数据业务管理平台发出业务请求。

（9）A 省数据业务管理平台向 B 省应用网关返回本省首页。

（10）B 省应用网关向移动终端返回 A 省首页。

（11）移动终端选择 A 省某本地应用，向 B 省应用网关发出业务请求。

（12）B 省应用网关将该业务请求转发给 A 省 SP 代理。

（13）A 省 SP 代理向 A 省数据业务管理平台发出业务认证请求。

（14）A 省数据业务管理平台对用户是否有权使用该业务进行检验，如果有权，则返回成功消息，否则返回失败消息。

（15）A 省 SP 代理向 A 省应用平台发出业务请求。

（16）A 省应用平台向 A 省 SP 代理返回业务响应。

（17）A 省 SP 代理向 B 省应用网关返回业务响应，并记录计费日志。

（18）B 省应用网关向终端返回业务响应。

（19）A 省 SP 代理向 A 省数据业务管理平台提交计费日志。

（20）A 省数据业务管理平台向 A 省 SP 代理返回计费响应。

4.3.3 全网业务使用流程

全网业务使用流程如图 4-3 所示。

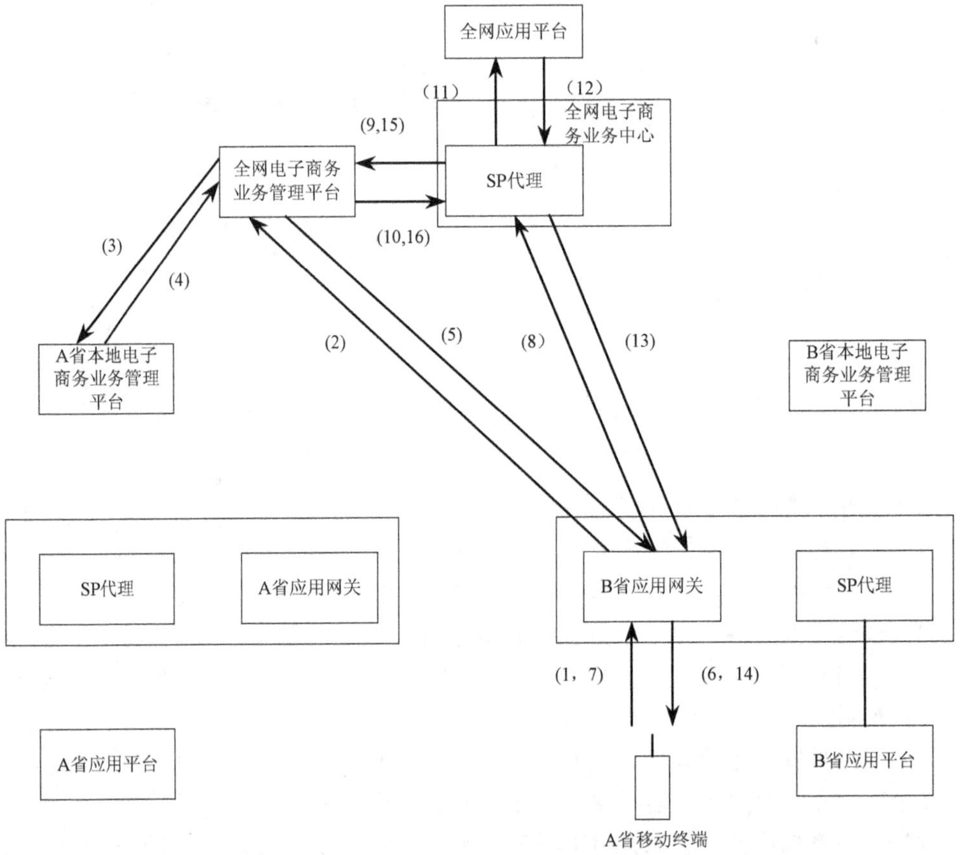

图 4-3　全网业务使用流程

图 4-3 所示流程说明如下：

（1）移动终端向拜访地应用网关发出业务请求。

（2）拜访地应用网关向全网移动电子商务业务管理平台发出业务请求。

（3）全网移动电子商务业务管理平台向该用户归属省移动电子商务业务管理平台发

出用户认证请求。

（4）该用户归属省移动电子商务业务管理平台检查用户数据库，向全网移动电子商务业务管理平台返回认证成功消息和该用户个性化定制信息。

（5）全网移动电子商务业务管理平台向拜访地应用网关返回移动电子商务门户首页。

（6）拜访地应用网关向移动终端返回移动电子商务门户首页。

（7）移动终端选择使用某全网应用，将业务请求发给拜访地应用网关。

（8）拜访地应用网关将该业务请求转发给全网 SP 代理。

（9）全网 SP 代理向全网移动电子商务业务管理平台发出业务认证请求。

（10）全网移动电子商务业务管理平台对用户是否有权使用该业务进行检验，如果有权，则返回成功消息，否则返回失败消息。

（11）全网 SP 代理向全网应用平台发出业务请求。

（12）全网应用平台向全网 SP 代理返回业务响应。

（13）全网 SP 代理向拜访地应用网关返回业务响应，并记录计费日志。

（14）拜访地应用网关向终端返回业务响应。

（15）全网 SP 代理准实时地向全网移动电子商务业务管理平台提交计费日志。

（16）全网移动电子商务业务管理平台向全网 SP 代理返回计费响应。

4.4　用户认证、授权与审计

电子商务业务管理平台的用户管理体系需要考虑用户的身份认证、授权和审计的各个环节以及用户使用的安全性与方便性等诸多方面。

在交易类业务的开展中，如果作为业务提供方，即属于自营业务，必须根据具体业务需要，对用户进行严格的身份认证和授权，以及完备的应用系统级审计。如果仅作为平台提供方，即属于部分业务或通道业务，电子商务业务管理平台只需要确认用户的身份和权限，以及对于系统资源的使用情况，而具体业务使用的认证、授权和审计工作则由业务提供方完成。

4.4.1　用户相关数据

用户相关数据包括用户基本数据、用户状态数据和业务订购关系数据，全部用户相关数据都存放在用户归属地 DSMP 平台中。

（1）用户基本数据：保存用户基本情况的数据，如用户名、口令、性别、年龄、用户个性化信息、伪号码等。用户基本数据应由省 DSMP 向省 BOSS 系统进行同步。

（2）用户状态数据：标志用户是否有权订购、使用移动电子商务业务的状态的数据，目前主要保存用户是否停机的信息。用户状态数据由省 BOSS 系统实时地发给省 DSMP。

（3）业务订购关系数据：保存用户订购了哪些业务以及这些业务的用户个性化设置信息的数据。

移动电子商务平台管理用户的移动电子商务账号数据、信用数据、统计分析等业务相关数据。

4.4.2 支付账号的管理

支付账号管理可以分为如下三类，其中后付费账号由 BOSS 管理，预付费账号由 DSMP 管理。

（1）支付账号与手机账单捆绑：实质是手机账单支付，属于后付费，适用于交易金额比较小的业务，如直接计入移动计费系统的支付业务。

（2）手机号码与银行账号捆绑：实质是银行账号支付，属于预付费，适用于银行参与的宏支付业务。

（3）手机号码与储值卡号码捆绑：这里的储值卡号码可以是专门为移动电子商务支付开通的账号，独立于手机账单，属于预付费，适用于开展的微支付业务和直接计入移动计费系统的支付业务。

4.4.3 认证、授权和审计

认证、授权和审计一起实现确保合法用户安全、方便使用特定资源行为的目标，这样既有效地保障了合法用户的权益，又能保障移动电子商务系统安全可靠地运行。

1．认证、授权

身份认证（Authentication）用于实现移动电子商务系统对操作者身份的合法性检查。对系统中的各种服务和应用来说，身份认证是一个基本的安全考虑。

授权（Authorization）是指对用户使用移动电子商务系统资源的访问权限进行合理分配的技术，实现不同用户对系统不同部分资源的访问。通常情况下，用户的授权与用户身份认证技术一起实现。

访问权限是指授予管理员用户不同的权限。在权限的分配时应该注意：互斥的操作权限不能赋予同一个角色；赋予角色的权限应是其完成任务所需要的最小权限集；同一用户不可担当互斥的角色。

用户首先需要登录到系统，系统根据认证的结果授予其相应权限。电子商务业务管理平台采用 SSO 单点登录，通过一次身份认证，可以透明登录所有授权移动电子商务业务系统。

2．审计

审计（Accounting）是指收集、记录用户对移动电子商务系统资源的使用情况，以便于统计用户对网络资源的访问情况，并且在出现安全事故时，可以追踪原因，追究相关人员的责任，以减少由于内部计算机用户滥用网络资源造成的安全危害。

审计过程在用户集中化建设中应该与其他功能隔离开，可以在不同的级别上进行审计，如网络设备审计、操作系统审计、数据库审计、应用系统审计等。

审计系统能够对资源的使用事件提供一个完备的记录，可以在非法事件发生后进行有效的追查。

用户集中化管理系统中的审计系统应该具有预警功能，每当有违反系统安全的事件发生或者有涉及系统安全的重要操作发生时，能实时地向安全管理员发送相应的预警信息，同时根据系统预定义的安全策略及时、自动地做出反应。

3．集中化用户认证、授权和审计系统

移动电子商务业务管理系统采取集中统一的用户身份管理技术和平台，使得系统和安全管理人员可以对信息系统的用户和各种资源进行集中管理、集中权限分配和集中审计。电子商务业务管理系统集中化用户认证、授权和审计系统的需求应该包括如下几方面内容

（1）集中统一的用户生命周期管理：用户、账号的创建、维护及删除都由集中统一的用户管理平台来完成。

（2）集中统一的用户权限管理：用户在不同信息系统中的权限由统一的管理平台进行管理，对用户权限的管理应该基于角色进行。

（3）信息系统的单点登录：在系统的认证和授权中实现单点登录功能，使用户成功登录后，不需要再次登录就可访问他有授权的其他信息系统。

（4）统一、集中的日志审计管理：在用户集中化管理平台上建立相对集中、统一的日志审计管理体系，为业务系统的安全管理提供重要的日志分析工具。

（5）跨系统和跨地区的业务授权管理：针对不同地区的分散的业务授权管理，在各级机构建立完善的、集中管理的业务系统资源授权库，使得系统用户能够跨系统和地区安全地访问业务系统的资源和数据。

（6）提供用户身份认证、授权验证及日志记录接口：为信息系统开发者提供身份认证、用户业务授权验证和日志记录功能接口，使业务系统能够实现单点登录、用户操作授权验证和用户操作日志的自动记录。

4.5　SP 相关数据管理

为了完成计费、结算工作，除了对用户相关数据进行管理之外，还需要对 SP 相关数据进行管理。

SP 相关数据保存 SP 基本信息和 SP 所提供业务的信息，都存放在与该 SP 相连的 DSMP 的移动电子商务业务管理模块中。SP 相关数据是进行 SP 管理和业务管理的基础。

4.6　计费

4.6.1　计费模式

在移动电子商务业务的开展中，如果作为业务的提供方，计费可以按照“通信费+信息服务费”方式进行，具体信息服务费的收取方式可以根据业务特性制定，如在交易类业务中可以根据交易量/交易次数/交易时长来收取，在安全商务数据处理类和认证类业务中可以采用按照业务佣金或特许权使用费的方式来收取。另外，信息服务费还可以按照包月、会员等方式来收取。

如果仅为业务服务商提供开放平台、为业务服务提供商提供移动环境，计费主要是通信费。

4.6.2 计费信息采集

移动电子商务中产生的信息费计费采集点在 SP 代理或应用平台（当应用平台为自建时），通信费原则上是在原承载网计费系统上进行计费。为了满足某些特殊计费策略的要求，通信费的计费采集点也可以在 SP 代理或应用平台。

SP 代理或应用平台采集的计费记录发送给相应的 DSMP 平台，由 DSMP 平台完成下一步的计费处理。

计费准确率定义为计费采集点吐出计费记录的准确率，该准确率的要求见相关业务计费规范。

4.7 结算

4.7.1 结算关系

安全商务数据处理类业务和安全认证类业务的主要结算关系都与 SP 有关。

对于交易类业务，如果作为交易类业务的业务提供方，根据业务开展范围（全网业务或本地业务），结算是在集团公司或业务提供省公司与用户归属省公司之间进行。

如果为各种交易类业务服务商提供开放平台，根据业务开展范围，存在如下结算关系：

（1）用户使用全网业务，结算是在集团公司与全网 SP 代理之间进行。

（2）用户在非漫游状态使用本地业务，结算是在本省公司与本地 SP 代理之间进行。

（3）用户在漫游状态使用本地业务，结算是在业务提供省公司与业务提供 SP 代理之间，以及业务提供省公司与用户归属省公司之间进行。

如果支付涉及银行，则还存在移动与银行的结算关系。

移动电子商务业务平台只做信息费结算依据的采集，内部各账务团体之间的结算、与 SP 的结算都在 BOSS 内完成。

4.7.2 与 SP 结算

根据 SP 提供的业务种类不同，与 SP 的结算方式也有不同，具体应按照双方签订的合约进行结算。

4.8 业务与应用管理

4.8.1 运营模式与业务管理

在交易类业务的开展中，如果作为业务提供方，即属于自营业务，必须根据具体业务需要，对用户进行严格的身份认证、授权以及完备的应用系统级审计。如果仅作为平台提供方，即属于通道业务，DSMP 的电子商务业务管理模块只需要确认 SP 的身份和权限以及对于系统资源的使用情况，具体的用户管理以及业务使用的认证、授权和审计工作由业务提供方完成。

安全商务数据处理类业务主要由安全服务提供商来运营，安全认证类业务主要由信任服务提供商来运营，如果只负责提供安全通道，用户数据由 SP 管理，DSMP 的电子商务业务管理模块只需要确认 SP 的身份和权限以及对于系统资源的使用情况。如果自身作为安全服务提供商或者信任服务提供商，应该对用户进行严格的身份认证、授权以及完备的应用系统级审计。

4.8.2 DSMP 与移动电子商务业务管理模块

移动电子商务业务管理模块是 DSMP 的子模块，作为 DSMP 的一个扩展和补充。

原则上 DSMP 管理用户数据、SP 数据和终端相关数据，负责移动电子商务相关的用户管理、业务和应用管理、计费和结算功能，但与每项具体业务直接联系的支付信息和安全信息的采集与管理由移动电子商务业务管理模块来完成。

业务和应用管理的具体规范参照《通信移动数据业务总体技术要求》。

第 5 章 移动电子商务的智能终端

移动终端的技术发展和功能开发直接影响着移动业务的发展进程，甚至成为影响移动业务发展的关键因素。另外，移动新业务的不断推出也将对移动终端技术乃至今后的移动终端、类型、功能等方面的发展产生很大的影响。

本章将首先分析移动终端的技术现状，指出其对移动业务发展的制约，并说明移动终端及其实现技术的发展趋势；接着针对移动电子商务业务，对移动终端提出技术上的具体要求，其中主要集中于安全特性和支付特性；最后分别提出终端在安全特性和支付特性上的实现方式，同时对移动终端的可操作性提出要求。

5.1　现有终端设备的分析与评价

5.1.1　现有移动终端对移动业务发展的限制

目前，市场上推出的移动终端在通信协议上基本支持 GPRS、WAP1.1，大部分移动终端支持 WAP1.2。现有终端能够保证使用 GPRS 网络的用户获得在线服务，如查看网页、收发邮件等，同时享受 MMS 服务，这为移动电子商务业务的开展奠定了基础。

然而，我们应该看到，目前绝大多数用户拥有的移动终端基本上以提供语音通信和短消息服务为主。尽管有些终端已经支持部分数据业务，但在安全性、可操作性等方面的限制，也在很大程度上阻碍了移动电子商务业务的开展。这主要体现在如下几方面。

（1）存储容量小：限制了数据存储，如图片、音频、视频等数据的保存。

（2）运算能力低：限制了应用的开发，如安全运算、支付实现等。

（3）能量低：不能保证终端设备的长时间运行。

（4）显示屏幕小：给用户使用带来不便，对应用开发提出更高的要求。

（5）键盘操作不方便：给用户使用带来不便。

（6）各种终端技术平台和应用平台差异大：给用户使用带来不便，不利于实现应用的跨平台使用，限制了应用的广泛性。

因此，现有的移动终端在对移动电子商务业务的支撑中，一方面用户得不到可靠的安全保证；另一方面没有给用户提供友好的使用界面。这些缺陷严重阻碍了移动新业务，尤其是移动电子商务业务的开展。

5.1.2　移动终端的发展趋势

随着移动终端显示屏、封装、CPU 处理速度、内存等技术的发展，同时为了满足移动业务发展和创新的要求，移动终端的发展有如下趋势。

1．支持多媒体

移动终端不仅要满足通话的需求，而且要能够支持图片、视像、音乐等多媒体内容。

2．功能的多元化

移动终端功能上的改进是随着移动通信业务的发展，以及用户对终端功能需求的增加而出现的。

从未来发展方向来看，功能上的改进、增添和智能化是移动通信业务发展必不可少的，只有移动终端具备了大存储容量、高传输速率、清晰显示等功能，才可能发展包括移动视频、移动定位、移动支付等多项移动通信业务。

3．具备多模功能

由于全球在移动网络标准的选择上不统一，目前很多国家会存在不同的通信网络，即使是采用了相同的技术，各国在分配频率上也有所不同。

移动终端应能支持更多的通信协议，移动业务的开展将对数据处理能力要求更高，要求移动终端具有业务集成能力，并能够在任何网络条件下得到属于自己的业务。这就要求未来的移动终端具有跨网络的业务提供能力，也就是说，人们将要求业务提供商不会因为网络环境的变化而中断业务的提供。因此，对于移动终端来说，支持多模式、多制式将成为必需。

4．外观设计时尚化、个性化、性别化

从目前的发展趋势看，时尚化、个性化、性别化以及移动终端功能和外形的“专业化”将是未来的发展方向。

移动通信已经跨过了为用户提供简单通话功能的阶段，开始向高端业务进军。从目前的消费观念看，低端的语音通话逐渐成为了人们日常通信的必需手段，而未来的高端应用则是一种消费品的概念，具有消费品的特点，也就是说，用户将仅仅使用价格上能够承受的业务。

因此，未来的通信网络平台接口应是开放的，移动终端产品也应该是多样的。针对不同用户群和不同应用，应该有不同的终端产品，而通话功能将成为最基本的功能之一。

5.1.3　移动终端实现技术的发展趋势

从现代移动终端的技术构成来看，大体可以分为以空中接口为主的通信部分、以计算能力为主的计算机部分（在一定意义上移动终端可看成一台计算机）和以业务处理为主的应用软件部分。这三个部分都会随着移动通信业务模式的改变而发生变化，以满足业务模式变化和业务创新的要求。

第一，在移动终端的通信部分，未来的终端将支持多种空中接口，如 WCDMA、CDMA2000 等，这需要手机在多模技术上有一个大的突破，否则终端将不能满足业务的需求。在这方面，软件定义无线电（SDR）通过软件的改变来改变设备的模式，也许会成为一种最终的解决办法。

第二，在移动终端的计算机部分，除去通信处理所需要的计算能力，用于支持业务处理的计算机处理能力也将有很快增长。这方面的变化趋势是手机平台的计算能力将和网络结合起来。在网络对手机计算能力的分担上，依靠网格技术使手机的计算能力和网络的计算能力共享资源，使手机计算真正成为网络的一个组成部分。现在，Java 可以作为这种平台的基础，虽然利用 Java 平台不能实现手机与网络资源的共享，但 Java 的采用可以跨越 CPU 的差别。从编程的角度看，终端实现了与网络的统一。

第三，在应用软件方面，为了使移动终端和网络的联系更为紧密，支持不同的业务，未来移动终端的发展方向将是采用 XML 这一动态描述业务语言来解决业务多样化带来的压力，并且在今后将和 Java 结合在一起。另外，也有专家认为，未来的移动终端将支持更多的网络协议，尤其是 3G 系统将支持 SIP 协议，这将使移动终端具有更强的多业务能力。

同时，为了在现有的技术条件下为移动业务的创新提供更好的支持，近年来，厂商在智能卡技术上也投入了巨大的研发精力。现在许多移动新业务都是在智能卡的支持下开展的，如 STK 卡、Java 卡等，这也将是未来的重要发展方向。为了满足未来业务发展

对移动终端提出的要求，人们还必须解决诸如电池续航能力、移动终端的节能等问题。另外，通信厂商和 IT 厂商也将加入到移动终端的设计中来，以促进移动终端对移动电子商务业务的支持。

总之，可以看到，终端技术正在移动电子商务业务的引导下向前发展。

5.2 移动电子商务业务对移动终端的要求

移动终端设备是移动电子商务业务开展的关键因素，它对移动电子商务业务的推广和使用有重大的影响和制约作用。移动终端设备是用户和移动电子商务业务之间的关键接口，在移动电子商务业务中可能并不需要额外的手机功能，但是在商品销售环节，手机所展示的功能将直接影响用户的选择和购买兴趣。

移动电子商务业务的开展对移动终端的功能提出了更高的要求。其中，对安全特性和支付特性的支持，以及保持一致的用户体验是关键因素。

5.2.1 移动终端的安全要求

本节首先将分析移动终端可能受到的安全威胁，然后提出移动业务开展对移动终端的安全需求。

1. 移动终端的安全威胁

移动终端是用户在移动通信系统中使用的工具，上面保存了用户的个人信息和各种商务数据，因此容易成为攻击者的目标。在移动通信中，移动终端存在的安全威胁有如下几方面。

1）鉴别和访问控制

（1）盗用：攻击者可以盗用终端和 UICC(UMTS IC Card)卡以获得接入服务。用户可以在窃取的终端上使用合法的 USIM(User Services Identity Module)获得接入服务。

（2）借用：借用终端和 UICC 卡的人可能获得特权误用设备。用户可能在更改了 IMEI(International Mobile Equipment Identity)的终端上使用合法的 USIM。

2）数据完整性

（1）终端数据的完整性：入侵者可能通过本地或远程两种方式修改、插入或删除存储在终端上的应用软件和数据，可能破坏终端的物理和逻辑控制。

（2）USIM 数据的完整性：入侵者也可能通过本地或远程两种方式修改、插入或删除存储在 USIM 上的应用软件和数据。

（3）UICC 与终端的接口数据完整性：入侵者可能在 UICC 与终端的接口修改、插入、重发或删除用户数据。

3）数据机密性

（1）入侵者可能获得用户存储在终端或 UICC 上的个人数据，如电话簿。

（2）入侵者可能获得服务提供商存储在 UICC 上的身份认证数据，如认证密钥。

（3）入侵者可能偷听 UICC 与终端的接口。

（4）入侵者可能伪造 USIM 或终端的数据，截获 UICC 与终端的接口数据。

4）复制 SIM 卡

目前，已经出现复制 SIM 卡的专用设备。复制 SIM 卡可能导致呼叫欺骗，如果应用安全性基于设备的用户鉴权（SIM），还有可能伪装成真正用户。

5）手机病毒威胁

以手机终端目前的数字处理能力（容量和运算），还不至于强大到可以独立处理、传播病毒，所以病毒只能通过电脑、WAP 服务器、WAP 网关来破坏手机。病毒对手机的攻击分为三个层次：第一，通过攻击 WAP 服务器使 WAP 手机无法接收到正常信息；第二，通过攻击、控制“网关 ”，向手机用户大量发送垃圾信息；第三，直接对手机本身进行攻击，如有针对性地对其操作系统和运行程序进行攻击，使手机无法提供服务。目前流行的手机病毒有 EPOC 病毒、Unavailable 病毒，还有针对具体手机的病毒。有些病毒可以导致手机异常关机，或者无法提供正常的服务，或者手机键盘死锁等。

2. 移动终端的安全需求

针对移动终端受到的安全威胁，下面分析移动终端需要满足的安全需求。移动终端需要解决的安全问题包括如下五个方面。

（1）确定身份：由支付提供方（即发行方）对用户进行鉴定，确认其是否为已授权用户。

（2）保密性：保证未被授权者不能获取敏感商务数据（通常这些数据会给某些欺诈行为提供方便）。

（3）数据完整性：这个特性可以保证商务数据在用户同意交易处理之后不会被更改。

（4）不可否认性：可以避免交易完成后交易者不承担交易后果。

（5）防病毒：防止由于病毒而造成终端数据丢失和交易遭到破坏。

为了满足移动电子商务的上述安全需求，移动终端需要具备基本的安全功能、提供安全机制以保证移动电子商务的安全性。这些安全功能包括：

（1）随机数发生器。

（2）加密功能，可以在手机硬件、软件或者智能卡上实现。

（3）数字签名，一般在智能卡上提供。

（4）验证签名，在手机和智能卡上提供。

（5）证书处理，包括保存、申请、更新、撤销、查询等。

（6）病毒检测和清除。

安全是移动电子商务的焦点问题。如果安全问题可以很好地得到解决，不仅消费者和合作者会增强信心，而且也会大大减少业务运营中会出现的欺诈问题，降低系统运营成本。现在的安全措施都比较简易，主要通过用户的 PIN 进行识别。因此，需要未来的移动终端提供完善安全保证机制以推动移动电子商务的发展。

5.2.2　移动终端的支付要求

移动支付与普通的支付不同之处，在于交易资格审查处理过程有所不同。因为这些都涉及移动网络运营商以及所使用的浏览协议，如 WAP 或 HTML、信息系统 SMS 或 USSD(Unstructured Supplementary Service Data)等。图 5-1 所示可以更好地解释移动支付的建立过程以及涉及的移动架构。

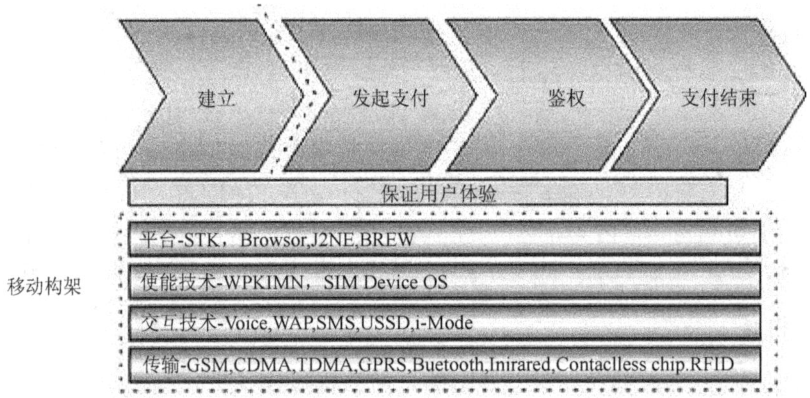

图 5-1　移动支付建立过程

移动终端是用户进行支付的工具，在移动电子商务业务中占据重要的地位。移动电子商务业务的开展要求移动终端对支付特性提供支持，这些支持是两方面的，即软件方面和硬件方面。

从支付机制来看，在移动电子商务业务中有电子钱包、电子现金、电子支票等移动支付方式，这里主要涉及的是一系列的规则和协议，重点要求移动终端提供软件上的支持。

从技术上来看，支付方式可以是通过空中交易和无线区域网络两种方式，这里对移动终端的要求主要是硬件上的，如支持短信、WAP、红外、802.11 等。

5.2.3　一致的用户体验要求

为了维护移动终端的可操作性，移动终端生产厂家应该从用户的角度完成关于移动电子商务业务的核心功能，提供一致的用户体验。

这里主要给出移动终端生产厂家的交易部分的定义，不讨论特定的应用或服务部分的定义，也不讨论完整的移动终端行为和实际的 UI。

1．一致性

用户接口的一致性允许用户在不同的应用程序之间保持他们操作的知识和技能。可视化接口中的一致性能帮助人们容易学习和理解接口的图形语言。除了使用的术语保持一致以外，有效的应用程序在很多方面也可以保持一致性。一般来说，一致性可以通过使用用户接口行为在内部和外部上一致来实现。

（1）内部一致性。用户接口行为对参考的应用程序的其他部分有意义。例如，使用 pop-up 菜单修改对象属性，那么用户可能希望对于别的对象属性也可以用相同的方法进行编辑，因此应该给用户提供最少的新操作方式。

（2）外部一致性。用户接口与运行的环境应保持一致，这里包括操作系统与运行在操作系统中的典型应用程序套件的一致性。外部一致性最广泛的形式就是遵循用户接口标准。这里有很多标准，如使用标准化的脚本语言，插入体系结构或者配置方法。

2. 用户体验

用户体验包括用户与公司、服务和产品交互的所有特征。用户体验的首要要求就是满足客户的具体需求，而不是打扰或麻烦用户。产品的简单和优雅可以使用户对产品的使用和拥有变成一种享受。真正的用户体验不是仅给用户提供他们想要的东西，而是给用户提供应用程序列表。为了获得高质量的用户体验，服务的各个环节必须无缝地结合，包括工程、市场、图形和工业设计以及接口设计。

好的用户体验不仅需要好的用户接口设计，考虑到用户采用多种不同的应用程序，还需要在不同的应用程序之间保持一致的体验。体验的重新使用能够帮助用户方便地使用别的应用程序。

一致的用户体验有助于用户和服务提供商在安全移动电子交易领域合作，增加电子交易给双方带来的好处。

3. 一致的用户体验

移动终端生产厂家应该在如下几方面提供一致的用户体验：

（1）使客户了解使用的上下文，包括安全环境和使用的服务。

（2）移动终端应该有方法使用户相信操作的安全。移动终端应该提供方法来保护个人和秘密信息，如要求个人身份号（PIN）显示在移动终端上时应当不被旁观者发现。

（3）移动终端初始化，包括产生密钥和安全元素的初始化。

（4）证书下载。

（5）注册是指服务提供商将用户身份和服务账号关联，它是通过将用户证书和服务关联来实现的。注册过程将使得 PTD 个人化。

（6）交易阶段包括建立安全会话、用户验证、用户授权、PIN 查询、用户认证、数字签名、特殊情况和错误情况。错误情况包括如下情形：错误的 PIN、解锁 PIN、安全元素不可得、服务器认证失败、在用户认证时发送给服务器的证书错误、在用户认证时客户端没有匹配的证书等。

（7）移动终端作为个人可信任终端的管理，包括 PIN 管理、证书管理（如浏览证书信息、去除证书）、发票和票据管理。

5.3　移动终端对安全特性的支持

在移动电子商务中，移动终端在安全方面起着重要的作用，基于此引入了个人可信任终端（PTD）的概念，其中很重要的是安全元素（SE）的核心功能和实现方式。在各种安全元素的实现方式中，安全功能的最终实现都采用了智能卡技术，依照目前的技术，主要提供三种实现方式，分别是 WIM 卡、STK 卡和 Java 卡。本节将对上述内容进行说明和分析。

5.3.1 个人可信任终端（PTD）

1. PTD 的概念

移动电话作为 PTD（个人可信任设备），具有如下特征：

（1）能够实现对数字签名的合法绑定。

（2）个人化，由个人控制和使用，并且大部分时间由个人携带。

（3）拥有用于与交易相关的服务的应用平台和用户接口，如银行、支付、奖品和票务。

（4）有符合要求的用于与交易相关的服务的安全功能。

（5）包含了安全元素，用于保护关键数据，如私钥。

PTD 应实现对用户的验证（验证个人是否真的拥有 PTD）。只有经过合法的用户验证后，PTD 才可以用于交易。安全元素执行用户验证（如芯片卡只有在接收到用户输入的 PIN 后才执行加密操作）。

为了访问多种业务，PTD 使用特定服务的证书数据库。它包含实际的证书或指向证书位置的指针（证书 URL）。另外，PTD 包含了交易数据库（合同和发票/票据）。

PTD 中最重要的组件就是安全元素，它用于实现终端的可信任性。下面将分别介绍安全元素的功能和实现方式。

2. PTD 接口

PID 接口如图 5-2 所示。

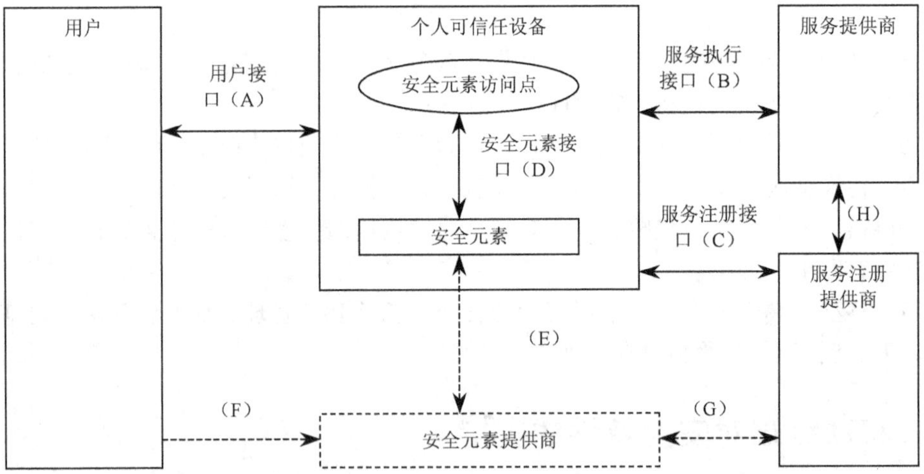

图 5-2 PTD 接口

注：虚线表示特定元素在全配置中不存在，只是在特定的情况下使用，如时间产生；元素在正常的操作情况下不存在。

图 5-2 中各部分说明如下。

（1）用户：PTD 的所有者。

（2）个人可信任设备（PTD）：用于进行移动电子交易，它包含了安全元素。

（3）安全元素（SE）：用于保存加密密钥和使用这些密钥执行操作。

（4）安全元素提供商：给用户提供安全元素，作为 PTD 的一部分或者是独立的。

（5）服务提供商：在应用交易中，PTD 的对等实体（与别的应用程序相对应，如注册）。

（6）服务注册提供商：给用户提供服务证书（对应于服务的证书）。

图 5-2 中各接口说明如下。

（1）用户接口（A）。用户接口包括用户和 PTD 之间的交互。在这里定义用户接口主要是为了保证用户经历的一致，包括以下特征：

① 用户知道所使用的服务/商标；

② 用户知道安全环境；

③ 用户验证（如 PIN）；

④ 用户知道数字签名（不可否认性）；

⑤ 访问经过数字签名的合同；

⑥ 访问传送的对象（发票/票据）；

（2）服务执行接口（B）。服务执行接口定义 PTD 如何访问移动电子商务交易服务，这里包括几个功能：安全会话、用户认证和用户授权。

（3）服务注册接口（C）。服务注册接口定义 PTD 如何注册到特定的服务，它包括请求和发送服务证书两步。

（4）安全元素接口（D）。安全元素接口定义了验证和加密处理的交互，它的功能如下：

① 设备控制（打开，关闭）；

② 验证，包括验证数据管理（改变、解锁 PIN）；

③ 用于读取证书和别的数据的数据访问；

④ WTLS 认证和会话管理；

⑤ 数字签名。

（5）安全元素初始化接口（E）。安全元素初始化接口用于产生密钥、初始证书、PIN 等。这个接口只用于信息。

（6）用户-安全元素提供商接口（F）。这个接口在用户和安全元素提供商之间，包括给用户传送安全元素以及相关信息的特征，如初始的 PIN（当运营商代理将 SWIM 卡和 WIM PIN 传送给用户时）。这个接口只用于信息。

（7）服务注册提供商-安全元素提供商接口（G）。这个接口在服务注册提供商和安全元素提供商之间，包括传送关于安全元素信息的特征，如用于验证安全元素和关联密钥真实性的证书。这个接口只用于信息。

（8）服务注册提供商-服务提供商接口（H）。这个接口是在服务注册提供商和服务提供商之间，包括传送与 PKI 相关的信息，如根 CA 证书和别的 CA 证书、证书撤销信息等。这个接口只用于信息。

3．安全元素（SE）

1）安全元素核心功能

（1）初始化。PTD 初始化是指给安全元素安装初始公私钥对和根 CA 证书，这些是用于执行安全交易的。密钥可以通过可去除安全元素由外部提供，也可以由嵌入的安全元素在内部产生。根 CA 证书的提供作为初始化过程的一部分。

（2）注册。注册是指服务提供商将用户身份和账号关联。这可通过发布用于参加移动电子商务交易的用户服务证书来实现。发布服务证书可以通过空中下载来实现。这个过程的实现可以采用现存的在生产过程中安装在 PTD 安全元素上的厂家证书，以及通过 PIN 等方式来验证用户。注册过程会使得 PTD 个人化。

（3）安全会话建立。安全会话的组件包括机密性、数据完整性和服务器认证。理想地，安全会话是在 PTD 和内容服务器之间。

（4）认证。用户认证是指服务提供商确定用户的身份。它允许服务提供商验证用户是否享有这项业务。

（5）用户授权。授权是指服务提供商确信用户接受了事务契约。通常是发布商授权用户，并且承担相应的交易义务。授权可以通过数字签名来实现。服务提供商保存经过签名的事务契约作为交易授权的记录。

（6）密钥产生。

情况一：在设备之外。在这种情况下，密钥对在设备之外产生，保存在设备中。密钥产生过程和保存需要高度的安全。这种方法的好处在于设备不需要支持密钥产生；缺点在于密钥产生过程必须高度安全，这将增加管理的难度。

情况二：用户产生。在这种情况下，在生产过程之后密钥对在设备中产生，这时模块是属于用户的。设备有初始的管理密钥（每个设备独立的密钥）。这个密钥可以仅在设备内部使用以验证新产生的密钥。

（7）密钥和用户证书保存。移动终端仅保存证书 URL，实际的证书由网络拥有。

2）安全元素管理

安全元素管理包括一切在 SE 传送给用户之前和之后进行的操作。安全元素需要从供应商处订购，需要提供订购注册和个人信息，需要协商密钥管理和产生，需要生成证书并且下载到 SE 上。SE 需要注册和激活。SE 的状态需要一直为发布者知道。

在多种服务提供商环境中只有一个卡发布者时，应用程序的管理将很困难。一种解决方案就是由可信任的第三方管理应用程序的安全。

应用程序管理包括应用程序撤销、整个卡的撤销、增加和删除应用程序、解锁卡或者卡上的应用程序。处理过程和复杂性与现在的卡体系结构一样，但是由于存在多应用程序和多服务提供环境，所以增加了复杂性。

根据不同的国家和不同发布者，上面描述的各种过程和授权是不一样的。因此，发布者能够安全地管理安全元素是非常重要的。

（1）解锁 PIN。当用户丢失他们的 PIN（或者锁住 PIN）时，用户可以在经过身份验证之后从 SE 供应服务中心接收解锁码。用户身份验证是基于物理存在或者能够回答一系列问题。这种安全解决方案的发布者，多数情况下是银行，必须能够定义这个过程的细节。

（2）撤销。如果安全元素（或者 PTD）被盗，用户应该能够联系 SE 提供商进行撤销。如果撤销服务可得，服务注册提供商可以撤销服务证书（用于发布安全元素中的密钥）。如果撤销服务不可得，用户将分别联系每一个服务注册提供商。

4. 安全元素实现

在移动电子商务的构架中使用安全元素非常重要，因为使用移动 PKI 解决方案的强壮认证要求将安全元素作为重要的选项包括进来。SE 用于保存加密密钥和使用这些密钥执行操作。

如图 5-3 所示，安全元素可以是可去除的或者不可去除的。可去除的 SE 是基于开放的芯片卡。基于芯片卡的 SE 包括 WIM 芯片卡应用程序和其他的应用程序以用于支付。可去除的芯片卡可以在嵌入式硬件模块或者软件模块中实现。下面将分别介绍各种实现方式。

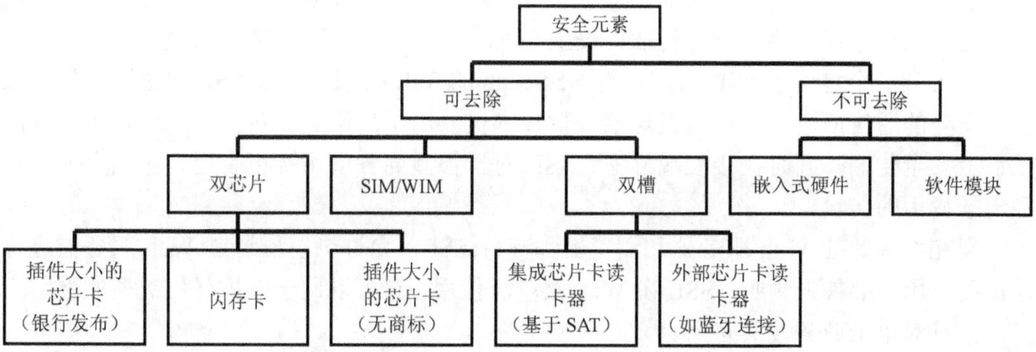

图 5-3　安全元素在终端上的实现方式

（1）安全元素作为终端硬件或软件的一部分：这种方式的好处在于用户使用方便，因为所有的信息都集成在单一的组件中。其缺点在于不灵活，同时它的生命周期与终端的生命周期是一样的。

（2）SWIM 解决方案：将 WIM 功能或者别的实现安全功能模块（如下文描述的 Java 卡、STK 卡），保存在运营商发布的 SIM 卡中。

（3）双芯片解决方案：即采用另外一个 SIM 卡大小的智能卡。它将作为一个独立的卡，发布者是移动电子商务服务提供者。这种方案的优点在于将网络注册和别的应用分开，这样便于产生更多的商业模型。但是，这要求手机能够保存两张卡。目前还不能确定这种特定的解决方案是否有足够大的市场需求。

（4）双槽解决方案：这种方案采用了标准大小的信用卡，在交易发生时把卡插入集成在终端的智能卡读卡器中。其好处在于可以使相同的卡用于多种渠道；缺点在于用户需要使用两个不同的设备。另外，集成的读卡器将增加手机的物理尺寸，而这是用户购买手机时考虑的一个重要因素。同时，灰尘和湿气还会影响读卡器的可靠性。

（5）外部读卡器解决方案：这种方案使用电线、红外或蓝牙无线技术将独立的智能卡读卡器与移动终端相连。这种方案将允许采用多种智能卡；其缺点还是在于用户使用上的不方便，另外用户一定不会乐意承担增加的读卡器成本。

5.3.2 Java 卡实现

1. Java 安全实现

Java 提供了两种机制来保证安全，分别是 Java 安全 SOCKET 层和 Java 加密库。下面将简单介绍。

1）安全机制一：Java 安全 SOCKET 层

电子商务交易需要强壮的安全性，有两种方法实现安全系统。第一种就是在管理交易的应用程序内进行认证和加密。这种方法提供了对安全策略和算法的直接控制，但是缺少灵活性，并且每一个应用程序都必须实现自己的安全，这其中存在潜在的安全缺陷。第二种方法就是采用分层的方法，在这种情况下，所有的应用程序都依赖于某些可信任子层的安全，这些子层用于认证和加密管理。这种方法最灵活，并且对于任何使用这些子层的应用程序都能够安全地传输。安全 SOCKET 层提供了第二种解决办法。

Java 有一个包用于 SSL 通信，与 NetScape 的 SSL 类似，Java SSL 通过使用加密来提供安全的通信信道。SSL 给发送端提供加密机制用于加密数据包，以实现在不信任的信道上安全传输，同时在接收端解密。SSL 对于很多商务应用都很有用，包括个人信息和电子货币的传输。

现在大多数的 Web 服务器和浏览器都支持 SSL，允许浏览器通过 Web 服务器进行通信而不用担心被人偷听。SSL 在 Web 上广泛使用，它可以用于保护任何类型的网络交易，并且对电子商务尤其有用。

（1）SSL：分层的方法。TCP/IP 管理互联网上数据的传输和路由。其他的协议，如 HTTP、LDAP 或者 IMAP 运行在 TCP/IP 之上。也就是说，它们都使用 TCP/IP 来支持典型的应用工作，如显示 Web 页面或运行邮件服务器。

如图 5-4 所示，SSL 协议运行在 TCP/IP 之上，在高层协议如 HTTP 或 IMAP 之下。它代表高层协议使用 TCP/IP，并且在这个过程中允许客户端对服务器进行认证，允许服务器对客户端进行认证，允许双方建立加密连接。

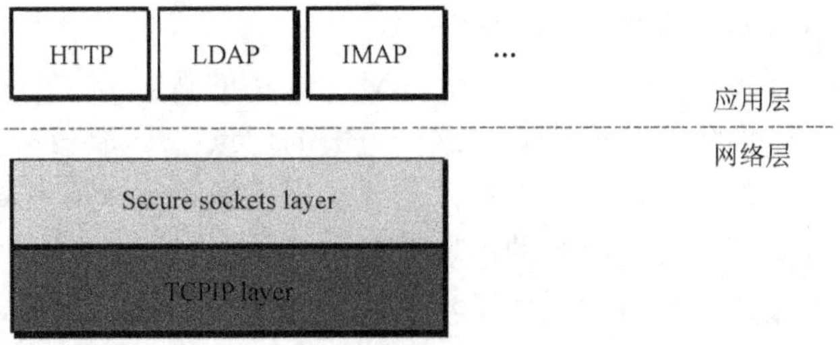

图 5-4　SSL 分层

SSL 协议包括两个子协议：SSL 记录协议和 SSL 握手协议。SSL 记录协议定义传输数据的格式，SSL 握手协议包括使用 SSL 记录协议来交换在建立 SSL 连接时服务器和客户端之间的一系列协议。交换的消息用于实现以下操作：

① 认证客户端；

② 允许客户端和服务器选择加密算法或者双方支持的密码；

③ 可选的认证服务器；

④ 使用公钥加密技术来产生共享秘密；

⑤ 建立加密的 SSL 连接。

（2）SSL 提供的安全功能。SSL 对电子商务的影响是巨大的。当顾客登录他的银行站点的时候，SSL 透明地交换密钥，并建立安全会话和处理加密。下述功能奠定了 SSL 在互联网和其他 TCP/IP 网络上通信的基础。

① SSL 服务器认证：允许用户确认服务器的身份。客户端软件可以使用标准的公钥加密技术来检验服务器的证书和公钥 ID 的有效性，以及发布证书的 CA 是否在客户端可信任 CA 的列表中。这个检查非常重要，因为用户可能通过网络发送他的信用卡号，这就需要检查接收服务器的身份。

② SSL 客户端认证：允许服务器确认用户的身份。这将使用与服务器认证相同的技术。服务器软件可以检验客户端的证书和公钥 ID 是否有效，以及发布证书的 CA 是否在服务器的可信任 CA 列表中。这个检查非常重要，因为如银行发送机密的金融信息给客户，这时服务器就需要检验接收者的身份。

③ 加密 SSL 连接：要求客户端和服务器之间的所有信息都使用发送软件来加密，并使用接收软件来解密，这样就能够提供高度的机密性。在私有交易中，机密性对于双方来说都很重要。另外，所有在加密 SSL 连接之上发送的数据都使用检测篡改机制进行保护，自动判断数据在传输过程中是否受到修改。

2）安全机制二：Java 加密

Java 提供如下的安全 API 功能。

（1）数字签名：数字签名算法有 DSA，其功能包括产生公/私钥对和用于签名、验证的随机数。

（2）消息摘要：安全消息摘要，如 MD5 和 SHA1。这些算法也称为单向函数算法，用于产生数据的“数字指纹”，这经常用于数字签名和别的需要保证数据唯一性和不可修改性的应用。

（3）密钥管理：一组管理规则（实体，如个人用户或者组），密钥和证书。它允许应用程序设计他们自己的密钥管理系统，与别的系统在高层次上进行互操作。

Java APPLET 符合 Java 安全的要求，然而，Java 卡系统的安全模型与标准的 Java 不同。在 Java 卡上不支持安全管理器，语言安全策略将使用虚拟机来实现。Java APPLET 生成保存和处理数据的对象。对象由生成它的 APPLET 拥有。就算一个 APPLET 拥有对象索引，它也不能触发对象方法，除非它是对象的所有者或者对象对外共享。APPLET 可以允许任何对象共享特定的 APPLET 或所有的 APPLET。在 Java 卡中 APPLET 是独立的实体，它的选择、执行和功能不受卡上其他 APPLET 的影响。

2. 移动设备上的 Java

移动终端通常内存资源有限和用户界面受限，为了在移动终端上利用 Java 的功能和安全特征，需要一个特殊的平台，这就是 J2ME。

J2ME（Java 2 Micro Edition）是一组技术，它支持将 Java 与无线设备集成，将 Java 带回最初的设计思想（嵌入式编程）。无线设备类型、操作系统和网络是各种各样的，但是 Java 给这些设备提供了统一的编程平台。在这些设备上的灵活而安全的运行环境对于移动电子商务而言非常有用。

适合移动设备的 J2ME 软件堆栈如图 5-5 所示，它通过使用三层软件为各种操作系统提供一个模型。

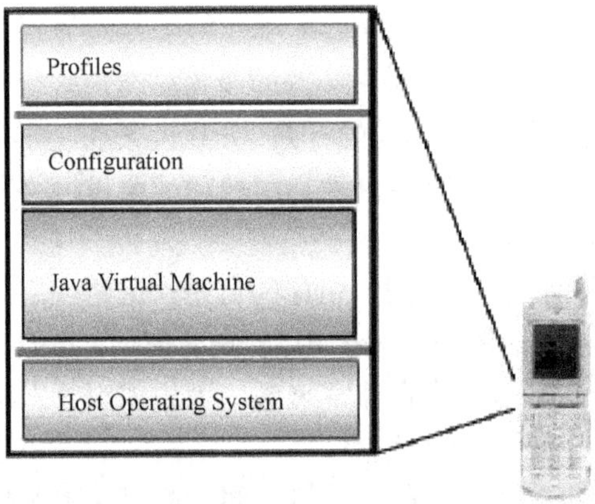

图 5-5　J2ME 软件堆栈

（1）Java 虚拟机层：本层实现了专门用于特定设备操作系统的 Java 虚拟机，并且支持特定的 J2ME 配置。

（2）配置层：对用户不可见，但是对于 profile 的实现很重要。它定义了一组在特定种类的设备上使用的 Java 虚拟机特征和 Java 类库。

（3）Profiles 层：这一层对用户和应用程序提供商可见。它定义了一组应用程序接口（API）。一个设备可支持多种 profile。

3. Java 卡概念

Java 卡是保证移动电子商务的安全的一个非常重要的应用。Java 卡就是能够运行 Java 程序的智能卡。

有人认为智能卡将取代钱包中的现金，推动移动电子商务的发展。智能卡可以在芯片上安全地保存现金账户，包括协商传输的软件（如购买和存款）。智能卡是电子商务的重要推动技术。Java 通过提供容易理解和熟悉的环境来使智能卡对于开发人员和商业人员更方便使用。

Java 卡虚拟机（Visual Machine，VM）建立在特定的集成电路和本地操作系统实现上。JVM 使用通用的语言和系统接口掩盖了不同生产厂家的专有技术。Java 卡框架定义了一组应用编程接口（API）类，用于开发 Java 卡应用程序和为应用程序提供系统服务。

特定的厂家和商业公司可以提供附加的库来提供服务以及优化安全和系统模型。Java 卡应用程序也是 APPLET，这与从网上下载的 APPLET 相似。多个 APPLET 可以驻留在卡上并且每一个 APPLET 使用 AID 来唯一标记。必须记住：智能卡不是个人电脑，它们具有有限的内存资源和计算能力。用户不应该简单地把 Java 卡 2.0 当做 JDK 的删减版本。

Java 卡程序用 Java 来编写并且使用通常的 Java 编译器进行编译。由于存储资源和计算能力有限，Java 并不是支持 Java 语言规范定义的所有语言特征。

4．Java 卡技术

随着智能卡技术的发展和应用需求的多样化，要求卡具有更强的安全性、更灵活的使用方便性及一卡多用的功能。针对不同的使用环境和技术要求，在通用卡操作系统的基础上，结合芯片技术和软件技术的进步，遵循 ISO 7816、JavaCard2.1 和 OpenPlatform2.0 标准，推出了一种新的技术——Java 卡技术。Java 卡技术可使用 Java 编程语言写的程序，这些程序能在智能卡或其他有限资源的设备中运行，我们把这种智能卡称为 Java 卡。

目前，我国移动用户使用的 SIM 卡大多是国外几个大公司开发生产的。各个公司的 SIM 卡之间是不兼容的，即这个公司为他们的卡开发出来的应用软件不能运行在其他公司的卡中。因此，移动用户如果要下载基于卡的新应用程序或修改卡中的参数，只能到移动公司指定的 POS 终端上进行操作，而 POS 终端是由生产 SIM 卡的公司提供的。也就是说，手机用户使用的是哪个公司的 SIM 卡，就只能到这个公司提供的 POS 终端上对卡进行操作。由于各个公司的卡之间不兼容，这就给推广基于卡的新业务带来了难度，因为不能开发出能运行在所有 SIM 卡中通用的应用软件。Java 卡技术的应用可以解决卡之间兼容性问题，因为 Java 卡技术最大的优点是隐藏了卡的生产厂家各自的专有技术、特有的操作系统，为应用程序提供了一个统一的、兼容的运行环境。

5.3.3　WIM 卡的实现

1．WIM 的概念

WIM（WAP Identity Module，WAP 身份模块）是 WAP 安全体系结构的一个重要部分。WIM 驻留在手机中，用于保存所有的安全信息，如密钥和证书。同时，它还能执行加密操作。

WIM 用于执行 WTLS 和应用程序级的安全功能，特别是保存和处理用于用户身份和鉴别的信息。这些功能的实现都以能够在 WIM 中存储敏感数据，特别是密钥为基础，同时还要求与这些密钥有关系的操作可以在 WIM 中执行。

2．WIM 的结构

图 5-6 所示为 WIM 与 WAP 的分层结构模型的关系。WAP 协议的分层和功能与 ISO/OSI 参考模型[ISO/498]的上层很相似。层管理实体进行协议初始化、配置和处理协议本身不处理的错误情况（如由于移动终端漫游出了覆盖区而造成的连接丢失）。

WIM 是防篡改的设备，它用于增强安全层和应用层中某些功能的安全性。WIM-SAP

（WIM 服务访问点）用于描述所有 WIM 实现中共有的 WIM 功能。

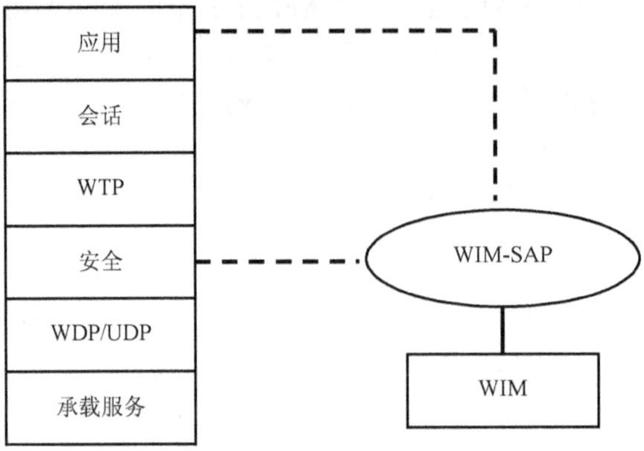

图 5-6　WAP 参考模型中的 WIM

信息的结构以[PKCS15]为基础，这样可以对加密令牌采取灵活的信息格式。同时采用对象模型，这样就能够对密钥、证书、鉴别对象和简单设备（只有简单的读/写、访问控制特征）中的私有数据进行访问。

WIM 的功能可以利用智能卡来实现。智能卡是以 ISO 7816 系列标准为基础的。WIM 可以定义为一个独立的智能卡应用程序，也可以作为多应用程序卡的一部分，这类卡可能还包含了其他应用程序，如 GSM SIM。WIM 应用程序的设计采用当前的智能卡技术。

WIM 采用通用的加密标准接口，如 ISO 7816 和 PKCS#15，这样可以使 WIM 适用于 WAP 以外的应用程序，如 SSL、TLS、S/MIME 等。

3. WIM 的安全操作

1）WTLS 操作

在 WTLS 中，WIM 主要用于在握手期间执行加密操作（特别是用于客户端鉴别）和保证长期 WTLS 安全会话的安全性。

WIM 还可以用于保存永久的私钥和执行与之相关的操作，包括：

（1）在选定的握手方案需要时，为鉴别客户端进行签名操作（如 ECDSA 或 RSA）

（2）使用固定的客户端密码进行密钥交换操作（如在 ECDH_ECDSA 握手中的 ECDH 密钥）

2）WAP 应用安全操作

使用 WIM 的应用级安全包括签名和解开密钥。这两个操作都使用私钥，并且私钥不离开 WIM。这些操作是通用的，它可以应用于 WAP（使用 WMLScript）和 WAP 以外的应用程序。

（1）解开密钥。当应用程序接收到用与 WIM 中的私钥对应的公钥进行加密过的消息密钥时，需要解开密钥。移动终端将这个封装的密钥发送给 WIM。WIM 用私钥进行解码并返回解开的密钥。移动终端会使用这个解开的密钥来解码附带的消息。

（2）数字签名。数字签名用于鉴别和不可否认目的（如对文档进行签名或者确认交易）。对于不可否认目的，通常使用单独的密钥，同时要求用户对每个签名输入鉴别信息（PIN）。需要注意的是，为了支持不可否认，签名密钥不能离开防篡改的设备。

对数据的签名，首先是移动终端计算数据的 Hash 值，根据应用程序的要求对数据进行格式化，并将格式化过的数据发送给 WIM。WIM 用私钥计算数字签名并返回数字签名。

（3）签名验证。在这种情况下需要进行签名验证，即应用程序需要有签名验证能力（如证书或终端实体签名验证），但是移动终端中没有验证算法或者验证算法在 WIM 中执行的效率更高。但这不是在所有的情况下都可行的，如 WIM 的加密能力主要是处理适合终端实体的密钥，然而并不足以处理 CA 使用的密钥。

在验证过程中，移动终端发送公钥、签名和数据的 Hash 值给 WIM，WIM 返回验证的状态。

4．WIM 的实现方式

从各种方面分析来看，将 WIM 功能和 SIM 功能集成的 SWIM 卡方案是最适合的 WIM 模块实现方式。下面简述其中的原因：

（1）用户的需求将最终决定所建议的解决方案能否得到市场的认可。因为 SWIM 方案最符合目前的移动电话设计，所以最有可能得到用户的广泛认可。

（2）目前有研究表明，在现存的操作系统和硬件条件下可以实现性能良好的 WIM。利用 WIM 来完成完整 WTLS class 3 handshake 的加密操作仅需要 1.4s 的时间；相对地，在 PDA 上利用软件来实现的 RSA 算法计算 1024 位 RSA 签名需要花费 1min 的时间。因此，考虑到移动设备的处理能力有限，同时对于加密操作没有硬件支持，所以利用移动设备实现加密操作在性能上没有保证。

这表明，利用 WIM 不仅能够保护用户的无线身份，同时可以加快加密操作的速度。

（3）WIM 卡采用的智能卡芯片与目前广泛使用的 SIM 卡类似。这表明在 SIM 卡上引入 WIM 功能不需要花费更大的硬件成本，这样不论对运营商还是用户而言都是可以接受的。

（4）通过发布 WIM 卡，运营商将在需要强安全性的移动电子商务中占据重要地位。网络运营商作为金融业务提供者的可信任方需要提供给用户方便的服务，包括用户注册和密钥产生等。这表明，借助 WIM 卡的发布，运营商将成为移动电子商务价值链中的重要驵成部分。

（5）WIM 卡性能已经不是瓶颈。现在 WIM 卡硬件实现的 RSA 1024bit 密钥签名运算时间在毫秒级，加密运算完全能满足交易的需要。

5.3.4　STK 卡实现

1．STK 的概念

SIM Card Toll Kit，即 SIM 卡开发工具包。1998 年年初，ETSI 在 GSM11.14 标准中制定了 STK 标准。具有 STK 功能的 SIM 卡只有在支持 STK 标准的手机上才能使用。STK 技术推出后，大多数国内的手机制造商以及西门子、摩托罗拉、爱立信和诺基亚等国外厂商推出的手机均支持STK功能。STK的本质是SIM卡制造商根据GSM标准，提供给移动业务提供商的一个二次开发的编程接口。它类似于一种完善的小型编程语言，有自己特定的语法约定。STK改变了原来SIM卡在手机中的地位。早期的GSM标准规定了手机和SIM的关系是主从关系，即SIM卡只能被动地接收手机的命令，并根据命令进行相应的运算，最后返回相应的信息。而SIM卡无法主动向手机发送命令来进行相应操作，这样极大地浪费了SIM卡中微处理器的强大处理能力，同时也注定了手机用户只能获得单一的语音及被动的数据业务。

在符合GSM11.11标准的手机中，具有STK功能的SIM卡可以主动向手机发出各种命令，这样SIM卡就不再仅仅是一种用户的身份识别模块，而是一个可以存储用户的各种信息和定制业务，并且能够根据需要自主地控制和处理手机的键盘输入、自动进行网络访问的真正意义上的微型计算机系统。

2. STK的分类

根据STK菜单写入SIM卡的方式不同，STK技术可以分为静态STK卡和动态STK卡。静态STK技术在SIM卡的制造期就把应用菜单固定地写在卡中，而在SIM卡的使用期内，用户只能使用预置在卡内的业务。由于卡的容量的限制，静态STK卡不能预置太多菜单，这样无法满足用户多样化的需求，而且如果用户需要修改菜单或使用运营商推出的新业务，用户只能换卡。动态STK技术是指可以在SIM卡的使用期内对卡内的业务菜单进行修改的STK卡。最初的动态STK的菜单只能用专门的POS机来修改。如果用户想获得新的业务，只能到运营商的服务网点通过POS机来修改卡内数据。目前已经提出的动态STK应用空中下载技术，从根本上解决了这些问题。空中下载技术是利用短消息传输通道，根据用户的需要将应用菜单下载到用户的SIM卡上，从而可以方便地定制SIM卡的服务。

3. STK的作用

STK技术最大的贡献在于它为SIM卡的增值业务提供了可开发的环境，即一个简单、易操作的开发平台。只需用户在SIM卡上开发，再经过后台服务器的配合，就可以推出丰富多彩的业务，如信息点播、手机银行等。基于空中下载的动态STK技术将在未来移动电子商务中扮演重要的角色。

与WAP相比，STK技术在WAP之前就已经提出，并得到了大规模的推广，它需要的投入少，市场大，并且市场已经成熟。对用户而言，WAP使用费用相对较高而安全性尚待完善。当然在不久的将来，WIM卡会为WAP提供较好的安全性。

5.3.5　移动设备安全

本节主要讨论在安全元素之外的与PTD相关的安全特征，即移动设备的安全特征。它主要包括如下几方面。

1. 操作环境

很多PTD实现允许下载本地程序代码，这些代码可以无限制地访问PTD资源。PTD

允许下载这些代码，但是需要验证代码的真实性，这个机制是基于代码签名。公钥保存在原始的 PTD 内部，下载的代码用公钥进行验证。这种机制必须能够向用户指明：如果代码不经过验证，那么代码就不能安装在用户端。

2. 加密

1）随机数产生

随机数可以在安全元素中产生，但是需要移动设备（Mobie Equipment，ME）也具备这个功能。

随机数产生有两方面：伪随机数产生器和随机种子产生（作为伪随机数产生器的输入）。伪随机数发生器的种子需要真正的随机数，最好是从物理源而来的。伪随机数产生器需要加上原始随机数不仅是为了得到高质量的随机数，同时也是为了产生一定数量的随机数。

ME 必须具备伪随机数发生器，同时符合以下要求：

（1）X9.17；

（2）FIPS；

（3）其他的伪随机数发生器。

ME 必须使用从各种来源收集的随机种子。按照[RFC1750]，建议最小的种子长度是 128 位，只有那些不能被对手猜测出来的数才是有价值的。

2）加密级别

为了满足保护金融交易数据的要求，建议对于传输层安全和别的安全，支持 128 位（或者更高）的加密（高级）。对于互操作性，建议支持 56 位加密（中级）。推荐在实现中优先使用高级加密（如在 WTLS 握手中，建议将 128 位加密作为首选，56 位加密作为次选）。建议不使用 40 位加密。

3. 实时时钟

为了验证证书有效期和别的目的，建议 PTD 有实时时钟。时钟通常由用户调整。实时时钟支持时区。

1）PIN 入口

在 PIN 入口中，对于所有的键都必须有相似的键盘音。PIN 字符不能在屏幕上显示。最小的 PIN 长度是 4 位。安全元素需要更长的最小 PIN 长度；在输入新的 PIN 值（改变，解锁）时，ME 必须要求用户输入最小位数的数字。

2）SE 激活和去活

在输入访问 PIN 后，安全元素就被激活了（与认证相关的功能就可以使用了）。在去活之后，访问 PIN 必须重新输入。ME 可以控制去活，如对于 WIM 卡，在需要去活时（WIM 卡重置的时候），ME 关闭逻辑信道。

建议 PTD 实现拥有去活计时器，这样 SE 在一定时间内去活。PTD 必须允许用户改变去活时间长度，建议默认值为 5min。

3）用户接口特征

需要专门的显示元素用于 UI 操作：

（1）PIN 输入，PIN 管理。

（2）签名。

（3）安全会话指示。

（4）专门的显示元素仅由 PTD 控制，而不是网络应用程序控制。这些显示元素可以是图标、颜色。

与当前安全会话相关，建议 PTD 对用户有如下显示选项：

（1）服务器证书细节（对象，发布者，有效期，指纹）；

（2）安全变量（密钥交换，加密和 MAC 算法和密钥长度）。

当使用客户端认证的时候，建议 PTD 对用户有如下显示选项：用户证书细节（对象、发布者、有效期、指纹）。

5.4 移动终端对支付特性的支持

本节将主要从支付的实现机制上对在移动终端上实现的支付方式进行说明，支付方式分为两种：电子钱包方式和非电子钱包方式。同时，本节还将从技术角度对移动终端对支付特性的支持进行说明。

5.4.1 电子钱包方式

1. 电子钱包的概念

电子钱包是电子商务活动中顾客购物常用的一种支付工具，是在小额购物或购买小商品时常用的新式钱包。使用电子钱包购物，通常需要在电子钱包服务系统中进行。电子商务活动中的电子钱包软件通常都是免费提供的，可以直接使用与自己银行账号相连接的电子商务系统服务器上的电子钱包软件，也可以从互联网上调用，采用各种保密方式利用互联网上的电子钱包软件。目前世界上有 VISA cash 和 Mondex 两大电子钱包服务系统，其他的电子钱包服务系统还有 MasterCardcash、EuroPay 的 Clip 和比利时的 Proton 等。

使用电子钱包的顾客通常在银行里都是有账户的。在使用电子钱包时，将相关的应用软件安装到电子商务服务器上，利用电子钱包服务系统就可以把自己的各种电子货币或电子金融卡上的数据输入进去。在发生收/付款时，如果顾客要用电子信用卡收/付款，如用 Visa 卡或 MasterCard 卡等收/付款时，顾客只要单击一下相应项目（或相应图标）即可完成。

在电子钱包内只能装电子货币，即装入电子现金、电子零钱、安全零钱、电子信用卡、在线货币、数字货币等。这些电子支付工具都可以支持单击式支付方式。

下面将以存储信用卡的电子钱包为例说明电子钱包在电子商务业务中的使用过程。

2．电子钱包的信用卡实现方式

电子钱包实际上是安装在消费者端的一个软件。消费者可以向信用卡的发卡银行申请使用电子钱包，这样银行就会把这套软件的光盘或磁盘交给消费者，安装在自己的终端内。

电子钱包里面储存的信息是消费者的信用卡资料。一个电子钱包可以存放多张信用卡的资料。同时，同一个电子钱包也可以供多个人共用。因此，只要申请一个电子钱包，就可以全家人共用了。

电子钱包的使用过程分为以下几个步骤：

（1）电子钱包的初始化。电子钱包在使用之前必须进行初始化。初始化包括两项内容，即建立个人的账户和密码，将自己的信用卡资料输入到账户中。

电子钱包启动之后，用户必须签入自己的账户和密码，才能开始使用。因此，大家虽然共用一个电子钱包，但是却分开管理各自的账户资料。当然，电子钱包的密码要好好地保管，不能随便泄露出去，否则便可能会被盗用。

（2）启动电子钱包。当用户在购物网站选好了所要购买的东西，进入安全模式，并确认订购之后，电子钱包便会自动启动。

（3）签入账户和密码。如果这是用户刚安装好的电子钱包，就必须先建立账户和密码；如果之前已经建立了账户，便可以直接签入。

（4）选择商家支持的信用卡。进入账户后，用户可以看到钱包内所有属于这个账户的信用卡资料。如果商家接受某家信用卡公司的交易，那张卡的旁边便会打个钩。用户可以选择用哪一张卡来消费。

（5）验证网站的数字证书。电子钱包也会对网站的数字证书进行确认工作。如果发现网站的数字证书有问题，它就会立即发出警告通知用户。

（6）显示订单资料。在终端会显示网站传送过来的订单资料，如果确认无误，按下“确认”键后便开始付款了。

（7）付款。由于必须经过各方面的签名和资料传送，所以这个过程需要 30s 至几分钟的时间来处理。

（8）显示交易结果。交易的结果最终会被传送给电子钱包。

（9）查看交易资料。按下“Purchases”键，便可以看到过去所有通过这个电子钱包所进行过的交易资料。同时，通过电子钱包还可以将这次的交易记录打印出来存底。

（10）关闭电子钱包程序，继续浏览网页。

3．支持 ECML

移动终端中的电子钱包应该提供对 ECML 的支持。大部分网站都要求消费者在付款前填写许多个人资料及冗长的卡号。遇上这种情况，许多消费者最直接反应的是放弃购买。根据 Jupiter Communications 最近一份报告显示，27%的消费者遇到要填写表格时就会放弃购买的欲望。因此，有必要推出使得付款手续实现自动化的软件，如电子钱包。同时，这种电子钱包必须支持共同的标准，以实现在每个网站上都能使用。

电子商务模型语言标准（Electronic Commerce Modeling Language，ECML）是一套

运用于电子钱包和在线商务的开放式网际网络标准，它使得交易的资料可以自动交换。它是信用卡发卡银行与软件公司合作推出的让消费者易于使用的消费方式。

ECML 本身不是电子钱包，也不是信用卡账号，而是一种语言。采用 ECML 标准的网站可以直接读出地址、邮政编码、电话号码或卡号，但 ECML 并不要求所有网站的订单格式完全相同。它允许商家从任意支持 ECML 的电子钱包中快速获取输入信息，电子钱包的提供者也可借此迅速找到客户表格中相应的域，并传输相应的数据。对消费者而言，这种电子钱包可以显著提高在线购物的速度，并大大提高购物的方便性、安全性和保密性。

移动终端具有的电子钱包功能应该支持用户将信用卡和支付卡的信息以 ECML 格式存储起来，同时使用个人钱包密码（如 PIN 密码等）来访问这些信息。另外，还支持使用普通标准将这些信息传输到移动互联商务网站，从而使用户可以不必重复输入个人认证信息，这样可以大大节省时间，提高办事效率。

5.4.2 非电子钱包方式

这里需要补充说明：电子现金和电子支票可以与电子钱包相关联（与信用卡的方式一样），以电子钱包的方式使用，但是它们本身也可以作为独立的支付方式来进行交易活动。所以下面将对电子现金和电子支票作为独立支付方式的原理进行说明。

另外，本节还将引入离线支付、积分消费等方式，并提出对移动终端的要求。

1. 电子现金

电子现金的优势在于完全脱离实物载体，使得用户在支付过程中更加方便灵活；同时，这种方式还可以保证个人的隐私权。

电子现金的交易过程可以分为以下三个步骤：

（1）消费者必须在拥有这种客户软件的银行开设一个账户；

（2）用户进入网上银行，使用一个口令（Password）和个人识别码（PIN）来证明自己的身份，并直接从其账户中下载成包的低额电子“硬币”。这时电子现金开始起作用。

（3）电子现金保存在用户的终端，用于从网上商店购买商品。

为了保证交易安全，服务器还为每个“硬币”建立随时选择的序号，并把这个号码隐藏在一个加密的信封中，这样就没有人可以知道是谁提取或使用了这些电子现金。这种方式对于保护个人隐私作用很大，因为用户是用电子现金直接进行交易的，只要一次下载电子“硬币”，就可以多次消费，而不用每次交易都提供类似智能卡的账号和密码。商家也只接触到硬币，对于用户的其他资料是无权过问的。

还有另外一种电子现金模式：它使用 RSA 公开密钥进行数字签名，交易各方的身份认证是通过证书来完成的，电子现金的证书当天有效。它主要用于网上的小额交易。

2. 电子支票

电子支票是一种借鉴纸张支票转移支付的优点，利用数字方式将现金从一个账户转移到另一个账户的电子付款形式。这种电子支票的支付是在与商户和银行相连的网络上以密码方式传送的，多数都使用数字签名或个人身份证号码（PIN）代替手写签名。

使用电子支票进行支付时，消费者可以通过网络将电子支票发向商家的电子信箱，同时把电子付款通知单发到银行，银行随后把款项转入商家的银行账户。这一支付过程在数秒内即可实现。但是，这里需要有一个专门的验证机构来对电子支票及电子支票使用者的真伪进行验证，同时该验证机构还应像 CA 那样能够对商家的身份和资信提供认证。

电子支票交易的过程可以分以下几个步骤：

（1）消费者和商家达成购销协议并选择用电子支票支付。

（2）消费者通过网络向商家发出电子支票，同时向银行发出付款通知单。

（3）商家通过验证中心对消费者提供的电子支票进行验证，验证无误后将电子支票送交银行索付。

（4）银行在商家索付时通过验证中心对消费者提供的电子支票进行验证，验证无误后即向商家兑付或转账。

用电子支票支付，事务处理费用较低，而且银行也能为参与电子商务的商户提供标准化的资金信息，因此可能是最有效率的支付手段。

3. 离线支付

离线支付方式是指在网上订购货物，货到之后再付款的方式。货到之后的付款形式可以是现金、支票、电子现金、电子支票、电子钱包等，多数情况下是现金方式。采用离线方式订购并且使用现金支付是目前国内电子商务使用最为广泛的支付方式。

这种支付方式对用户来说，安全可靠、使用方便，在目前安全体系结构没有完全建立起来的情况下，这种支付方式还是最受用户欢迎的。但是这种支付方式不利于业务的开展，同时增加了业务提供商的经营成本和经营风险。

这种支付方式，从支付的角度来看对移动终端的要求最低，因为支付操作基本上脱离了移动终端。这种支付方式只需要移动终端支持在线浏览商品、下订单即可，或者甚至只需要通过语音订购商品即可。

4. 其他支付方式

除了上述支付方式外，随着移动电子商务业务的不断开展，还可以采用各种各样的支付手段，如积分消费、电子购物券、电子优惠券等。这些支付方式的特点是没有固定的产生方式，在使用方法上与电子现金相同，即一旦获取即可用于消费。其产生方法可以是商家促销赠送、中奖或者活动积分，使用规则可以是有时间限制、地点限制、商品服务限制等。

对于这类支付方式，移动终端应该具备相应的处理软件。最理想的实现方式是应用空中下载技术或者 Java 小程序。在这情况下移动终端（手机或者智能卡）应该支持空中下载技术，或者支持 Java。

这种支付方式是上述其他支付方式的补充。随着移动电子商务业务的不断拓展，这类支付方式将呈现出多样化的特征。

5.4.3　技术要求

根据传输方式不同，支付可以分为空中交易和无线区域网（WAN）交易两种。空中交易是指支付需要通过终端浏览器或者基于 SMS/MMS 等移动网络系统；WAN 交易则主要是指移动终端在近距离内交换信息，而不通过移动网络，如使用手机上的红外线装置在自动贩卖机上购买可乐。

从技术上看，根据以上划分移动终端需要具备如下处理功能。

1. 空中交易类

目前大部分通过移动网络进行移动支付都是依靠诸如 SMS（如 mPAY）、SAT、WAP 等技术，现在最普遍的就是用短信发起和确认交易。但是随着 Java 的移动版本 J2ME 在移动领域越来越广泛的采用，移动支付平台也可以引入 Java 作为支付平台。

因此，移动终端需要支持短信、SAT、WAP、Java 等功能，以便为用户提供各种各样的支付方式。

2. WAN

WAN 支付方式主要用于短距离的移动支付，而这种形式的移动支付可以采取多种技术，如蓝牙、802.11、红外线以及 RFID（Radio Frequency Identification）和遥控等。但是目前开展得比较成功的是红外线技术。

红外线与蓝牙、802.11 等技术相比，优势在于成本低、在手机等终端上应用广泛，而且传输时必须对准，这样就降低了信息被截取的危险，也不易受到外界干扰。

对于这种支付方式，移动终端需要支持红外线、蓝牙和 802.11 等技术以实现个人区域网络，用于进行短距离的移动支付。

5.5　移动终端操作性的要求

在移动电子商务中，业务的可操作性也是非常关键的因素，是用户考虑的重要方面。因为烦琐复杂的业务会大大打击用户使用移动电子商务的热情。对于可操作性的要求，主要涉及如下 5 个方面。

（1）友好的用户界面：提供各种通信方式，如手写笔、键盘、触摸屏等；菜单设置简洁明了，如一级菜单、图标方式等。

（2）用户接入服务方便：点击一个号码或者浏览 Web 页面等。

（3）商务交易流程简单：主要是减少用户操作的复杂性和提高交易的时效性。

（4）货品和业务充足：提供丰富的服务来满足用户的各种需求。

（5）业务可达的地理范围广。

业务的简单应用是移动数据业务面临的非常大的共同问题，必须通过分析用户的行为、心理和对业务的接受程度来确定一个适当的业务模式，这样才能确定简单应用性的解决方案。

另外，可操作性问题也不仅仅局限于用户终端，还包括用户在支付时直接打交道的收款机、POS 机、自动贩卖机等，这些都需要制定一些行业标准，与相关行业企业达成共识。

到目前为止，大多数移动数据业务是复杂的应用，需要用户花很多精力去熟悉业务，这个过程让很多用户望而却步。因此，为了促进移动电子商务业务的开展和推广，需要提供可操作性强的移动终端，并制定出相关的标准。

第 6 章

移动电子商务交易类业务管理与实现

在日常生活中，用户不断寻找更高效的方法来完成简单的日常活动。消费者在实践活动中已经使用移动电子商务手段来节省时间，如移动银行、交易、购物、预定机票和购买各类入场券，还包括方便快捷的 NFC（Near Field Communication）智能手机应用。

然而，客户偏好和需求是不断变化的。随着客户对移动技术熟悉之后，他们将需要更多的创新性体验。产业链成员必须不断调整他们的战略来保持比客户领先一步的优势，准确地预测这种需求的变化，使之和新产品、新服务的设计相符合是在移动市场取得成功的关键。

然而，在预测客户需求和对需求采取的行动之间存在着细微的界限。在电子商务的发展过程中，公司往往基于客户对电子商务应用的采纳行为来制定商业计划。而事实上，要想改变客户行为的大幅度变化，总要花费比预想中更长的时间。服务于移动交易类业务的客户也不例外。

本章在介绍交易类业务的一般性流程后，将针对交易类电子商务业务中的实物交易类业务、数字产品交易类业务、信息服务类业务、金融类业务和积分类业务进行具体介绍。其中，整个移动电子商务产业链乃至生态系统中包括了众多参与方，然而，如本书 2.3.2 节所述，考虑到移动电子商务活动对移动通信网络的强依赖性，可以从移动电子商务企业与移动通信运营商之间相互关系的角度，将商务模式分为管道模式、围墙模式和平台模式三种，并分别对其进行说明。

6.1　交易类业务的总体特征

一般来说，交易类事务过程虽然很复杂，但整个事务过程可以分为以下几个阶段。

1．第一阶段：交易初始化阶段

在第一阶段，用户通过认证授权后，建立与商家/服务提供商之间的通信，然后可以进行商品的选购。在该阶段，还没有产生资金流，主要是信息流过程。如果用户在该阶段确认了选购商品，则将产生购物订单，并能够计算出购物所需花费的费用。这时，如果是实时在线支付，则进入第二阶段，即事务处理阶段。

2．第二阶段：事务处理阶段

用户确认购买后，进入事务处理阶段，建立与支付服务提供商/银行之间的通信。此时用户可以在一种安全的模式下，提交相关的支付信息，如支付账号、支付密码等。该阶段也可成为支付阶段。

3．第三阶段：配送阶段

第三阶段是在完成支付后，将用户购买的商品送到用户的手中。该阶段不是对所有交易类业务都是必需的。如果用户进行的是实物类商品的交易，则在完成第一、二阶段后，进入第三阶段；否则可以直接进入第四阶段。

4．第四阶段：结算阶段

第四阶段为支付处理完成后，支付服务提供商/银行的处理过程。该阶段并不是一个实时处理的阶段，主要是处理用户账号与商家/服务提供商账号之间的借贷问题。

目前国际上比较关注交易类业务的桌面网/移动网相互结合的商务模式。例如，eBay日本公司就将桌面应用与手机打通，桌面操作时所关注的拍品会在手机后台服务器被记录，并在拍卖即将结束前通过手机提醒竞拍者。竞拍者可以随时参与竞拍而不受时间地点的约束，这种模式尤其适用于秒杀方式。

6.2　实物交易类

实物交易类移动电子商务按运营模式分类，可以分为管道模式、围墙模式和平台模式三类。

在这三类业务模式下，业务逻辑实体与物理实体的对应关系见表6-1。

表6-1　实物交易类移动电子商务模式

	管道模式	围墙模式	平台模式
移动通信服务	移动通信运营商	移动通信运营商	移动通信运营商
商务平台	商务服务提供商	移动通信运营商	商务服务提供商
物流配送	物流服务提供商	物流服务提供商	物流服务提供商
支付服务	金融机构	金融机构/移动运营商	金融机构/移动运营商
信用认证	信用服务提供商	移动通信运营商	信用服务提供商/移动运营商
安全认证	安全服务提供商	移动通信运营商	安全服务提供商/移动运营商

6.2.1 管道模式

在管道模式中，承担实物类交易业务的企业是主导企业，产业链中的其他企业还包括：提供网络接入的移动运营商、提供物流服务的物流公司、提供支付服务的金融机构，以及其他安全、信用等服务商。在这种移动电子商务实物交易模式中，各个服务提供商仍承担其在传统互联网中电子商务的作用：移动通信运营商提供业务通道和服务接入，实物类交易网站提供具体的实物产品，银行和物流公司仍承担支付和物流的作用。

这种模式的典型例子就是互联网上已有的实物类交易的 B2C、B2B、C2C 网站的 WAP 版本，如手机当当网、手机淘宝网等，如图 6-1 所示。

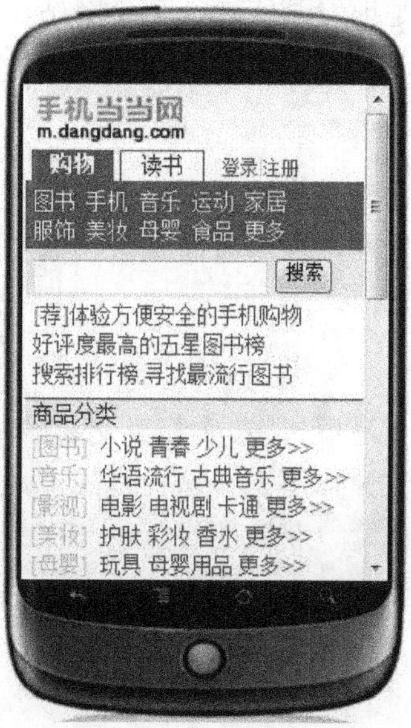

图 6-1　手机当当网

1. 业务实现

这类业务是用户与实物产品提供商之间的实物商品买卖，购买者在线支付所购买物品的费用，提供物品的商家需将用户购买的产品运送到购买者的手中。

这类业务在实现上不仅要求在线交易的安全性高，而且需要保障用户购买的商品能够安全准确地抵达用户的手中。这类业务的实现是在线交易和支付与离线物流配送的结合。

在该类业务实现中，用户可以通过在线（如网上商店）选购商品，通过在线方式提交订单和支付费用，交易成功后，通过离线方式将物品送到用户手中。只有用户成功收到他所订购的物品时，整个交易过程才认为完成了。在该类业务中，用户可以直接通过银行进行支付，也可以通过支付服务提供商进行支付。

以手机当当网为例，用户通过接入运营商的网络访问手机当当网的 WAP 网站，通过在手机当当网上进行在线操作完成在线交易活动，随后通过网上银行、手机支付等支付方式（也可是货到付款式的线下支付方式）完成支付，最后当当网通过自己的物流团队将产品送达客户手中。至此，交易结束。

2．业务流程

在管道模式下，实物交易类业务的流程可概括如下：

（1）用户通过接入移动运营商的网络，利用手机浏览器访问实物类交易网站的移动站点。

（2）用户在线与实物交易类网站进行交互式操作，完成在线交易。

（3）用户通过在线支付或线下支付方式完成支付。

（4）实物交易类网站通过线下物流方式将产品送至用户处。

通过上述流程，可以更清楚地看到实物类交易网站在整个交易流程中扮演的是主导的角色。

3．业务资费

在管道模式中，用户向实物交易类网站支付产品费用，向运营商支付流量费用，向银行等支付企业提供在线支付费用，向物流商支付物流费用。也就是说，产业链各方均按自己提供的服务收取相应的费用。

4．业务分析

在这种移动电子商务实物交易模式中，实物类交易网站在整个产业链中占主导地位，其他各企业承担业务流程中的支撑作用。在这种模式下，产业链中的各个企业仍然在自己的业务领域内，不存在政策风险，获取的收益也与在传统的电子商务中获取的收益一致。

6.2.2　围墙模式

在围墙模式中，从网络提供、在线交易平台到产品提供、物流配送甚至支付流程等产业链主要环节都是由一家企业提供并主要控制的。

围墙模式的典型例子是移动运营商的终端销售网站，如中国电信的天翼手机网、中国联通的联通华盛网上商城等。

1．业务实现

在这类业务实现中，移动运营商主要应以经营自己的业务为主，如销售 IP 卡、移动终端等。用户可以通过在线（如网上商店）选购商品，通过在线方式提交订单和支付费用，交易成功后，通过离线方式将物品送到用户手中。只有用户成功收到他所订购的物品时，整个交易过程才认为完成了。

在该类业务中，用户可以直接通过银行进行支付，也可以通过支付服务提供商进行支付。

2．业务流程

在围墙模式下，实物交易类业务的流程可概括如下：

（1）用户通过接入移动运营商的网络，利用手机浏览器访问移动运营商商城的移动站点。

（2）用户在线与移动运营商所经营的商城网站进行交互式操作，完成在线交易。

（3）用户通过在线支付或线下支付方式完成支付。

（4）移动运营商商城网站通过线下物流委托方式将产品送至用户处。

通过上述流程，可以清楚地看到移动运营商占据了整个交易流程几乎所有关键环节，在产业链中起到绝对主导的作用。

3．业务资费

在这类交易类业务的开展中，主导企业（如移动运营商）可以作为交易类业务的业务提供方收取全部利润，还将收取通信费、物流费用以及支付费用（用户使用运营商的移动支付业务）。

4．业务分析

在围墙模式下，主导企业（如移动运营商）包揽了整个交易流程的各个重要环节，控制整个产业链的优势。总的来说，这种运营模式风险适中，主导企业可以收取全部收益。

6.2.3　平台模式

平台模式是指几家企业共同提供实物类交易的服务，几家企业共同承担交易环节中的关键环节。

目前，我国的运营商还没有这种模式的应用，但是在移动互联网实物交易类业务中，这类模式最为典型的例子是手机淘宝商城的店中店模式。在这里，淘宝网提供了在线交易的平台，而提供实物产品的企业在这个平台上开设独立的店铺，用户通过手机淘宝商城这个平台进行交易，但产品交付（物流）是由提供实物产品的企业提供的。

1．业务实现

在这类业务模式中，用户通过接入移动互联网络，访问移动在线交易平台（手机淘宝商城），与提供实物的企业完成在线交易，用户可通过线上和线下交易的方式向提供实物的企业完成支付，最后提供实物的企业通过物流公司完成物品配送。

2．业务流程

在平台模式下，实物交易类业务的流程可概括如下：

（1）用户通过接入移动运营商的网络，利用手机浏览器访问手机淘宝商城站点。

（2）用户在手机淘宝商城这个平台上在线与提供实物产品的企业进行交互式操作，完成在线交易。

（3）用户通过在线支付或线下支付方式向提供实物产品的企业完成支付。

（4）提供实物产品的企业通过线下物流方式将产品送至用户处。

3．业务资费

在平台模式下，用户需要向提供实物产品的企业支付相应的产品费用，向银行或支付服务提供商以及物流商支付相应的支付和物流费用，向移动运营商支付网络流量费用；提供实物产品的企业再与平台分配相应的平台使用费和宣传推广费用。

4．业务分析

在这种模式下，合作企业占整个产业链交易环节中的关键环节，如手机淘宝商城提供在线平台，而实物产品的提供与交付由提供企业负责。可以说在这种模式下，合作企业共同占据企业链的主导作用。

6.3　数字产品交易类

数字产品是指电子化的产品，如电子图书、软件、音乐、游戏、图片等。这类业务大多通过移动终端为用户提供娱乐信息。所谓数字产品交易类，是指利用移动电子商务技术，使用户实现通过移动通信设备进行网上购物或移动支付，这里所购买的商品是数字产品。广义上的数字产品也可包括二维码形式的打折促销卷和一些服务的预定。因为后者通常以电子票据的方式作为凭证。也可将其分为管道、围墙、平台三种模式，见表6-2。

表 6-2　数字产品交易类移动电子商务模式

	管道模式	围墙模式	平台模式
移动通信服务	移动通信运营商	移动通信运营商	移动通信运营商
商务平台	商务服务提供商	移动通信运营商	商务服务提供商
下载服务	**移动通信运营商**	**移动通信运营商**	**移动通信运营商**
支付服务	金融机构	金融机构/移动运营商	金融机构/移动运营商
信用认证	信用服务提供商	移动通信运营商	信用服务提供商/移动运营商
安全认证	安全服务提供商	移动通信运营商	安全服务提供商/移动运营商

下面将针对这三类交易模式进行讨论。

6.3.1　管道模式

在管道模式业务中，移动运营商只提供业务通道和服务接入，具体的业务内容完全由第三方完成，运营商不参与到第三方的业务中。近来广泛兴起的团购网站的许多业务，就属于这种模式。例如，消费者在团购网站上团购电影票或者其他消费券。用户支付后，网站通过运营商将消费券信息发送到用户的手机上。消费时用户只需将手机中的消费券信息告知商家即可进行消费，在这一过程中，运营商也是只起到管道的作用，具体的业务由团购网站和实体商家与消费者的互动实现。

1．业务实现

管道模式业务是用户与业务提供商之间的数字商品买卖，运营商在其中只提供业务通道和服务接入，不参与具体的业务。购买者在线支付所购买商品的费用，然后通过在线方式获得购买的数字产品。

一般情况下，数字产品的定价不会很高，每次购买涉及的金额数比较小，甚至很小，因此这类业务在实现上对在线交易的安全性要求不是很高，但需要保障用户购买的商品能够安全准确地抵达用户的手中。同时由于数字产品的可重用性很高，用户获得后可很容易进行内容的复制，这一点对于数字商品提供商来说是一种收入上的损失。因此为了保障数字商品提供商的积极性，对于数字产品的安全保护业务是该类业务实现时需要考虑的。这类业务的实现是在线交易和支付与在线下载服务的结合。

在管道模式业务实现中，用户可以通过在线方式选购商品，通过在线方式提交订单和支付费用，交易成功后，再通过在线方式将数字商品送到用户手中。只有用户成功收到他所订购的商品时，整个交易过程才认为完成。

在该类业务中，用户可以直接通过银行进行支付，也可以通过支付服务提供商进行支付。由于每次交易中涉及的支付金额很小，通过微支付或小额支付方式就可以满足在线支付的需求。

2. 业务流程

在业务流程上，数字产品交易业务与实物交易类业务的区别仅在于移动用户接入的服务系统不同。在数字产品交易业务中，接入的是 Internet 上的数字产品和服务；而在实物交易类业务中，移动用户将面对业务提供商。

在实现移动支付之前，需要先进行下面的预备工作：移动运营商和商家就使用移动支付达成协议，包括利润的分成、安装相应的设备等。

典型的管道类数字产品零售的流程如图 6-2 所示。

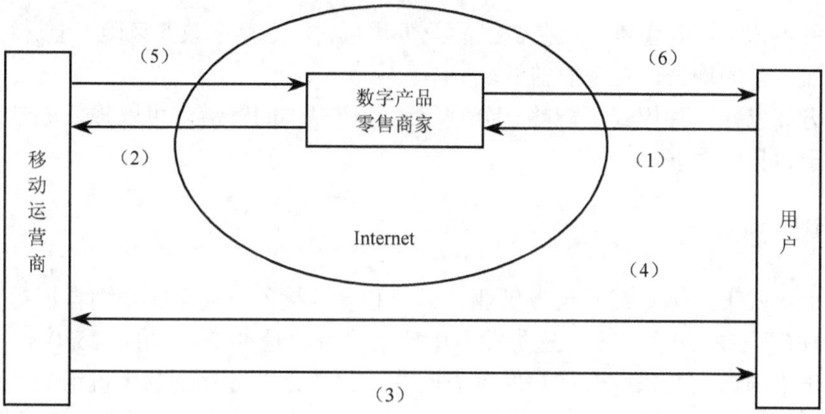

图 6-2　管道模式数字产品业务流程图

图 6-2 所示流程说明如下：

（1）用户向数字产品零售商家订购所需的数字产品，并提供自己的移动电话号码。

（2）商家向移动运营商发送购物信息，包括商家信息、数字产品商品信息（如名称、价格等）、用户的手机号码；

（3）移动运营商向用户发送此次购物信息。

（4）用户向移动运营商确认此次购物。

（5）移动运营商把此次购物信息发送给商家。

（6）商家向用户提供所订购的数字商品。

下面以团购电影票为例解释这一流程：

（1）用户在团购网站上注册，订购自己所需的电影票，并提供自己的移动电话号码。

（2）团购网站向移动运营商发送购物信息，包括团购网站的信息、数字产品的商品信息（名称、价格等）、用户的手机号码。

（3）移动运营商向用户发送短信确认码以及其他购物信息。

（4）用户通过网上银行进行支付，回复短信确认码，向运营商确认此次购物。

（5）运营商把此次购物信息发送给团购网站。

（6）团购网站将用户订购的电影票信息发送到用户的手机上，用户凭借其中的信息就可以在指定的电影院进行消费。

3．业务资费

在管道模式业务中，由于运营商只承担业务通道和服务接入的责任，所以只收取通信费。其他费用由数字产品零售商家向用户收取。以上面的团购电影票的过程为例，用户团购电影票费用由用户通过网上银行向团购网站支付，团购网站与电影院分成，他们之间应该事先达成协议。运营商向团购网站收取通信费。

4．业务分析

管道模式业务是用户与业务提供商之间的数字商品买卖，是数字经济的发展带来的一种新的商业交易模式。购买者在线支付所购买商品的费用，然后通过在线方式获得购买的数字产品。

在这种模式下，运营商仍然在自己的业务领域内，不存在政策风险。但这种方式下，只能带来通信量的增长，业务收益低。

第三方商家在这种模式下能够充分利用运营商提供的管道，可以降低成本，吸引用户，有利于自身的发展。

6.3.2　围墙模式

在围墙模式下，运营商不仅提供业务通道和服务接入，而且完全由自己提供数字产品业务，不需要 SP/CP 的参与。这类业务中比较典型的是中国移动的 12530 业务。12530 网站是属于中国移动音乐综合门户的官方网站，只要是中国移动的手机用户，都可以通过该网站方便地定制彩铃、下载振铃和全曲 MP3、通过 IVR 给朋友点歌、在线观看 MV、查阅音乐新闻，也可以注册属于自己的音乐、加入所喜爱明星的粉丝团，对感兴趣的话题发表自己的见解和主张，和朋友分享自己的音乐收藏和彩铃库。

1．业务实现

围墙模式业务是用户与运营商之间的数字商品买卖，不需要第三方 SP 或 CP 的参与。用户向运营商在线支付所购买商品的费用，在线获得所购买的数字产品。

在这种模式中，用户直接与运营商进行互动。数字产品的定价仍然不会很高，每次购买涉及的金额数比较小，甚至很小，因此这类业务在实现上对在线交易的安全性要求不是很高，但需要保障用户购买的商品能够安全准确地被用户接收。

在这类业务实现中，用户可以通过在线方式选购商品，通过在线方式提交订单和支付费用，交易成功后，再通过在线方式将数字产品送到用户手中。只有用户成功收到他所订购的物品时，整个交易过程才认为完成。

在围墙模式业务中，用户可以直接通过银行进行支付，也可以通过支付服务提供商进行支付。由于每次交易中涉及的支付金额很小，通过微支付或小额支付方式就可以满足在线支付的需求。

2．业务流程

图 6-3 所示流程说明如下：

（1）用户向运营商支付账单和其他费用。

（2）运营商向用户提供用户所需要购买的数字产品。

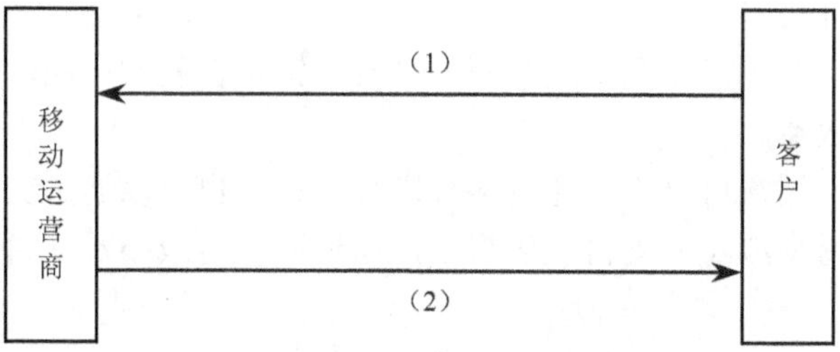

图 6-3　围墙模式数字产品业务流程图

3．业务资费

与实物交易类业务一样，在数字产品交易中，这类业务通过移动终端为用户提供娱乐等服务。在这类交易类业务的开展中，运营商作为交易类业务的业务提供方收取全部通信费和净利润。例如，在 12530 业务中，全部通信费和净利润都由运营商获得。

4．业务分析

在围墙模式下，运营商主要应以经营自己的业务为主。此时，运营商同时以商家的角色出现，直接与消费者互动。运营商应尽可能丰富自己的商品、提高数字产品的质量以吸引消费者。

在这种模式下，通过将自己企业内部的业务流程电子商务化，可以简化业务流程，降低企业运营成本。

总的来说，这种运营模式风险适中，通过降低企业运营成本提高企业的收益，但不会有更多的额外收益，运营商获得全部的通信费和净利润，是运营商摆脱管道化危险、提高业务覆盖范围、提升竞争力的有力的措施，但就移动电子商务生态系统而言，不利于调动内容提供商和服务提供商的积极性。

6.3.3　平台模式

在这种情况下，实际上进行了跨行业的业务操作，直接为用户提供数字产品。运营商与金融、政府、企业、商家等合作，参与他们的部分业务流程，实现自己业务市场的拓展。在这个过程中，运营商充当了平台的角色。这方面比较典型的例子是中国移动的（Mobile Market，MM）以及中国电信的天翼空间等应用软件商店。这个平台上的软件可以是第三方开发者开发的，运营商收取用户的费用后与开发者分成。

1. 业务实现

在平台模式业务中，消费者通过手机在线获得运营商与其他方合作开发的产品或服务，并在线向运营商支付业务费用。这部分费用由运营商代收，之后与合作方分成。

在该类业务中，数字产品的定价仍然不会很高，每次购买涉及的金额数比较小，甚至很小，因此这类业务在实现上对在线交易的安全性要求不是很高，但需要保障用户购买的商品能够安全准确地被用户接收。

运营商在该类业务中充当了平台或渠道的作用，用户向运营商支付费用，然后由运营商和合作者进行分成。

开发者在该类业务中可以利用运营商的平台，销售自己的产品，有利于将自己的劳动成果转化为经济效益。

在该类业务中，用户可以直接通过银行进行支付，也可以通过支付服务提供商进行支付。由于每次交易中涉及的支付金额很小，通过微支付或小额支付方式就可以满足在线支付的需求。

2. 业务流程

在业务流程上，数字产品交易业务与实物交易类业务的区别仅在于移动用户接入的服务系统不同。在数字产品交易业务中，接入的是 Internet 上的数字产品和服务；而在实物交易类业务中，移动用户将面对业务提供商。

在实现移动支付之前，需要先进行下面的预备工作：移动运营商和商家就使用移动支付达成协议，包括利润的分成、安装相应的设备等。

下面以中国移动的 MM 应用商城为例来说明平台类数字产品交易的业务流程，如图 6-4 所示。

图 6-4　平台模式数字产品业务流程图

图 6-4 所示流程说明如下：

（1）第三方开发者将自己开发的产品放在中国移动 MM 平台上。

（2）用户访问 MM 平台，提交所需的数字产品的订单，并进行支付。

（3）中国移动向用户提供相应的数字产品。

（4）中国移动将该数字产品的收入与第三方开发者分成。

3. 业务资费

从业务资费上看，这类业务的收费模式是按照点击次数来计费的，即收取的是手续费，这属于交互业务。具体的业务定价由业务提供商根据不同的业务类型、业务内容制定。

从支付方式上看，这类业务的支付将采取移动运营商代收并再与业务提供商分成。

以中国移动的 MM 为例，用户在平台上下载软件，向中国移动支付相应的费用，中国移动再与软件开发商进行利润分成。在这之前，软件开发商和中国移动应该签订分成协议。

4. 业务分析

在平台模式下，运营商为第三方和消费者提供了互动的平台，运营商不仅获得电信业务的收入，也获得与开发商的分成。软件开发商利用运营商的平台进行销售，获得相应的利润。

在这个过程中，前向吸引了消费者，后向吸引了软件开发商，能调动开发商的积极性，使得一些中小内容和服务提供商也能参与到移动电子商务活动中来，充分利用双边市场的外部性。

软件开发者应该衡量运营商的分成协议是否合理，选择合适的平台出售自己的软件。

在这种模式下，运营商会获得比较高的运营收入，但同时也有较高的政策管制风险；软件开发者要受到运营商的审核，也能充分利用此平台出售自己的软件等数字产品，获得相应的利润。

从客户的角度来看，数字产品即数字音乐、书籍、内容的购买体验是全新的。一些公司正在进行多种移动尝试，从示范项目到全面的互联网风险投资，针对数字产品来改进购买—销售—配送—支付—仓储的方式。

对于数字产品交易类应用，比较典型的有提供数字票的移动票务服务，以及提供数字产品（如音乐、视频等）的娱乐类业务。

移动票据应用可以增加“冲动销售”、创造新的销售渠道、精简目前票据业务的流程。客户可以通过电话、互联网或无线设备来订购门票，而不必选择传统的邮件或到预定零售部取票，可以指定将门票以电子方式发送到他们的移动设备上。客户到达比赛场地后，用移动设备向检票机发送一个带有门票信息的红外线信号，以此来核实门票信息。该交易从头至尾都是电子化的。

安全和票据核实是开发电子交易和投递应用中涉及的两个主要问题，一些公司如 Mtickets 正致力于确保存放购买信息的数据库的安全。打印条形码也可以作为电子门票的替代方式。对那些不放心用红外线信号发送订购信息的客户而言，这样可以更安全一些。客户打印出带有条形码的网页后，将条形码带到比赛场地，在检票处进行 描即可。

在娱乐类数字产品服务中，德国媒体集团 Bertelsmann 是这方面的领头人。

随着生活方式的转变，也因为人们一下子有了更多的可自由支配的时间，于是全球增长最快的两大产业——娱乐和移动通信正融合到一起。Bertelsmann 预测到了这一融合趋势，已经将其媒体王国重组为三个核心事业单元：内容（书籍、音乐、杂志、报纸、电视、广播和专业信息）、媒体服务和客户服务。

Bertelsmann 的战略目标是通过尽可能多的渠道向客户提供娱乐内容。在音乐领域，Bertelsmann 正积极地制定数字战略，参与互联网上 CDNow、Napster 和 MusicNet 集团的音乐贸易。Bertelsmann 拥有 CDNow，这也是 Napster 的一家主要投资商。Napster 是个人文件共享社团，给音乐爱好者提供了发掘新歌曲、互相交流兴趣爱好的平台。

Bertelsmann 和 Napster 正合作创建“付费享用”的商业模式，向 Napster 社团的 6000 万注册会员提供音乐下载，同时给版权所有者如歌手、歌曲创作者、 片商和音乐发行商支付费用。该公司的另一种音乐渠道是 MusicNet，它是由五大 片商中的三家合作创建的，分别是 AOL Time Warner、Bertelsmann 和 EMI Group，受 RealNetworks 的影响，MusicNet 承诺采用自助方式来销售音乐。

6.4 信息服务交易类

信息服务是以用户需求为导向，将有价值的信息传递给用户，最终帮助用户解决问题，从而实现信息增值的活动。随着信息技术的飞速发展，人们生产和获取信息的方式不断增多，而随着信息价值的提升，各种信息服务交易也逐渐兴起。网络具有信息传递与信息处理的双重功能。对于信息检索、信息发布和信息咨询等服务模式，可以通过网络直接提供给消费者。用户可以通过网上订购、付费浏览以及网上赠与等移动电子商务形式享受原本只能在互联网上获得的交易类信息服务。用户也可以借助终端设备，根据自己的个性特点和需求选取不同种类的信息，不受时间和地域的限制，享受快捷的自助信息订购与远程信息获取，节省了时间和成本。

根据移动运营商在信息服务交易类移动电子商务业务中所扮演的不同角色，可以将其划分为三种模式，见表 6-3。

表 6-3　信息服务交易类移动电子商务模式

	管道模式	围墙模式	平台模式
移动通信服务	移动通信运营商	移动通信运营商	移动通信运营商
商务平台	商务服务提供商	移动通信运营商	商务服务提供商
信息服务交付	**信息服务提供商**	**移动通信运营商**	**信息服务提供商**
支付服务	金融机构	金融机构/移动运营商	金融机构/移动运营商
信用认证	信用服务提供商	移动通信运营商	信用服务提供商/移动运营商
安全认证	安全服务提供商	移动通信运营商	安全服务提供商/移动运营商

6.4.1 管道模式

管道模式信息服务交易模式是指移动运营商在交易过程中仅承担运营职责，提供业务通道和服务接入，但并不参与到具体的信息业务中去。

随着移动互联网时代的来临，互联网业与电信业之间的联系更加紧密，通过移动终端登录互联网获取信息、享受各种网络服务，已经在人们的生活中 然兴起；与此同时，通过移动互联网实现移动电子商务也已成为众多商家关注的焦点。随着互联网公司的加入，越来越多的用户倾向于通过手机等移动终端使用互联网上的主流应用，这使运营商开放其移动互联管道成为不可避免的趋势。到 2009 年，在英国移动运营商中，互联网公司的移动互联网应用流量的占比由 2007 年的 40%快速上升为 80%。

目前，管道式信息服务提供在国内外运营商中已经十分普遍。用户平时通过移动互联网登录百度、谷歌等网站搜索信息，或者通过各类移动终端登录电子邮箱收发邮件，这些服务都可以归为移动运营商为客户提供的管道式信息服务。

1. 业务模式

管道模式信息服务业务是指用户与业务提供商之间通过移动运营商提供的“管道”而实现的信息服务买卖，是数字经济发展所带来的一种新的商业交易模式。在这类业务实现中，用户通过在线方式订购服务并支付相应费用。用户既可以选择直接通过银行或支付服务提供商进行支付，也可以选择通过运营商提供的手机支付方式完成支付活动。一般情况下，信息服务交易类业务所涉及的支付金额都比较小，通过小额支付可以完成整个服务的购买过程。交易成功后，服务提供商通过移动互联网以在线方式为用户提供服务。目前的许多信息服务，如信息检索等，都被作为免费服务提供给用户，因此忽略了用户与提供商之间的买卖环节。

在安全性方面，由于移动运营商仅在服务过程中扮演媒介支持的角色，所以在这类业务中，运营商只需保证实现过程的安全性，而服务内容的安全性则由服务提供商保证。例如，某客户通过手机终端登录 Gmail 邮箱，那么移动运营商应保证客户登录以及发送和接收邮件等过程的安全与稳定，并在必要时给予客户相关提示，而谷歌公司则应对用户的邮件内容等信息安全给予保证。

2. 业务流程

管道模式信息服务交易模式的业务流程如图 6-5 所示。

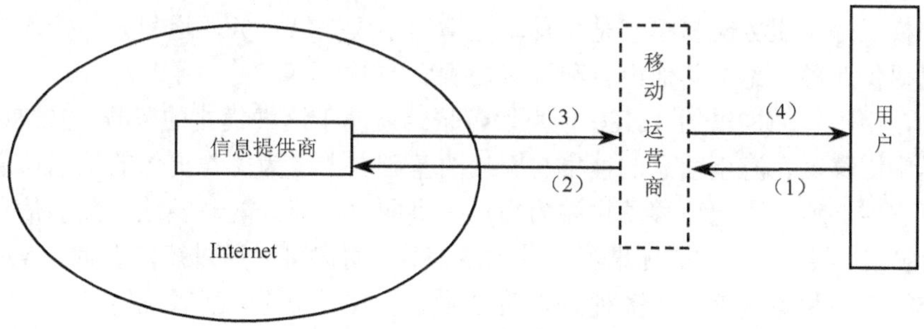

图 6-5　管道模式信息服务交易流程图

图 6-5 所示流程说明如下：

（1）用户通过移动终端向运营商发出登录移动互联网的请求。

（2）用户通过运营商搭建的“管道”，实现与信息提供商的交流。

（3）信息提供商在获取用户需求之后，将客户所需要的信息通过“管道”反馈给用户。

（4）用户得到需要的信息。

3．业务资费

在管道模式信息服务交易中，如果存在具体业务费用，则由业务提供商向用户收取，移动运营商仅向客户收取服务过程中产生的数据业务的流量费。例如前面提到的例子中，移动客户通过手机登录搜索引擎或邮箱等，移动仅向客户收取由此产生的数据流量费。如果客户使用的是收费邮箱（如有些网站提供的 VIP 邮箱等），则由该网站向用户收取相应费用。

4．业务分析

管道模式服务模式下，各内容与服务提供商是产业链上的主导者、由于移动运营商移动“管道”的开放，使得它们能够将固网上开展的业务通过移动互联网拓展到移动终端用户，特别是随着 3G 时代的来临，许多互联网企业开始纷纷向移动互联网领域延伸，从而获得更加丰　的收益。而运营商仍然是在自身电信运营领域内开展业务，因此这种方式也只能给运营商带来通信流量的增长。

面对网络时代海量的信息传输与数据流量，为保证服务质量，运营商应着眼于打造精品网络，即大力推进网络建设，优化移动网络覆盖，保证数据业务的稳定性与网络速度，有效实现移动互联网流量分流，合理规划手机上网的资源分配。同时，运营商应向智能化管道提供商转变。所谓智能化管道，是指用户侧的智能化感知、网络侧的可管可控可扩、应用侧的应用环境资源和价格的结合。运营商应以用户需求特征为主导，通过深度包检测和情景感知等技术，准确了解用户业务情况和消费轨迹。

而各互联网企业通过加强与移动运营商的合作，能够基于智能管道，了解用户的个人偏好，积极地参与到移动电子商务信息服务中，从而向用户推荐更具针对性、更加个性化的特定信息服务，充分满足客户小众化、多样化的海量需求。

6.4.2　围墙模式

围墙模式信息服务交易模式是指移动运营商不仅提供业务通道和服务接入，而且完全由自己提供业务，无须其他内容和服务提供商的参与。

例如，中国移动推出的 12580 信息服务平台就属于这种模式的范畴。12580 信息服务平台是中国移动在海量信息的搜集与整理的基础之上，为客户提供的生活信息咨询服务平台。它能够通过固定或移动终端为用户提供即时便捷、随时随地的生活信息查询服务，包括餐饮、娱乐、交通、优惠等多种生活信息。用户可以通过短信查询、WAP 查询、手机客户端查询和语音查询等多种方式随时随地获取所需的生活服务信息。

1．业务实现

围墙模式信息服务是用户与运营商之间的信息服务买卖活动，没有其他内容和服务提供商的参与。用户向运营商支付购买服务所需的各种费用，然后通过在线、电话或短信等通信方式向用户提供服务。例如，在 12580 信息服务中，用户可以通过电脑或手机登录互联网或移动互联网查询所需信息，也可以通过拨打 12580 电话获取相关信息。由于目前中国移动还没有针对 12580 业务设置额外的业务费用，所以用户只需交纳通信费或数据流量费即可享受服务。

在整个服务过程中，由于运营商既是信息的提供者，也是传递者，所以运营商需全面保证客户在服务过程中的信息安全，特别是用户的隐私信息。例如，用户需要通过 12580 平台查询自己所在位置附近的酒店信息，或是查询去往某地的机票信息等，对于这些可能涉及用户隐私的信息，运营商应注意在服务过程中进行保密，以免使用户的隐私权受到侵害。

2．业务流程

围墙模式信息服务交易模式的业务流程如图 6-6 所示。

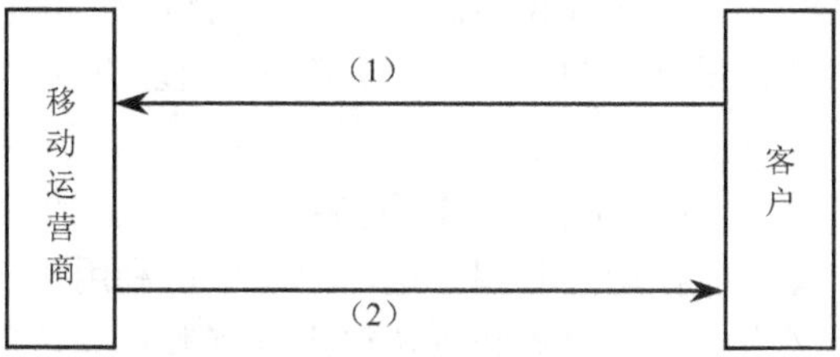

图 6-6　围墙模式信息服务交易流程图

图 6-6 所示流程说明如下：

（1）用户向运营商请求信息服务。

（2）运营商根据客户需求向用户提供信息服务（并交纳相应费用）。

3．业务资费

在这种信息服务交易中，移动运营商除向客户收取服务过程中产生的通信费或数据业务流量费以外，如果存在其他具体业务费用，则同时向用户收取该费用。前面例子中提到的 12580 信息查询为免费服务，因此中国移动仅向客户收取由此产生的通信费或流量费。

4．业务分析

在围墙模式服务模式下，运营商需在信息收集、归纳和提供等方面做许多额外工作，因此提供服务的难度与管道模式信息服务交易相比而言会更大，但这种方式除了能够给运营商带来通信量的增长以外，还可能为运营商带来额外的业务收费，同时也有利于增加客户黏性，在客户群中打造品牌效应。

其实，围墙模式下的电信增值业务的运营与传统语音业务的运营是类似的，只是业务种类比以往更多样化了。运营商通过独立运营模式，利用自己的通信网络和服务平台自行发布和推广信息服务产品，其中不涉及任何利润分成问题。

随着这种信息服务模式的发展，运营商可以考虑帮助商家为消费者提供更具针对性的信息服务，并在此过程中融入广告宣传。运营商可以利用自身庞大的客户群为商家扩大宣传，起到吸引客户的目的，并向商家收取广告费用。而吸引广告商数量的多少，则取决于运营商信息服务平台的知名度。

但是在这种模式下，由于没有充分调动产业链其他参与者的积极性，业务的种类会具有一定的局限性，不能很好地满足客户日益增长的丰富多彩的信息需求。

6.4.3 平台模式

平台式信息服务交易模式是指移动运营商与内容提供商合作，共同为用户提供信息服务。在合作过程中，运营商与商家各自发挥自身优势，形成合作共赢的信息服务模式。移动运营商拥有网络资源和广大的客户群体，可以搭建起拥有庞大客户数量的信息平台，而不同商家可以为客户提供不同种类的信息内容，这就使信息渠道变得丰富、实用，更具价值。

在这种情况下，运营商与商家之间实现了跨行业的业务操作，并使移动运营商涉足信息服务行业，是传统电信企业向综合信息服务提供商转型。这种模式使运营商除传统的电信服务收益外，还可获得额外的非电信业务收入，但同时也存在一定的业务和管制风险。

“互联星空”是中国电信推出的综合信息服务渠道，从正式运营至今已经成为重要的宽带信息门户，并开始逐步向移动互联网　进。中国电信利用用户资源、网络资源、应用支撑平台资源、营销网络、客户服务和宣传渠道等资源，创造出新型的商业模式，通过聚合合作伙伴的内容和应用，为中国电信互联网用户提供了丰富多彩的内容和信息应用服务，实现了用户、互联星空合作伙伴和中国电信的多方共赢。

1．业务实现

通过与多方参与者的广泛合作，目前“互联星空”的信息服务范围已经十分广泛。除基础通信类业务，如电子邮箱、通知类业务（邮件、电话、短信通知等）、IP 通信类业务等（IP Phone、IP 视频通信、即时通信类业务等）以外，还包括各项增值类信息服务业务，如下所述。

（1）资讯服务类业务：包括新闻、体育、旅游、生活资讯及财经资讯的浏览、查询和定制等服务。

（2）在线娱乐类业务：包括影视、音乐、在线互动游戏等内容和应用。

（3）在线教育类业务：包括远程教育和在线网络教育。

（4）电子商务类业务：利用网络从事商品或信息服务的查询、购物、缴费和购买彩票等。

（5）在线理财类业务：证券、期货、外汇交易等信息咨询及在线交易服务。

（6）　　保健类业务：健康保健咨询、资讯服务，以及在线预约和　号等。

（7）公众服务类业务：包括航班、火车时刻表、天气预报、工商企业、交通违章、紧急　助等信息查询。

用户可以通过手机登录 WAP 版“互联星空”，享受便利的信息服务。然而，由于“互联星空”提供了丰富的信息内容服务，这也对运营商在实现服务的过程中安全保障方面提出了更高的要求。各类细分内容可能涉及不同类型的隐私信息，因此信息泄露等危险需要得到特别关注。

2．业务流程

合作类信息服务交易模式的业务流程如图 6-7 所示。

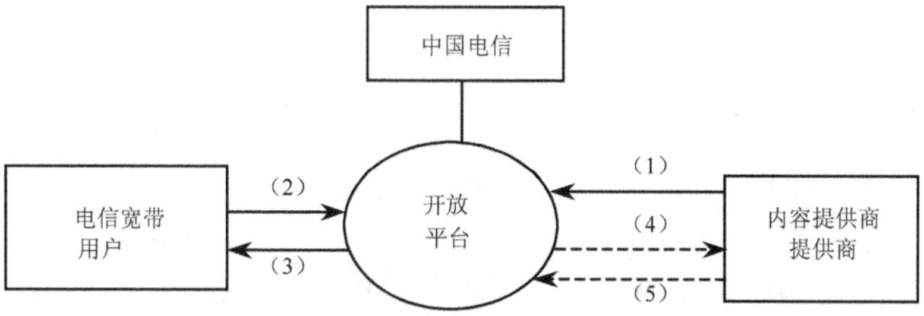

图 6-7　平台模式信息服务业务流程图

图 6-7 所示流程说明如下：

（1）各信息内容提供商将各种内容发布到中国电信提供的“互联星空”开放平台上。

（2）用户通过移动终端向互联星空平台发出信息服务请求。

（3）若平台上已有信息已经能够满足用户需求，则平台直接将用户所需信息反馈给用户。

（4）若平台不能满足用户需求，则平台将用户需求发送给内容提供商，以请求提供个性化服务（并交纳相应费用）。

（5）内容提供商将相关信息服务通过互联星空平台反馈给用户。

3．业务资费

由于“互联星空”涵盖的信息内容十分广泛，所以资费模式也各不相同，主要有订阅模式、付费浏览、广告赞助、周边产品销售、网上赠与、组合模式等。此外，运营商与内容提供商之间存在着比较深入的合作，因此存在利润分成。

4．业务分析

“互联星空”增值业务平台将运营商与内容提供商有机整合到一起，其核心是运营商提供开放平台，SP 开发内容，双方收入分成。“互联星空”通过网络运营商与信息资源提供商的联盟合作，共同营造信息服务的良性循环环境，从而实现各个环节共同获利，并推动信息产业健康、持久、长远地发展。“互联星空”具有非常明显的四个特点：

（1）丰富的内容、个性化的服务和不断创新的业务。

（2）强大、高速　通的网络支撑。

（3）产业链的竞合作用。

（4）收费模式的创新，它提　“一点接入、全网服务；一点认证、全网通行；一点结算、全网收益”的业务运作模式，　为中国电信宽带用户提供全网的业务服务。

在这种模式下，产业链各方实现了共赢。运营商使门户内容进入电信移动渠道；同时在门户内融合各种自营增值业务，成为流媒体、视讯、远程教育、娱乐、IPTV 等业务的立体展示和交叉营销的整合平台。同时，运营商依托自身强大的网络资源优势、庞大的用户规模和终端优势对资源进行整合，在合作模式中占据主导地位，在整个产业链中发挥承上启下的作用，从而推动整个移动电子商务产业链的发展。而各内容和服务提供商充分利用互联星空这一信息平台，加强与用户之间的联系，实现随时随地的多渠道互动，把握住移动电子商务浪潮中的发展机遇。

6.5 金融类

随着移动通信技术及各种金融业务的发展，手机金融正进入高速增长时期。拥有一部手机的个人或商户，就可以获得投资、理财和消费等所有的金融服务。通过手机银行，用户能够随时随地、快捷方便地享受个性化金融服务。由于金融监管的原因，各国目前不主张移动运营商独自经营金融业务，因此，下面将不考虑围墙模式。

金融类业务按移动运营商的运营模式，可以分为两类，见表 6-4：

表 6-4　金融类业务模式

	管 道 模 式	平 台 模 式
移动通信服务	移动运营商	移动运营商
支付点到支付网关的 M2M 网络	移动运营商	移动运营商/收费单位
金融服务	金融机构	金融机构
客户鉴权	金融机构	金融机构/移动运营商
客户账户管理	金融机构	金融机构/运营商

6.5.1 管道模式

在管道模式中，移动运营商仍然承担传统移动运营商的职责，提供业务通道和服务接入，起到一种网络中介信息传送的作用，具体的业务内容完全由第三方完成，移动运营商不参与到第三方的业务中。

1. 业务实现

管道模式业务主要是指通过移动终端在银行、证券和保险领域开展商务业务。比较典型的三类金融类业务包括：手机银行业务、手机证券业务和手机保险业务。

作为一种结合了货币电子化与移动通信的　新服务，手机银行业务可以使人们在任何时间、任何地点处理多种金融业务，而且极大地丰富了银行服务的内涵，使银行能以便利、高效而又较为安全的方式为客户提供传统和创新的服务，再加上移动终端所独具的贴身便利特性，使之成为继 ATM、互联网、POS 之后银行开展业务的强有力工具，越来越受到银行业者的关注。

手机银行业务一般面向客户提供如下种类的服务。

1）信息服务类

信息服务类主要用于为客户提供与银行相关的信息，帮助客户更好地了解和使用银行业务，内容包括：银行基本信息发布、银行业务和服务项目的介绍、银行网点、自动柜员机（ATM）网点和特约商户的分布情况等。

2）查询类

查询类主要用于对银行交易和业务数据的查询，也可以包括相关信息的查询。内容包括：个人综合账户余额查询、个人综合账户交易历史查询、企业综合账户余额查询、企业综合账户交易历史查询、支票情况查询、企业受信额度查询、企业往来信用证查询、客户贷款资料查询、汇兑状况查询、利率查询等。

3）交易类

只要是除人员直接参与的现金交易之外的任何交易，均可通过网上银行进行，服务对象是网上银行业务的银行签约用户。内容包括：网上转账、网间转账、代收和代付业务、个人小额抵　贷款、个人外汇买卖、企业外汇买卖、兑换等。

4）扩展业务类

扩展业务类包括：企业银行服务、中间业务（如证券交易）、网上购物和网上支付、移动电子交易、个性化金融服务等。

手机银行主要采用的实现方式有 STK、SMS、BREW、WAP 等。其中，STK 方式需要将客户手机 SIM 卡换成存有指定银行业务程序的 STK 卡，通过软件激活提供给用户一个文字菜单界面。这个文字菜单界面使用户通过简单的按键操作就可实现信息检索，甚至交易，从而便于客户的菜单式操作。同时，STK 卡本身有比较完善的身份认证机制，能有效保障交易安全。SMS（Short Message Service）方式就是利用手机短信来实现银行业务，客户和银行通过手机短信交互信息，这是目前实现手机银行的方式中手机终端适应性最强的一种，客户进入门槛低。BREW（Binary Runtime Environment for Wireless）方式基于 CDMA 网络，用户可以通过下载相应的应用软件到手机上运行，从而实现各种银行功能。WAP 方式就是通过手机内嵌的 WAP 浏览器访问相应银行网站，是利用手机上网处理银行业务的在线服务，而客户端无须安装软件，只需手机开通 WAP 服务。

手机网上证券可以使用户及时获取股票行情信息，进行股票交易。这项业务的具体实现过程为：客户从网上通过营业部的网站下单及查询，从网上实时接收有关股市行情、成交反馈结果等信息。通过这种网上交易方式，券商可以直接在网站上为客户提供各种特色服务，如股市模拟操作、国内外宏观信息报道、本公司证券分析　对市场的分析讲解等。只要拥有自己的网上交易网站，券商可以提供一切客户要求的信息服务。

手机网上保险业务内容包括：用户可以通过移动终端实现远程的保险品种购买；安全地进行个人保险情况管理；在线咨询保险经纪人，了解各种保险知识；在线处理保险业务，包括索赔、订购、取消、更改等。

以上业务中，各种信息的获取与传递都需要手机终端用户通过运营商的通信网络来实现，运营商起到了“通信管道”的作用。

2. 业务流程

管道模式下的典型移动金融业务流程如图 6-8 所示。

图 6-8 所示流程说明如下：

（1）客户通过移动运营商进行通信，以查询金融信息、进行银行转账业务，或进行证券买卖，挑选和购买保险业务。

（2）金融机构通过移动运营商的通信网络，把金融信息、转账结果、证券买卖结果或购买保险的结果反馈给用户。

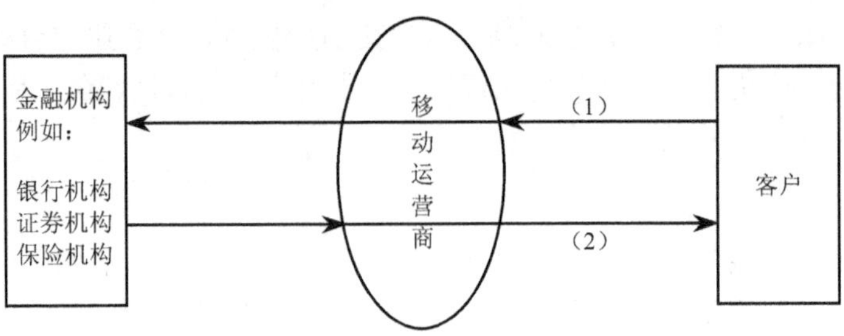

图 6-8　典型移动金融业务流程图

3．业务资费

在管道模式中，提供各项金融业务的内容或服务提供商向客户收取相应费用，而运营商由于只承担传统移动运营商的职责，提供业务通道和服务接入，并没有参与到具体的第三方业务中去，所以业务资费仅限于向业务双方收取通信费，如短信费用、手机上网流量费等。

4．业务分析

金融类业务本身有很大的特色，但由于严格的金融管制，其核心业务流程是不对外开放的。所以这类移动金融类业务，只是为金融业务价值链中在已有的客户联系的渠道中增加一条新的接入方式。其实现模式是由运营商提供开放的平台，通过引入各种服务商来提供各式各样的信息服务，主要的收入方式是通信费和接入费。

6.5.2　平台模式

在平台模式，运营商参与了具体业务，在业务的实现过程中实际上进行了跨行业的合作。移动运营商与金融、政府、企业、商家等合作，参与他们的部分业务流程，实现自己业务市场的拓展。

1．业务实现

平台模式业务主要是指通过运营商与金融业、企业、商家的合作开展的手机证券、移动银行卡业务、移动支付业务等。

（1）手机证券业务是指通过运营商提供的客户端软件，以文字和图形等表现形式实现证券实时行情查询、资讯浏览及在线交易的服务。运营商通过与用户的直接互动、沟通，可以收集用户的需求信息，并为其提供个性化的证券信息服务。

（2）移动银行卡业务是指建立特定银行卡账号与移动电话号码的捆绑，可以使用户通过短信等形式直接从银行账号转账到捆绑号码，轻松完成充值等业务。

（3）移动支付业务是指允许用户使用其移动终端（通常是手机）对所消费的商品或服务进行账务支付的一种服务方式。比较典型的形式有手机支付、手机钱包等。

手机支付业务指用户先在移动后台开立一个账户，将钱存入该账户中，通过电脑上网、手机上网和手机语音拨号上网、短信、IVR 等非面对面进行交易的方式完成购买及支付行为的业务。

手机钱包业务指用户持有一张支持 RFID 功能的专用 SIM 卡，就可以使用手机在布放有运营商专用 POS 机的商家（如便利店、商场、超市、公交）进行现场刷卡消费支付。同时，运营商可以在法规、协议范围内收集用户的消费需求信息。

这些业务的实现方式灵活而便捷，大大满足了移动用户的信息、支付需求。

2. 业务流程

移动运营商在参与到平台模式业务中时，起到了服务中介的作用，如图 6-9 所示。

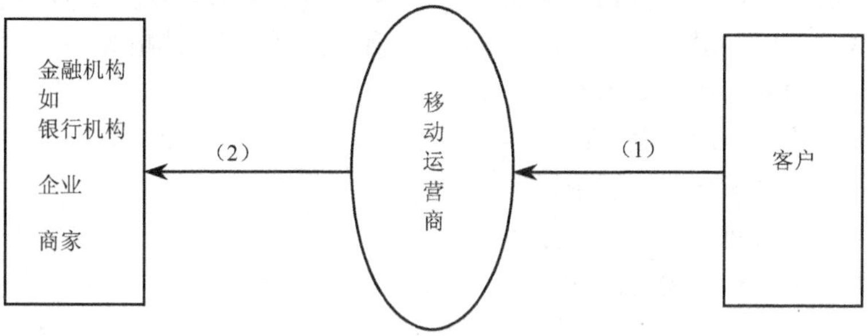

图 6-9　典型移动金融业务流程图

图 6-9 所示流程说明如下：

（1）客户通过移动运营商这个服务门户查询金融信息，并挑选和购买相应证券、保险等；客户通过移动运营商提供的支付服务完成商品、服务的消费支付。

（2）移动运营商把用户的转账、消费、支付信息反馈给相应的金融机构、企业或商家，并依照合作协议与这些产品、服务提供者进行结算。

3. 业务资费

在平台模式下，运营商与各金融服务相关机构合作，并进行利润分成。对于运营商而言，除传统电信服务收益外，还可以获得额外的非传统电信业务收入，主要是对用户、金融机构、企业和商家提供相应信息、支付、结算业务的服务收入，这大大提高了运营商信息服务的附加价值与收入。而金融公司通过开拓移动渠道为用户提供更加便利的服务，也可以实现收入的提升，并可提升客户感知。

4. 业务分析

金融类业务本身有很大的特色，但由于严格的金融管制，其核心业务流程是不对外开放的。加强金融机构与运营商之间的合作，能够使用户顺利通过电子商务平台享受一些金融业务。借助运营商在信息网络方面的优势，各金融机构、企业和商家等可以更加广泛地获取用户关于产品、金融理财等服务的需求，并及时准确地将金融产品信息传递给用户。在此过程中，运营商在用户与产品、服务提供者之间起到了支付、结算、信息服务桥梁的作用，将会获得较好的业务收入，同时回避了可能存在的较高的金融业务和政策管制风险。

6.6 积分类

积分可以作为客户细分和差异化定价的手段，也是一种培养客户忠诚度的有效方式，同时还可以记录用户的多种生活轨迹，从而帮助企业制定和实施更详细的市场战略。与购买全价头等 机票的乘客相比，一个用积分升 的航空客户实际上享受了差异化的折扣票。而且这种营销十分精准，优惠的回馈一定会返回到积分高的客户身上，这种客户正是企业要认真识别的。

积分类业务在长期客户维系和企业收益方面比简单的打折效果明显，积分可以引导用户下一次仍在本企业消费，而客户打折省下的钱则不一定会流入本企业。积分通常可以在下一次之后的消费中被抵扣，从而 发顾客再一次的购买欲望，增加企业的收入，同时还可以从客户处取得“个人信息”，执行有针对性的广告战略等。

积分类业务的五大作用如图 6-10 所示。

（1）增加企业自身用户黏性；

（2）进行企业内客户分层营销；

（3）吸引并获取新客户；

（4）与联盟企业相互输送客源；

（5） 动收入。

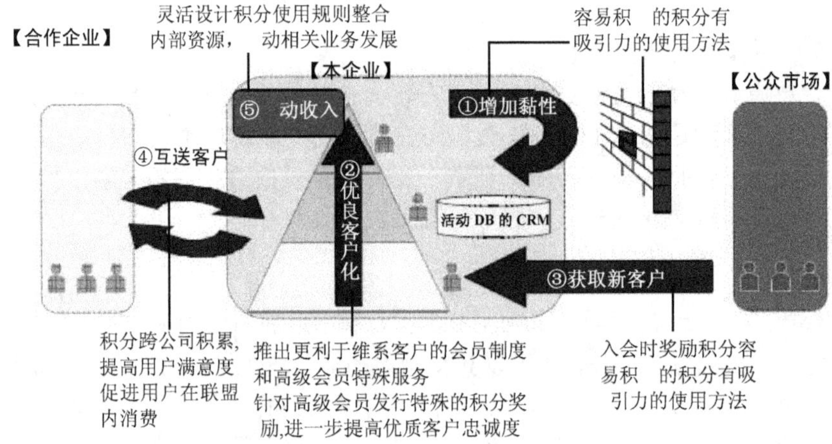

图 6-10　积分类业务的五大作用

根据发展移动电子商务业务的三种模式，积分类业务可以分为三类，见表 6-5。

表 6-5　积分类业务模式

	管 道 模 式	围 墙 模 式	平 台 模 式
移动通信服务	移动运营商	移动运营商	移动运营商
积分发行	商家	移动运营商	商家/移动运营商
物流服务	物流公司	物流公司/移动运营商	物流公司
积分消费管理	商家	移动运营商	商家/移动运营商
信用服务	信用服务提供商	移动运营商	信用服务提供商/移动运营商
安全服务	安全服务提供商	移动运营商	安全服务提供商/移动运营商

6.6.1　管道模式

在管道模式业务中，运营商只承担移动运营商的职责，向用户提供获取各种移动业务和服务的接入通道，但是用户使用积分所能获得的具体的业务内容则完全由第三方来提供。也就是说，运营商为用户提供电信业务，用户通过使用这些业务来获得积分，然后用户可以使用获得的积分来换取积分类业务，而此类积分业务的内容完全由与运营商无关的商家来提供，运营商不参与到第三方业务的提供中。

运营商只是扮演管道的角色，只是为用户提供了一种使用积分的消费途径，至于管道中承载的内容，也就是积分能够购买到的业务内容，完全由第三方来提供，运营商不参与业务内容的提供。

第三方商家利用运营商提供的管道，推广自己的积分业务，积分和业务完全由自己独立完成。

例如，用户使用手机登陆“中国积分网”，将自己的　台积分、速 8 酒店积分、城通积分等兑换为各种商品，如手机数码、图书音像、日用家居、健康美容、运动休闲、汽车用品等，如图 6-11 所示。这个过程中，用户使用的积分不是移动运营商的，提供兑换商品的商家也不是与移动运营商合作的企业，移动运营商只是提供了一个管道——WAP 上网。

图 6-11　中国积分网

1. 业务实现

这是一类特殊的交易类业务。业务实现包含两部分：一是积分的产生，二是积分的消费。

积分的产生：用户要使用商家的业务，产生消费，然后商家会给予用户相应的积分，并累计在该用户的账户中。

积分的消费：用户使用积分购买商品或服务，而购买商品或服务是由其他商家提供的。积分作为一种虚拟资金流，在计费结算管理中需要特殊处理。

移动运营商为鼓励移动电子商务消费，基本上各种形式的电信业务都可以为用户带来积分，因此积分类业务的管理涉及各种商务类型，但以积分购买商品或服务，都作为交易类业务处理。

在这个过程中，第三方的商家利用运营商提供的管道，将自己的积分信息发送给消费者，再由消费者使用积分。

2．业务流程

管道模式积分类业务流程如图 6-12 所示。

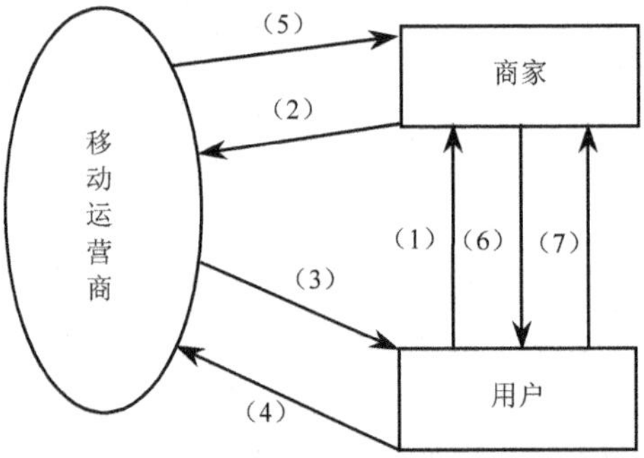

图 6-12　管道模式积分类业务流程图

图 6-12 所示流程说明如下：

（1）用户选择要购买的商品或者服务，并通知商家自己的手机号码。

（2）商家向移动运营商提示用户有一个要求支付的账单。

（3）移动运营商向用户确认此次购物信息。

（4）用户确认购物信息。

（5）移动运营商把此次购买信息发送给商家，同时记贷入用户的手机话费中。

（6）娱乐提供商向用户提供所订购的娱乐服务，同时通知用户累计的积分数。

（7）用户累计的积分数达到商家提供优惠服务的水平时，用户向商家提出享受优惠服务。

3．业务资费

管道模式的积分类业务下，移动运营商不参与业务内容的提供，只是负责用户和商家直接的信息传递：商家向移动运营商提示用户有一个要求支付的账单，移动运营商向用户确认此次购物信息，用户确认购物信息，移动运营商把此次购买信息发送给商家，同时记贷入用户的手机话费中，等等。其他的方面都与移动运营商无关，所以，移动运营商只是收取通信费。

第三方的商家需要向运营商支付通信费。用户使用积分，给商家带来的经济利润由商家独享。运营商不参与具体的积分兑换使用过程。

4．业务分析

在这种模式下，移动运营商只是提供信息通信业务，所以仍然在自己的业务范围内，不会违反电信行业的相关政策，也就不存在任何的政策风险。但这种模式只能给移动运营商带来通信量的增长，所以这类业务的收益很低，只是增加的通信量的收入。

总的来说，移动运营商提供管道模式的积分类业务，风险小，收益低。

对于第三方的商家来说，利用这种方式可以提高效率、降低成本，同时也保持了业务的独立性，能够获得较大的收益，同时风险也较小。

6.6.2　围墙模式

在围墙模式下，移动运营商不仅向用户提供业务通道和服务接入，同时还向用户提供使用积分所能购买到的产品、服务，不需要 SP/CP 的参与。简而言之，用户使用移动运营商的业务获得积分，使用积分购买移动运营商自有的产品、服务。

例如，北京移动动感地带 M 计划中，可以使用 M 值兑换的产品分为三类，其中一类叫做“移动自有产品”，包括动感地带品牌卡、手机支付红包、国内漫游免费通话时长、国际及　　台长途优惠包、手机充值卡等，这些产品全都是中国移动自己开发的产品。

在这个过程中，并不需要第三方的参与，而是运营商与消费者的直接互动。

1. 业务实现

这是一类特殊的交易类业务。业务实现包含两部分：一是积分的产生，二是积分的消费。积分的产生：用户要使用移动运营商的业务，产生消费，然后移动运营商会给予用户相应的积分，并累计在该用户的账户中。积分的消费：用户使用积分购买商品或服务，而购买商品或服务是移动运营商自有的，积分作为一种虚拟资金流，在计费结算管理中需要特殊处理。

仿佛一个围墙一样，运营商既是管道又是服务和产品提供商，整个过程完全由运营商独立完成。

2. 业务流程

围墙模式积分类业务流程如图 6-13 所示。

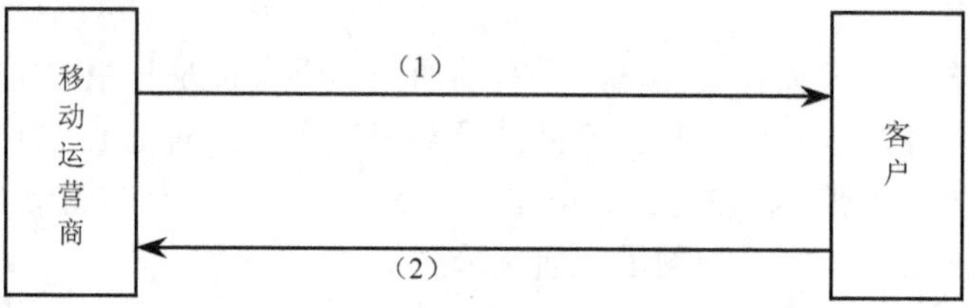

图 6-13　围墙模式积分类业务流程图

图 6-13 所示流程说明如下：

（1）运营商向用户提供用户需要支付服务；

（2）用户累计的积分数达到商家提供优惠服务的水平时，用户向商家提出享受优惠服务。

3．业务资费

这种积分类业务模式下，用户使用移动运营商的商品、服务来获得积分，当用户累计的积分数达到商家提供优惠服务的水平时，用户向商家提出享受优惠服务，而用户向商家提出享受优惠服务就需要与移动运营商进行通信，这个过程又会产生通信费。而最终购买到的商品、服务还是移动运营商自有的，还是会为移动运营商带来业务利润。

综上所述，在这种模式下，移动运营商不仅可以收通信费，而且还可以收取业务利润。

其他第三方由于未参与该过程，所以不参与收益的分配。

4．业务分析

围墙模式的积分类业务应用范围比较广泛。例如：北京移动针对动感地带的 M 计划，北京动感地带用户登录北京移动官网或发短信“MCZ”到 10086，就可以查询自己当前有多少 M 值，然后就可以在网上查询或回复短信到 10086，了解自己的 M 值能兑换到的移动自有的商品，如短信包、彩信包、GPRS 流量包、本地基本通话时长等。

在这种模式下，移动运营商通过将自己企业内部的业务流程电子商务化，简化了业务流程，降低了企业运营成本。

总的来说，这种运营模式风险适中。因为积分购买的都是移动运营商自有的商品、服务，与合作商家提供的产品、服务相比，交易流程简单、快捷，降低了企业运营成本，提高了企业的收益，同样因为积分购买的都是移动运营商自有的商品、服务，运营商并没有拓展自己的业务市场，所以不会有更多的额外收益。

6.6.3　平台模式

在平台模式下，移动运营商提供了跨行业的积分类业务。移动运营商的用户使用积分，可以购买到其他行业的商品、服务，如零售行业、金融行业、美容行业、教育行业的商品、服务等。运营商与金融、政府、企业、商家等合作，在让自己的用户获得其他行业的业务内容的同时，运营商自身也参与其他行业的部分业务流程，最终实现对自己业务市场的拓展。

例如，中国电信的天翼积分商城中所有的商品提供者都是与中国电信合作的商家。合作伙伴有很多，商品也相当丰富。商品涉及数码影音、家居生活、服装配　、美容时尚、　用品、杂志期刊、特供礼品、虚拟礼品等。合作伙伴有中国南方航空、沃尔　、中国平安、迅　网络、伊利、中国国际航空公司等。

1．业务实现

这是一类特殊的交易类业务。业务实现包含两部分：一是积分的产生，二是积分的消费。

积分的产生：以天翼积分商城为例，用户要使用积分商城的业务，产生消费，然后积分商城会给予用户相应的积分，并累计在该用户的账户中。

积分的消费：用户使用积分购买商品或服务，而购买商品或服务是由与移动运营商合作的商家提供的，积分作为一种虚拟资金流，在计费结算管理中需要特殊处理。

为鼓励移动电子商务消费，各种形式的业务都可以为用户带来积分，所以积分类业务的管理涉及各种商务类型，但以积分购买商品或服务，都作为交易类业务处理。

第三方的商家利用运营商提供的平台可以很好地与消费者互动，降低了自己的成本，同时还可以与运营商进行利润分成。

2. 业务流程

平台模式积分类业务流程如图 6-14 所示。

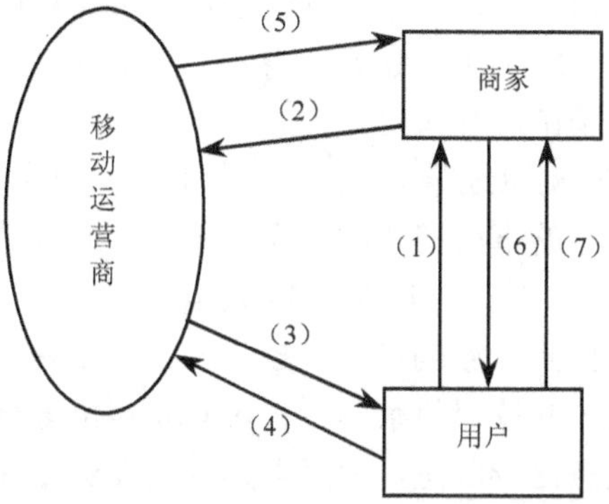

图 6-14　平台模式积分类业务流程图

图 6-14 所示流程说明如下：

（1）用户选择要购买的商品或者服务，并通知商家自己的手机号码。

（2）商家向移动运营商提示用户一个要求支付的账单。

（3）移动运营商向用户确认此次购物信息。

（4）用户确认购物信息。

（5）移动运营商移动运营商把此次购买信息发送给商家，同时记贷入用户的手机话费中。

（6）娱乐提供商向用户提供所订购的娱乐服务，同时通知用户累计的积分数。

（7）用户累计的积分数达到商家提供优惠服务的水平时，用户向商家提出享受优惠服务。

3. 业务资费

在这种积分类业务模式下，用户使用移动运营商的商品、服务来获得积分，当用户累计的积分数达到商家提供优惠服务的水平时，用户向商家提出享受优惠服务，而用户向商家提出享受优惠服务就需要与移动运营商进行通信，这个过程又会产生通信费。而最终购买到的商品、服务是与移动运营商合作的其他商家，从长远来看，与移动运营商的这种合作，必然会增加这些商家的收入，所以移动运营商可以分享这种积分类业务为合作商家带来的利润。

因此，对于运营商来说，这类业务可以收取通信费和业务提供商的业务利润分成。

对于第三方的商家，由于与运营商存在合作，第三方商家可以获得积分带来的利益，并与运营商进行分成。

4．业务分析

积分类业务应用范围比较广泛，可以包括移动运营商、离线的商家和网上的商家。

离线的商家的实例：北京动感地带M计划超市专属结账通道服务，用户申请成功后将会获得二维码凭证，凭此到超市专属通道处验证后即可使用该服务，二维码有效期自申请之日起 30 天内有效。北京动感地带M计划新东方网络课堂听课卡，用户登录www.koolearn.com网站，在首页点击进入“M-zone　色通道”，注册用户并输入听课密码，即可听取新东方在线特定课程，使用有效期为登录之日起 180 天；持卡人在新东方在线网络课堂（www.koolearn.com）以在线付款方式购买课程可以享受　五折优惠（特例课程除外）。北京动感地带M计划 100 元健身券，积分兑换健身券，客户持此券，可在有效期内到指定合作健身场馆进行消费。

网上的商家的实例：北京动感地带 M 计划中兑换 50 元卓越网礼品卡，交易成功后，用户将收到系统通过短信发送的卓越网礼品卡充值码（密码区分大小写），可以凭此使用。北京动感地带 M 计划中国儿童　术剧院 50 元电子票卡，申请成功后，用户会收到一条二维码彩信（短信），凭此二维码彩信（短信）在三个月内到中国儿童剧场可兑换相应金额的大剧场演出门票，并按照门票剧目、时间和座位进行观看。

平台模式下的积分类业务比较广泛，而且多是促销业务，在拓展市场份额方面发挥积极作用。但对作模式下的积分类业务最敏感的是广大低端用户，因为高端用户往往并不太关注促销活动。所以这类业务在推广过程中要注意市场细分的问题，将推广重点放在低端用户群。

在平台模式下，移动运营商除了获得传统的电信服务收益外，还会获得额外的非电信业务收入，所以移动运营商将会获得较好的甚至比较高的业务收入，但同时存在较高的业务和政策管制风险。

第三方的商家由于与运营商存在合作，可以充分利用运营商的用户群进行积分的推广，降低了自身的成本，提高了效率。同时，由于运营商承担了一部分风险，第三方商家的风险相应降低。

第 7 章

移动电子商务认证与商务数据管理

安全认证类业务是指针对安全认证开展的相关业务。安全认证类业务从技术实现上看分为两类：一类是与数字证书相关的业务；另一类是采用数字水印技术的业务。

与数字证书相关的业务包括对证书的处理和应用两方面的内容。这类业务必须是在整个移动电子商务业务环境中引入证书作为认证模型之后才存在的，它是整个移动电子商务业务体系中的辅助业务。数字版权保护业务就是采用数字水印技术来实现安全认证功能的业务，它为用户的产品提供版权保护。

本章将针对安全认证类中包含的各种业务提出相应的业务模型。在业务模型的描述中，重点从业务实体、业务实现、业务资费、业务流程、业务分析五方面来进行说明。其中，由于用户进行业务时可以采取灵活的支付方式，所以在这里对业务流程进行的说明将不包括对支付流程的说明。整个移动电子商务产业链乃至生态系统中包括了众多参与方，考虑到移动电子商务活动对移动通信网络的强依赖性，可以从移动电子商务企业与移动通信运营商之间相互关系的角度，将商务模式分为管道模式和平台模式两种，并分别对其进行说明。

7.1 证书处理业务

证书处理业务是针对证书进行的处理和管理业务，包括：公钥/私钥的生成、证书申请、用户信息审核、证书签发、证书发布、证书撤销与恢复、证书更新、证书撤销列表维护、双证书、交叉认证等。这类业务的实现主要是依赖于 CA 的体系结构，实现的是 CA 的基本功能。这类业务可以采用模管道模式或平台模式运营。

在证书处理业务的不同模式中，业务实体与物理实体的对应关系见表 7-1。

表 7-1　证书处理业务不同模式中的业务实体与物理实体

	管道模式	平台模式
移动用户	个人/企业	个人/企业
移动终端	可信任智能终端	可信任智能终端
移动通信服务	移动运营商	移动运营商
证书发放	CA 认证机构	CA 认证机构
在线公证服务	第三方	第三方
安全服务	安全服务提供商	移动运营商

在管道模式中，CA 认证中心是证书处理业务的提供者。作为 PKI 体系中的信任权威，交易中的各个参与者都信任 CA，因此在整个 PKI 体系中由 CA 负责针对数字证书所进行的各种处理和管理。针对移动电子商务中的不同对象、不同业务及不同用途，CA 中心应该能够提供各类证书，并且有合理的机制维护各类证书的有效使用。

移动用户和业务服务提供商是证书处理业务的服务对象，移动用户通过移动网络从 CA 中心获取相应的服务，而业务服务提供商通过互联网获取服务。

在这类业务中，CA 由独立的第三方运营，移动运营商只是为移动用户提供接入服务。

在平台模式中，与管道模式相同，CA 认证中心是证书处理业务的提供者，由它负责针对数字证书进行各种处理和管理，提供各类证书，并且维护各类证书的有效使用；移动用户和业务服务提供商是证书处理业务的服务对象，他们分别从 CA 中心和互联网获取相应的服务。

与管道模式不同，在这类业务中，CA 由移动运营商运营，移动运营商有两种身份：一方面发挥电信通道的作用，提供接入服务；另一方面作为安全类业务的提供商。

7.1.1 管道模式

1. 业务实现

这类业务的实现主要是依赖于 CA 的体系结构，实现的是 CA 的基本功能。CA 认证中心由独立的第三方运营。

2. 业务资费

从业务资费上看，目前互联网络中证书的定价方式为包年制，即 CA 为用户提供关于证书的各类服务，用户只需每年交纳一次管理费。这种资费模式可以沿用到移动电子商务中。具体的定价方式非常灵活，不同类型的证书（如服务器证书，用户证书等）、不同用途的证书（如身份证书、加密证书等）可以有不同的定价。另外，除了证书的定期更新外，用户自己提出的证书更新请求可以另外收费等。

从支付方式上看，这类业务的支付可以采取类似于信用卡的电子支付，也可以采取不涉及银行等第三方支付实体的支付。对于移动用户，需要向 CA 中心运营者支付服务费，向移动运营商支付通信费。对于申请数字证书的服务提供商，将直接向 CA 中心运营者交纳费用。

3. 业务流程

下面对证书签发、证书撤销与恢复、证书更新业务的流程进行说明。而证书处理业务中的其他业务，如公钥/私钥的生成、证书申请、用户信息审核、证书发布等，由于可以作为这四类业务中的组成部分，所以这里不分别进行说明。

1）*移动用户数字证书的处理*

移动用户数字证书的处理将通过移动网络来进行，如图 7-1 所示。

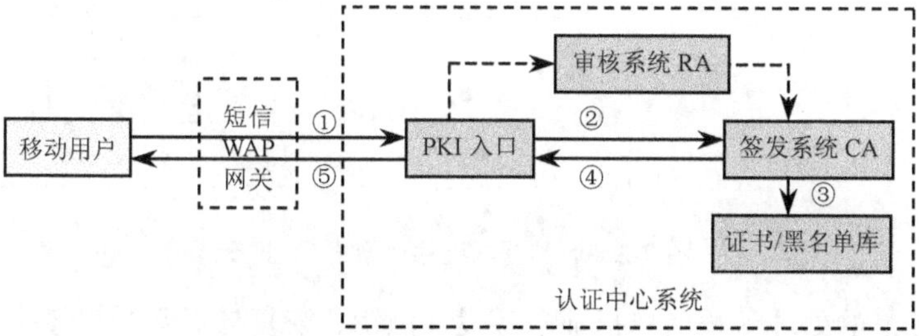

图 7-1　通过移动网络处理数字证书

（1）证书签发流程：

① 移动用户生成密钥对和证书请求，向 PKI Portal 门户申请证书。

② PKI Portal 在完成审核后向 CA 签发系统申请签发证书。

③ 签发系统签发证书并通过证书库发布。

④ 签发系统将用户证书回送给 PKI Portal。

⑤ PKI Portal 将证书回送给手机终端，存放在 WPKI 芯片中。

（2）证书撤销流程：

① 移动用户利用移动终端生成证书撤销请求，向 PKI Portal 门户提交撤销请求。

② PKI Portal 在完成审核后向 CA 签发系统递交证书撤销请求。

③ 签发系统撤销证书并通过证书库发布。

④ 签发系统将返回撤销成功消息给 PKI Portal。

⑤ PKI Portal 将证书撤销成功消息回送给手机终端。

（3）证书恢复流程：

① 移动用户利用移动终端生成证书恢复请求，向 PKI Portal 门户提交恢复请求。

② PKI Portal 在完成审核后向 CA 签发系统递交证书恢复请求。

③ 签发系统恢复证书并通过证书库发布。

④ 签发系统将用户证书回送给 PKI Portal。

⑤ PKI Portal 将证书回送给手机终端，存放在 WPKI 芯片中。

（4）证书更新流程：移动用户利用移动终端生成证书更新请求，向 PKI Portal 门户提交更新请求。PKI Portal 在完成审核后向 CA 签发系统递交证书更新请求。

① 签发系统撤销用户原来的证书，签发新的数字证书，并通过证书库发布。

② 签发系统将新的用户证书回送给 PKI Portal。

③ PKI Portal 将新的证书回送给手机终端，存放在 WPKI 芯片中。

2）SP 数字证书的处理

SP 数字证书的处理将通过互联网络来进行，如图 7-2 所示。

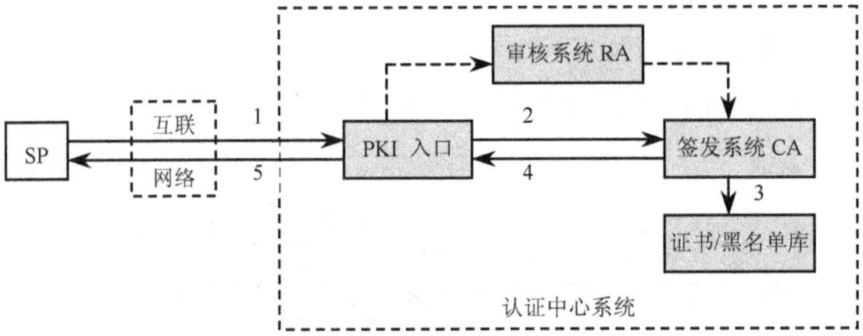

图 7-2　通过互联网络处理数字证书

SP 数字证书的处理流程（包括证书签发、撤销、恢复与更新）与移动用户数字证书的处理流程一样，只是 SP 与认证中心系统在交互渠道上通过互联网络进行。

4．业务分析

在管道模式中，认证服务是由认证中心完成的，移动运营商只是为移动用户提供接入服务，因此用户需要向认证中心缴付证书处理过程中产生的各项费用并向移动运营商支付通信费用（也可能是 CA 运营支付通信费用，双方需要达成一定的合作协议）。

由于证书处理类业务对整个移动电子商务业务的开展具有辅助作用，特别是对于安全性要求高的交易类业务，所以非常有必要推动这类业务的开展，这类业务对移动电子商务业务中宏支付业务的开展起着支撑作用。

7.1.2　平台模式

1．业务实现

这类业务的实现主要依赖 CA 的体系结构，实现 CA 的基本功能。CA 认证中心由运营商运营。

2．业务资费

定价方式和支付方式与管道模式相同。

与管道模式不同的是，由于运营商作为 CA 认证服务提供商，因此移动用户向移动运营商交纳证书服务费和通信费用，申请数字证书的服务提供商向移动运营商交纳证书服务费。

3．业务流程

移动用户数字证书的处理流程和 SP 数字证书的处理流程与管道模式相同（详见 7.1.1 节）。

4．业务分析

在平台模式中，无论接入服务，还是安全认证服务，均由运营商一家提供，因此运服务费用和通信费用收入都归运营商所有。

这类业务特别适用于安全性要求高的交易类业务。

7.2　证书服务业务

证书服务业务是提供与数字证书相关的服务业务，从实现上看主要分为四类：

（1）直接针对证书的业务（证书下载、证书查询）；

（2）数字签名业务；

（3）时间戳服务；

（4）网上公证服务。

在实现上，证书服务业务需要在原有 CA 体系结构的基础上增加一个门户，或者由业务提供者提供服务系统以实现各项服务业务。这类业务可以采用管道模式或平台模式运营。

在证书服务业务的不同模式中业务实体与物理实体的对应关系见表 7-2。

表 7-2　证书服务业务不同模式中的业务实体与物理实体

	管道模式	平台模式
移动用户	个人/企业	个人/企业
移动终端	可信任智能终端	可信任智能终端
移动通信服务	移动运营商	移动运营商
证书发放	CA 认证机构	CA 认证机构
证书公证服务	第三方/移动运营商	第三方/移动运营商
安全服务	安全服务提供商	移动运营商

在管道模式中，CA 认证中心提供证书服务业务中直接针对证书的各种业务，包括证书查询和证书下载。由于移动电子商务业务中各实体的数字证书均由 CA 认证中心进行发布和管理，所以直接针对数字证书的服务业务由 CA 认证中心提供。

移动用户是证书服务业务的服务对象，移动用户通过移动网络从 CA 中心和业务服务提供商获取相应的服务。在这种模式中，移动运营商具有两种身份：其一，如果移动运营商是 CA 中心的管理者，那么他将一方面发挥通路的作用，另一方面作为 CA 认证中心管理门户；其二，如果 CA 由独立的第三方运营，那么移动运营商在这类业务中只是为移动用户提供接入服务。

在平台模式中，业务服务提供商既是证书服务业务的服务对象，又是证书服务业务的提供商。作为服务对象，业务服务提供商通过互联网从 CA 认证中心获取服务；作为证书服务业务提供商，他将通过相应的对外系统为移动用户或者别的实体提供相应的业务，主要是签名服务、时间戳服务和网上公证服务。在这种情况下，业务提供商需要拥有可信任 CA 提供的数字证书。

7.2.1　管道模式

在 CA 体系结构的基础上增加一个门户，门户可由 CA 认证中心运营或移动运营商运营，主要提供直接针对证书的业务（证书下载、证书查询）。

1. 业务实现

在实现上，证书服务业务需要在原有 CA 体系结构的基础上增加一个门户，门户独立于 CA，提供直接针对证书的业务（证书下载、证书查询），即作为证书管理服务器，负责接受证书申请、证书作废、证书下载等请求；或者由 CA 系统提供对外服务系统，如针对证书查询服务的 OCSP（Online Certificate Status Protocol，在线证书状态协议）服务器。

2. 业务资费

对于直接针对数字证书的服务业务，可以按照服务来收费，或者免费提供给用户，因为 CA 中心对用户收取了管理费。将服务收费分配到用户的管理费用上可简化 CA 中心对业务的管理，降低运营成本。此外，简单的收费模式可以吸引更多的用户，有利于业务的发展。

从支付方式上看，这类业务的支付可以采取类似于信用卡的电子支付，也可以采取不涉及银行等第三方支付实体的支付。用户需要向 CA 认证中心支付服务费用，向移动运营商支付接入费用。

3. 业务流程

利用门户方式主要实现的是证书查询和证书下载业务，在此将介绍门户实现机制下的业务流程。

本节只说明移动用户请求服务的情况，SP 请求服务的业务流程与用户请求服务类似，只是 SP 与 CA 门户在交互渠道上通过互联网络进行。

移动用户请求服务时的证书查询、证书下载流程如图 7-3 所示。

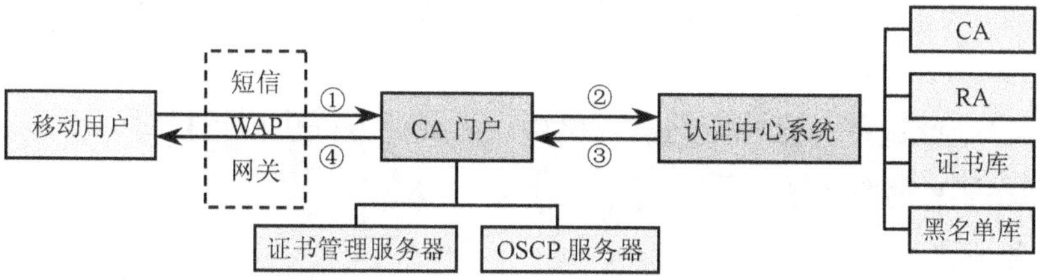

图 7-3　通过 CA 门户提供证书服务

（1）证书查询流程：

① 移动用户通过移动终端生成证书查询请求，向 CA 门户发送查询信息。

② CA 门户中的证书管理服务器或 OSCP 服务器（专门处理证书状态查询）接受请求，向认证中心系统的证书库查询证书。

③ 认证中心系统返回查询结果。

④ CA 门户将查询结果传送给移动用户。

（2）证书下载流程：

① 移动用户通过移动终端生成证书下载请求，向 CA 门户发送下载信息。

② CA 门户中的证书管理服务器接受请求，向认证中心系统的证书库查询证书。

③ 认证中心系统返回用户请求的证书。

④ CA 门户将证书传送给移动用户。

4. 业务分析

在管道模式中，认证服务是由认证中心完成的，移动运营商只是为移动用户提供接入服务，因此用户需要向 CA 认证中心支付证书处理过程中产生的各项费用，向运营商支付通信费用（也可能是 CA 认证中心支付，双方需要达成一定的合作协议）。此外，认证中心也可以委托运营商作为 CA 门户的提供商，在提供接入服务的同时，发挥 CA 中心管理者的作用。在这种情况下，用户关于证书服务（证书下载及查询）的安全服务费用将支付给运营商而非 CA 认证中心。

7.2.2　平台模式

移动运营商作为业务提供商，提供各项服务业务，同时还作为证书服务业务提供商，它将通过相应的对外系统为移动用户或者别的实体提供相应的业务，主要有签名服务、时间戳服务和网上公证服务。在这种情况下，移动运营商需要拥有可信任 CA 提供的数字证书。

1. 业务实现

作为业务提供商，运营商可以自己运营 CA，也可以独立于 CA（只要移动运营商拥有 CA 所发布的证书）。它提供以下业务。

（1）数字签名业务：业务类型与直接面向证书的业务有区别，在实现上由业务提供者提供服务系统、签名服务器。它可以提供对代码、文件等数字产品的签名服务。

（2）时间戳服务：有特定的实现模型，需要业务提供商提供对外服务系统，可信时间戳服务器。

（3）网上公证服务：有特定的实现模型，需要业务提供商提供对外服务系统，网上公证服务器系统。

2．业务资费

对于数字证书的应用业务，按照服务来收费，根据各种服务类别和内容制定不同的价格，用户获取不同的服务将交纳不同的费用。

支付方式与管道模式相同。

在支付费用上，用户需要向移动运营商支付通信费用和服务费用。

3．业务流程

移动运营商提供服务系统实现数字签名服务、时间戳服务和网上公证服务。

本小节只说明移动用户请求服务的情况，对于 SP 请求服务的业务流程与用户请求服务类似，只是 SP 与业务服务提供商在交互渠道上是通过互联网络进行。

用户请求服务时的数字签名服务、时间戳服务业务、网上公证业务流程如图 7-4 所示。

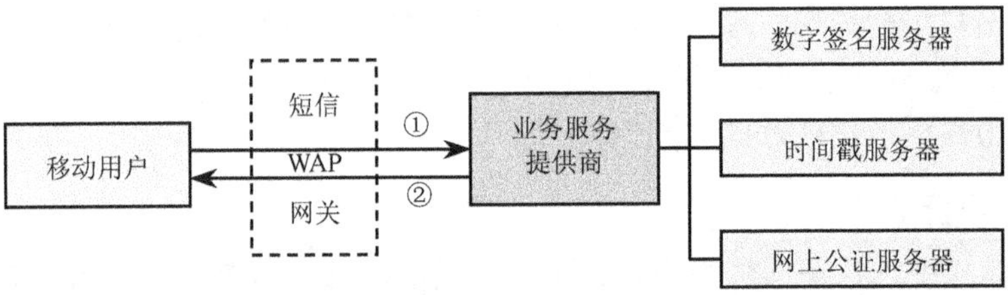

图 7-4　通过服务系统提供证书服务

（1）数字签名服务流程：

① 移动用户将需要进行数字签名的数据提交给数字签名服务提供商。

② 服务提供商用自己的私钥对数据进行数字签名，用于证明所签署的数据的来源，并将签名之后的文件传送给移动用户。

（2）时间戳服务流程：

① 移动用户将需要加上时间戳的文件进行 Hash 运算，然后将 Hash 值发送给可信任的时间戳权威。

② 时间戳权威给用户数据加上时间戳，将处理好的数据返回给用户。

（3）网上公证服务流程：

① 移动用户在进行交易的时候，将需要公证的文书发送一份给网上公证服务提供商作为备案。

② 服务提供商在收到文书之后返回确认信息。

4．业务分析

在平台模式中，各项服务仅由运营商一方提供。运营商作为业务服务提供商，既提供接入服务，又通过服务系统提供数字证书的应用业务（包括数字签名、时间戳和网上公证服务）。

7.3 数字版权保护业务

数字版权保护是实现数字信息产品通过网络销售的前提条件。采用数字版权保护技术可有效地杜绝通过网络和计算机非法复制、传播数字信息产品。

数字版权保护业务可以保证数字信息产品不受下列行为的攻击：

（1）用户未经授权，通过欺骗或解密的方式在线收看或离线播放流媒体内容。

（2）授权用户将数字内容以未经保护的形式保存或分发。

（3）用户对数字内容进行许可证限制范围之外的操作。

（4）授权用户将自己的许可证提供给他人使用。

（5）实现在线版权保护和下载数字版权保护两种方式。

对用户操作的限制可包括：

（1）播放时间限制（播放许可证的生效日期和失效日期）；

（2）播放次数限制；

（3）许可证与用户使用的硬件环境绑定。

由于数字版权保护业务的开展不是直接面对移动用户而是面对 SP，即数字版权服务提供商与其他 SP 之间的业务联系可以通过互联网实现而不需要经过移动网络，所以这类业务在具体的实现上可能与移动运营商无关。如果移动运营商要提供该类业务，需作为可信的数字版权保护提供商，即采用平台模式运营。

在数字版权保护业务的平台模式中，业务实体与物理实体的对应关系见表 7-3。

表 7-3　数字版权业务的平台模式中的业务实体与物理实体

	平台模式
移动通信服务	移动运营商
数字产品发布	相关 SP
数字版权鉴定	数字版权服务业务提供商/移动运营商
数字水印与发布	数字版权服务业务提供商/移动运营商
法律问题处理	司法机构

数字版权保护业务只涉及服务对象和服务提供商两方。

数字版权保护业务的服务对象是发布数字产品的 SP，SP 在销售数字产品之前，需要先到可信任的第三方加入数字水印。

数字版权保护业务提供商对用户的数字产品进行一定的处理，产生数字产品产权归属的依据，提供与版权保护相关的服务。

下面重点讨论移动运营商作为数字版权服务提供商的平台模式的运营情况。

1．业务实现

这类业务的实现主要是由业务提供商通过数字版权管理系统，采用水印技术来实现一个可扩展的平台，用于安全地处理数字产品，提供数字版权保护服务，数字版权系统由运营商管理。

2．业务资费

按照服务收费，根据不同的数字产品、用途和功能等提供各项收费标准，对 SP 收取服务费。

3．业务流程

SP 发布数字产品的业务流程如图 7-5 所示。

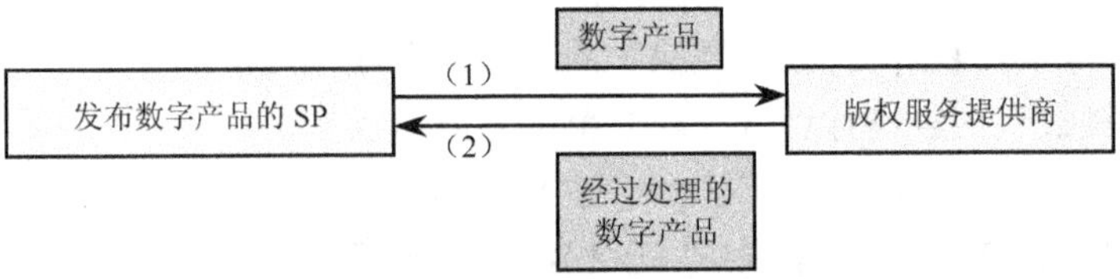

图 7-5　数字版权保护业务实现流程

数字版权保护业务的实现比较简单，分为两步：

（1）SP 将需要保护的数字产品提交给可信任的第三方，第三方给数字产品加入数字水印以证明数字产品的版权归属。

（2）SP 将处理过的数字产品取走，并支付相应的费用。

数字版权保护业务中的交互过程，如数字产品的提交、费用支付等，可以是离线的也可以是在线的。

在线的情况下，需要采取适当的安全措施保证产品的传输安全，实现对用户身份的鉴别，以及采取适当的支付模型实现安全的支付。有线网络下的安全模型和支付模型都很成熟，能够保证相关业务的实现。移动电子商务下的有关运作可以参考和借鉴有线网络。

4．业务分析

由于数字版权保护业务的开展不是直接面对移动用户而是面对 SP，即数字版权服务提供商与其他 SP 之间的业务联系可以通过互联网实现而不需要经过移动网络，所以这类业务在具体的实现上通常与移动运营商无关（除非移动运营商作为可信任的数字版权保护提供商为 SP 提供服务）。

但是，从移动电子商务业务的开展来看，数字版权保护业务对移动电子商务业务的开展起着辅助作用，它对于维护移动电子商务业务的商业秩序起着重要的作用，所以它是整个移动电子商务业务体系结构中一个重要的方面。

7.4　个人安全商务数据处理类业务

安全商务数据处理类业务是指对商务参与者之间（双方或多方）的商务性信息和数据的交换、查询、浏览、下载以及推送等服务。安全商务数据处理类业务与一般数据处理业务的区别在于它对业务开展过程中的安全性要求严格，它需要保证数据传输、存储的安全性，需要鉴别通信双方的身份（双向认证），因此在业务实施中需要采取额外的安全保障措施。

安全商务数据处理类业务存在两种典型的应用情况：个人应用和企业应用。个人应用是指传送的商务性信息和数据是关于个人的机密信息；企业应用是指传送的商务性信息和数据是关于企业的机密信息。

其中，个人数据主要包括：用户账号、信用卡/储蓄卡账号、存款余额、商品订单、业务记录及其他个人商务信息等。这类业务有两种实现模式：一是由独立的第三方来运营，移动运营商提供通道和接口；二是移动运营商为适应移动电子商务的开展，自己为用户设置帐号，并提供账号查询业务，那么运营商的角色既是电信通道业务提供商，同时又是业务提供商。

在个人应用的不同模式中，业务实体与物理实体的对应关系见表 7-4。

表 7-4　个人安全数据处理业务不同模式中的业务实体与物理实体

	管 道 模 式	平 台 模 式
用户	个人用户	个人用户
移动通信服务	移动运营商	移动运营商
移动终端	可信任智能终端	可信任智能终端
数据压缩与加密处理	第三方服务提供商	第三方/移动运营商
业务提供	第三方服务提供商	第三方/移动运营商
客户管理	第三方/移动运营商	移动运营商

在管道模式中，银行、商家等商务业务提供商负责该类业务的开发、运营、维护和管理。业务服务提供商给用户提供的业务有单向的，也有双向的（也可以理解为交互的）。单向的业务主要是指用户对个人数据的查询和浏览，如查询帐账、帐账、业务记录等；双向的业务是指整个商务数据的处理需要有双方进行交互，如用户资金转账、建立账户、取消账户等操作。

移动运营商负责移动通信网络的运营，负责为用户提供业务接入服务，起到业务通路的作用。

移动用户是业务的服务对象，用户按照获得的服务对业务供应商交纳费用。

在平台模式中，运营商负责该类业务的开发、运营、维护和管理，提供管道模式中提到的单向和双向的个人安全数据处理业务。

移动运营商负责移动通信网络的运营和账号的管理。

移动用户是业务的服务对象，用户按照获得的服务对运营商交纳费用。

7.4.1　管道模式

1．业务实现

这类业务是用户与业务提供商之间的业务来往。它在实现上没有特别的要求，只需要运营商提供业务系统即可。但是需要注意的是，与一般的数据业务不同，这类业务强调的是安全商务数据处理，整个业务的实施需要采取适当的安全保护措施，提供通信双方身份的认证和保密通信。

对于安全商务数据处理业务，适合的安全模型是 VPN 机制。在 VPN 机制中，可以灵活采取适合业务的认证、加密和完整性保护措施。

2．业务资费

从业务资费上看，这类业务的收费模式是按照点击次数来计费，用户需要向业务提供商支付手续费，向运营商支付接入费和通信费。对于单向业务，即查询和浏览业务，服务费用是固定的；对于交互业务，即个人账号之间的转账类服务，手续费用与业务涉及金额有关。具体的业务定价由业务提供商根据不同的业务类型、业务内容制定。

3．业务流程

与一般的数据处理业务相比，安全商务数据处理类业务中的个人应用需要强调业务实施过程中的安全性。其安全要求包括：不仅需要认证服务器端，还需要认证客户端；另外，尽管业务在混合的网络上运行，即无线网络与有线网络并存，但是需要移动运营商提供端到端的安全实施方案。

图 7-6 所示为完整的个人应用信息交互流程图，下面来说明安全商务处理类业务中个人应用的业务流程。

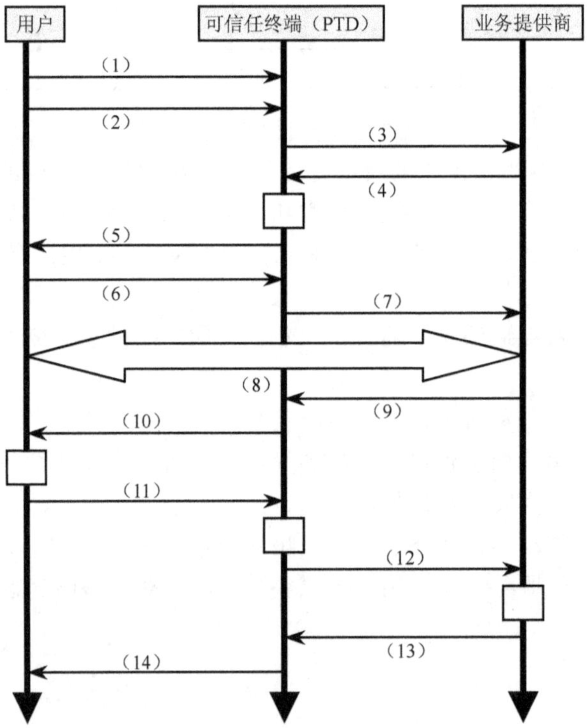

图 7-6　个人应用业务的消息流程

图 7-6 所示流程说明如下：

（1）用户激活可信任终端。

（2）用户浏览服务提供商的业务内容。

（3）PTD 初始化与服务提供商的安全会话。

（4）服务提供商提供服务器认证并且请求认证客户端。

本地处理：验证服务器。

（5）PTD 请求用户输入 PIN 以进行用户验证。

（6）用户输入 PIN。

（7）PTD 将 PIN 前传给服务提供商以进行用户认证。

（8）用户输入个人商务信息（账号、金额等）。

（9）服务提供商产生事务契约，并请求签名。

（10）PTD 将事务契约前传给用户。

本地处理：用户验证事务契约是否正确。

（11）用户输入签名 PIN 以表示同意交易。

本地处理：PTD 签署事务契约，并保存事务契约（可选）。

（12）前传经过签名的事务契约。

本地处理：服务提供商验证签名并发起传输。

（13）传输确认信息。

（14）显示确认信息。

以上提供的消息流程在某些业务中可以简化，如在不产生事务契约的业务中，服务器将不要求用户对合同签名，而是直接将用户请求的信息回送给用户。在这种情况下，图 7-6 中的（9）—（12）步将不执行。

4．业务分析

安全商务数据处理类业务是一类特殊的数据业务，它需要在业务开展过程中提供安全保障措施，而安全措施的提供属于技术范畴，因此这类业务在运营模式上与通常的数据业务是一致的。

安全商务处理类业务是移动电子商务业务的重要组成部分，它的存在能够给用户带来极大的便利；同时，作为增值业务，它将给业务运营商和移动运营商带来新的收入。

提供安全商务数据类业务和安全商务处理类业务的服务提供商在此种模式中作为产业链上的主导者，向享受服务的用户收取相关费用。而移动运营商提供移动电子商务接入平台，对各个 SP 收取管理费用，并向用户收取通信费用。

7.4.2　平台模式

在平台模式下，运营商为用户设置账号，并提供账号查询等业务，所以运营商的角色是电信通道业务提供商，同时又是业务提供商。

1．业务实现

与通道模式相同，这类业务也只需要运营商提供业务系统即可，同时强调整个业务的实施采取适当的安全措施，提供通信双方身份的认证和保密通信。

2. 业务资费

业务资费也与管道模式相同。具体的业务定价由运营商根据不同的业务类型、业务内容制定。

3. 业务流程

业务提供商的角色由运营商承担，业务流程如图 7-7 所示。

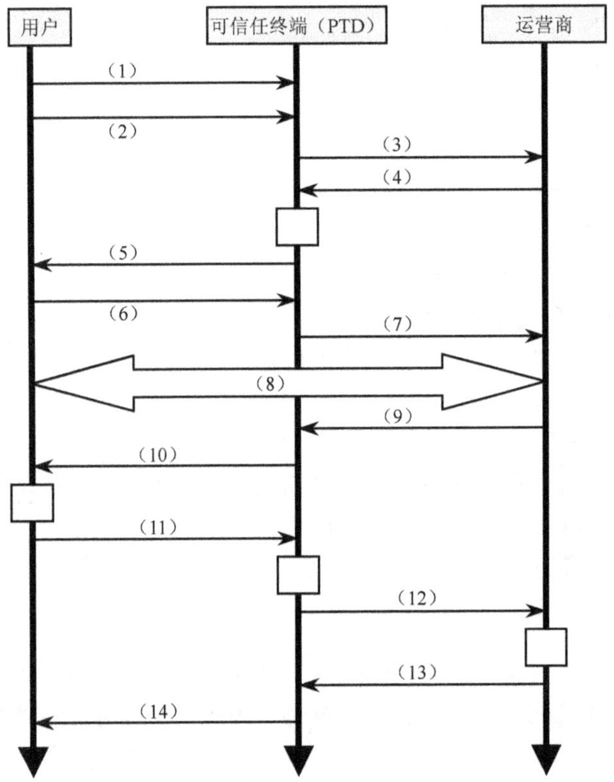

图 7-7　平台模式下个人应用业务的消息流程

与管道模式一样，平台模式下的个人应用业务的消息流程仅将服务提供商替换为运营商。此外，消息流程在某些业务中也可以简化。

4. 业务分析

安全商务数据处理类业务在运营模式上与通常的数据业务是一致的。它是移动电子商务业务的重要组成部分，其存在能够给用户带来极大的便利；同时，作为增值业务，它将给移动运营商带来新的收入。

7.5　企业安全商务数据处理类业务

企业数据包括：产品库存、产品销售量、内部机密文件（生产计划、销售计划、资金预算等）、企业合同、产品价格表等。这类业务适合以管道模式的方式运营，即企业独立运营企业安全商务数据处理业务，运营商作为网络提供商，或者更进一步为企业业务运营提供平台。

在企业应用的管道模式中，业务实体与物理实体的对应关系见表 7-5。

表 7-5 企业安全数据处理业务管道模式中的业务实体与物理实体

	管 道 模 式
用户	企业雇员
移动虚拟专网服务 MVPN	移动运营商
移动终端	可信任智能终端
数据压缩与加密处理	企业/第三方
业务提供	企业
客户管理	企业

企业和企业员工（移动用户）是业务的使用者，他们通过移动电子商务企业平台来提高企业办公的效率和效益。企业和企业用户向移动运营商交纳通信费用，如果企业将办公系统建立在移动运营商的统一平台之上，那么还将向移动运营商交纳管理费用。

下面讨论移动运营商作为电信通道提供商的管道模式的运营情况。

1. 业务实现

这类业务在实现上有两种方式：第一，企业建立自己的移动电子商务系统，利用移动网络开展移动电子商务应用；第二，企业在移动运营商提供的统一平台上构建企业应用服务系统，由移动运营商负责企业系统的管理，企业只负责业务数据的采集和提供。

这类业务是移动用户与企业之间的信息交换，运营商提供的是通道和管理服务。这类业务属于 B2E 业务，涉及企业内部信息，因此与一般的数据业务不同，它强调安全地处理商务数据，整个业务的实施需要采取适当的安全保护措施，提供通信双方身份的认证和保密通信。具体的安全模型可以参考第 5 章关于移动电子商务安全模型的描述。

与个人应用一样，对于安全商务数据处理业务中的企业应用业务，适合的安全模型是 VPN 机制。在 VPN 机制中可以灵活采取适合于业务的认证、加密和完整性保护措施。

2. 业务资费

这类业务涉及三个实体：企业雇员（为移动用户）、企业、移动运营商。企业雇员从企业应用系统获取信息，以及企业雇员向企业应用系统上传信息均属于企业的内部业务，因此不涉及服务费用。

由于企业使用了移动运营商提供的网络服务，所以需要向移动运营商交纳通信费用。如果企业应用系统是利用短消息来进行消息传送，那么通信费用按照短消息条数来计算；如果企业应用系统利用 GPRS 网络进行信息传送，那么通信费用按照流量来计算。如果企业的应用系统是构建在移动运营商提供的平台上，那么企业还需要向移动运营商交纳管理费用，这需要双方在业务开展之前达成合作协议。

3. 业务流程

在业务流程上，安全商务数据处理类业务中的企业应用与个人应用是一样的。两者的区别仅在于移动用户接入的服务系统不同：在企业应用中，企业雇员通过移动电话接入的是企业的服务系统；而在个人应用中，移动用户接入的是业务提供商的服务系统。

与个人应用一样，在企业应用中，由于涉及企业内部商业信息，所以业务的开展同样要求提供可靠的安全保护措施，包括：认证服务器端和客户端、移动运营商提供端到端的安全实施方案。

企业应用的消息交互流程图除了接入的是企业服务系统以外，其他的交互流程与个人应用是一致的，所以这里不再重复说明。详细内容可以参见 7.4.1 节的说明。

4. 业务分析

与其他移动电子商务业务不同，这类业务属于 B2E 业务，即内部营销，企业对员工之间的电子商务模式，主要是企业根据自己的业务需求借助移动通信网络开展的业务。在这项业务中，虽然移动运营商不直接从业务本身获取利润，但企业应用的开展可以提高移动网络的利用率，同时企业通过移动互联网实现更加安全的商务数据处理，也可以在无形中保证企业自身的利益。

第 8 章

移动情景应用

移动电子商务情景应用是一个较新的应用领域，主要是利用各式无线定位与环境感测器来获知位置和情景信息以主动改善应用系统的操作与服务。由于普通的移动商务只是把移动性作为移动商务的唯一特征，通过移动网络通道实现互联网的各种服务，这种移动商务只是网络应用的扩展，并不能完全体现移动终端特有的属性。情景感知不同于普通移动商务，在考虑移动性的基础上，还考虑情景的变化特性，这样才能更好地满足用户的精确需求。

本章将首先介绍情景感知商务模式和商务系统，并在分析我国当前移动商务产业链特点的基础上对情景感知产业链进行阐述，然后重点描述两种关键情景应用：LBS 和商务知识挖掘，最后说明情景感知业务的应用价值和前景。

8.1 情景感知商务模式

情景感知商务模式从应用纬度上可分为三种类型：个人应用、企业级应用、混合应用。在说明情景感知商务概念的基础上，本节将具体分析情景感知商务模式的主要类型。

8.1.1 情景感知商务的界定

移动用户在使用移动信息业务时，会因为环境与位置的改变而期待获得不同的信息业务。为了提供这类移动信息业务，目前许多研究都朝着情景感知的概念发展，这是因为移动使用者本身、所处环境及时空因素，都可能影响使用者的业务需求。而要提供切合移动用户需求的业务信息，其关键就在于如何掌握用户所处的情景信息。有些研究机构通过分析移动用户的信息库来动态调整信息业务的内容。此外，较多的研究机构都是通过分析移动服务器中的移动用户档案信息，根据移动用户的喜好或习惯行为来动态选择信息内容。例如，利用移动用户的档案信息和动态组群业务来动态调整服务内容，其概念是将具有相同属性的移动用户归类在同一组群里面，分出许多群集，不同项目的群集之间的各种组合再形成视野，经过这种分类之后，每个移动用户只属于一个视野，系统就针对各种视野中的移动用户给予设定好的服务内容，以达成动态调整移动商务内容的目的。

目前，大多数研究机构主要是侧重于提供固定的信息业务，很少考虑时空因素，只是针对不同的移动用户、不同的需求去调整业务内容而已。这种服务方式只能说是虚拟的个人化服务而已，尚无法提供“时效性”与“地域性”的动态业务信息，这是因为寻找移动用户当前所需的业务和信息，对计算机来说是一个很大的挑战。有关研究宣称是人类的感知行为造成这类研究的瓶颈，尤其是要配合移动用户的时空环境改变来动态地提供最适当的、相关的、即时的业务信息最为困难。其问题一出在时间环境的认知，二是如何发现最适当的业务。

针对这些问题最普遍的解决方法是情景感知提示或情景触发业务信息，这些方法主要是通过情景感知提示来触发、发现与提供对应的业务信息。另一种类似的解决方法则是采取通知发送方式，配合一阶逻辑规则与背景情景的感知来发送最适当的业务信息，或者是再结合移动用户的信息档案与情景感知来提供最适当的业务信息。而这类研究的最新进展是通过分析移动用户所处的当前位置、时间和业务需求，来分析和预测移动用户下一个业务需求发生的时间和位置，理论上再配合推理机制分析出移动用户的意图，以提供适时、适量的即时业务信息。

8.1.2 情景感知商务模式的主要类型

对情景感知商务模式进行研究，可以清晰地看见情景感知整个业务的信息流程，这样有利于创新业务，开发更适合用户的服务，提高消费者的接受意愿。对情景感知的商业模式进行研究，了解用户更偏好接受什么样的商业模式，则可减少不必要的投入，防止风险。情景感知业务的实现需要多个厂商之间的紧密合作，通过商务模式研究，分析它们在提供的最终服务中扮演的角色和责任，有利于集中有限的资源发展自己的核心业务，同时提供给其他企业优质的服务，确保用户最终得到高质量的服务。

关于情景感知商业模式的消费者接受意愿研究，现在还处于探索阶段，但是在移动商业模式方面的研究还是比较丰富的。要对情景感知商业模式的消费者接受意愿进行研究，就非常有必要理清商业模式、移动商业模式的发展过程以及研究现状。

参考国内外学者研究和企业界实践，情景感知商业模式从应用纬度方面可以划分为如下几大类型。

1. 个人应用

在针对个人用户的 B2C 移动应用中，由于传统电子商务模式的逐渐成熟，移动电子商务在网络经济泡沫破灭以后得到迅速发展，并形成了初具规模的商业模式。移动电子商务商业模式是由移动电子商务交易的参与者相互联系而形成的，因此，大多数移动电子商务模式都可以与移动电子商务交易的参与者使用相同的名称，如内容提供商模式、移动商业门户模式等。

1）内容提供商模式

采用这种商业模式的企业通过向移动用户提供交通信息、股票交易信息等内容达到赢利目的，企业可能通过移动门户或直接向移动用户提供内容服务。较小的公司或个人在开发适合移动终端设备使用的内容时，可能采用这种模式。

2）移动门户模式

移动门户模式就是企业向移动用户提供个性化的基于位置的服务。该模式的显著特征是企业提供个性化和本地化的信息服务。本地化意味着移动门户向移动用户提供的信息服务应该与用户的当前位置直接相关，如宾馆预订、最近的加油站位置查询等。个性化则要求移动门户考虑包括移动用户当前位置在内的所有与用户相关的信息，如用户简介、兴趣爱好、过去的消费行为等。

3）WAP 网关提供商模式

该模式可以看做 Internet 电子商务中应用程序服务提供商（ASP）模式的一个特例。在该模式中，企业向不想在 WAP 网关方面投资的企业提供 WAP 网关服务，其收益取决于双方所签订的服务协议。

4）服务提供商模式

企业直接或通过其他渠道向移动用户提供服务，其他渠道可能是移动门户、WAP 网关提供商或移动网络运营商。而企业所能提供的服务取决于从内容提供商处可以获得的内容。

上述参与者和商业模式结合 Internet 电子商务中的参与者（如支付服务提供商、金融机构）和商业模式构成复杂的移动电子商务商业模型。每个参与者为采用收益率最高的商业模式，必须考虑自己采用商业模式的核心竞争力以及移动电子商务环境的特征等因素。好的商业模式所提供的服务，应该使用户、商家和服务提供商均能通过移动电子商务活动增加自身的价值，只有这样，他们才能获得大量稳定的客户，移动电子商务才能够真正发展起来。

2．企业级应用

在针对组织的企业级移动商务应用中，参与者的情况与个人移动商务应用基本类似，只是价值链上各个角色之间的合作关系有所不同。因为企业级应用相对更为复杂，从技术实现上来说，很多是移动网络运营商不能或不愿意做的事情，因此留给运营商之外的其他企业的机会相对较多。根据本书作者对主要运营商提供的解决方案与商业模式的咨询经验，本书认为针对价值链上各个角色的优势与劣势，结成战略联盟是解决移动商务商业模式的双赢策略。国内本地网运营商的实践，一般来说可采取如下几种商业模式。

1）产品拓展合作模式

由移动运营商根据集团客户的普遍性需求，自行或委托开发商开发，形成通用性产品（或平台），并委托授权的销售商进行市场推广和销售。移动运营商提供销售宣传、技术培训等方面的支持。在销售过程中，销售商负有反馈用户的需求，并提供相应客户服务的责任。根据业务所涉及的技术要求，部分业务需要销售商能够有一定的技术基础经验，并能承担一定的维护工作，这类的合作商又称为销售代理商。

2）集团合作模式

集团用户可以直接向移动运营商提出业务申请，移动运营商提供业务所需的端口和相关的技术支持。集成商负责提出业务方案，并组织方案的实施和业务的维护：销售代理商通过对集团客户的了解和分析，向其推荐移动运营商的通信网络和业务解决方案。移动运营商获得相应的通信费用，集成商获得系统集成费和客户设备维护费，销售代理商则获得相应的酬金、一定比例的通信费或集成费的分成。

3）合作运营模式

合作商拥有成熟的业务模式和系统时，可以与移动运营商以合作运营的方式进行合作。合作运营商提供业务平台并负责平台的运行和维护，移动运营商提供相应的网络资源。双方明确分工和合作方式，包括业务目标、拓展方式和分工，以及业务销售酬金分成等。业务拓展方式可以选择由移动运营商或合作运营商直销或者转交销售代理商销售的方式，并按照统一的酬金政策计算相应的酬金，这种合作模式的延伸性发展也许会触及监管政策的边缘。从目前来看，由于手机用户普及率的饱和、3G 牌照发放后移动通信市场竞争的加剧，运营业务应从基本移动话音向移动数据与移动娱乐应用发展。

3．混合应用

前面所述是从应用服务对象角度进行分类的商业模式，实际上在个人应用和企业级应用之间有时候没有绝对明确的划分。例如，职员由于出差的需要，通过订票系统预定机票，然后通过个人移动终端实现支付并完成报销，在这过程中就涉及个人和企业两个层次的应用。如果按内容服务类型，则可以分为以下几种。

1）通信模式

移动通信是移动终端用户的基本需求，也是移动商务中最早出现、最普遍的服务。无线网络运营商为用户提供移动通信服务，用户交纳使用费，就形成了无线网络运营商通过语音或短信服务获取利润的商务模式。

2）信息模式

移动商务中另一种比较常见的服务是信息服务，包括各种实时信息服务（如新闻、天气、股票信息等）、各种基于位置的信息服务（如移动用户附近酒店信息、娱乐场所信息、加油站位置信息等），以及各种紧急信息服务。

3）广告模式

广告是电子商务的重要利润来源，它至今仍然是内容提供商赚取高额利润的有效途径。由于移动设备的屏幕小，与有线网相比就需要目的性更强的广告。随着第三代网络技术的发展和成熟，移动广告应用中不仅广告费用有降低的可能，而且可以提供多种类型的广告内容。

4）销售模式

自 Internet 诞生以来，人们就将其视为销售渠道之一，通过建立网上商店等形式降低销售成本。同样，无线网络也具有同样的功能，也已经开始成为产品和服务的另一种销售渠道，而且无线网络技术和终端设备的特性决定了这种销售模式具有不同于有线销售方式的特征。

5）支持模式

移动商务可以作为企业降低成本、提高客户满意度的手段，典型的应用包括移动支付、移动交易和移动订票等。无线网络的出现不仅能帮助公司削减分支机构、呼叫中心、售票亭和柜台的人员数量，还有很多其他方面的作用，如减少传统商务模式的中间层、缩短供销链、增进企业与客户之间的亲密感等。

在以上商务模式中，主要的参与者包括移动运营商、内容提供商、服务提供商、基础设施提供商、软件开发商等，提供的主要服务包括新闻信息、移动购物、娱乐等，可能的利润来源包括通信费、佣金、广告费、交易费等。这些参与者、服务内容和利润来源通过各种形式组合在一起就形成了移动商务的混合商务模式。

通过以上的论述分析不难看出：面向个人应用和企业级应用的两种模式相对特点鲜明，混合应用模式贯穿在其他两种模式之中。未来，它们之间将会交叉融会，诞生最新的移动商务商业模式，尤其以运营商为中心的电信业阵营就曾造就了互联网自由经济时代的泛 IT 企业阵营。在这些力量的推动下，移动商务将会产生新的模式和赢得更多的发展契机。

8.2　情景感知商务系统

情景感知商务系统对于“时效性”与“地域性”的动态业务信息的处理能力要求非

常高。在说明基于情景感知的移动商务系统结构的基础上，本节提出了基于情景感知的移动业务平台。

8.2.1　基于情景感知的移动商务系统结构

DMDSCA(Dynamic Message Delivery System based on Context Awareness)系统充分考虑了移动网络和终端的技术设计，在中国移动的手机地图业务和 DCD(Dynamic Content Download) 业务的基础上，分析了情境感知模式下的动态内容分发，网络充分感知移动用户所在的位置和业务需求，并提供相应的业务给用户。

图 8-1 所示是 DMDSCA 的系统结构图。

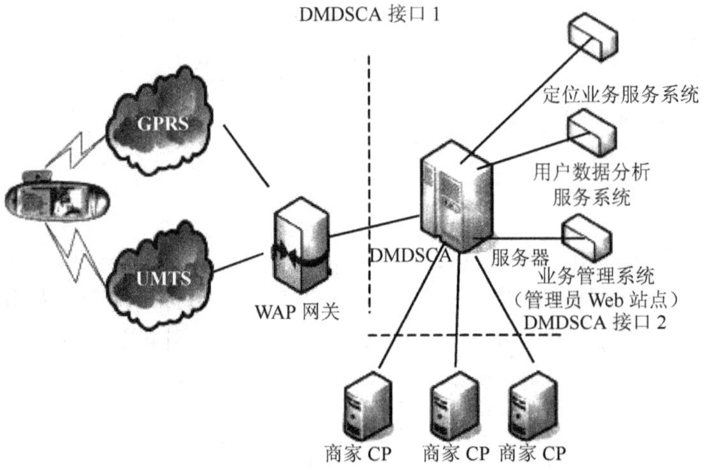

图 8-1　DMDSCA 系统结构图

DMDSCA 接口 1：DMDSCA 服务器与 DMDSCA 移动终端之间的接口。

DMDSCA 接口 2：DMDSCA 服务器与各商家 CP 端口之间的接口。

DMDSCA 采用服务器端主动通过 WAPPUSH 消息触发的终端数据同步方式。

对于 WAPPUSH 触发方式，可以参照中国移动的动态内容分发业务（DCD）规范，移动用户进入商家所在的服务范围（范围半径可以定义），定位业务服务系统就可以感知该移动用户的当前位置信息，用户数据分析服务系统就可以分析当前位置的频繁序列移动接入模式，并根据移动用户的偏好，主动 PUSH 相应的移动业务到移动终端。该系统也可以分析用户下一步的移动位置，通知 DMDSCA 服务器触发商家信息分发业务，将用户感兴趣的商家信息主动 PUSH 到移动终端客户端上，并向用户推荐下一位置将会需要的商家信息。

图 8-2 所示是 DMDSCA 平台主动触发分发业务的流程图。

图 8-2 所示流程说明如下：

（1）定位业务平台主动感知并确定用户的位置信息。

（2）用户数据分析平台分析移动用户的兴趣及移动行为。

（3）用户数据分析平台通知 DMDSCA 平台，该平台根据用户的兴趣优先级处理商家信息，并根据移动位置变化的相关信息处理相关的商家信息。

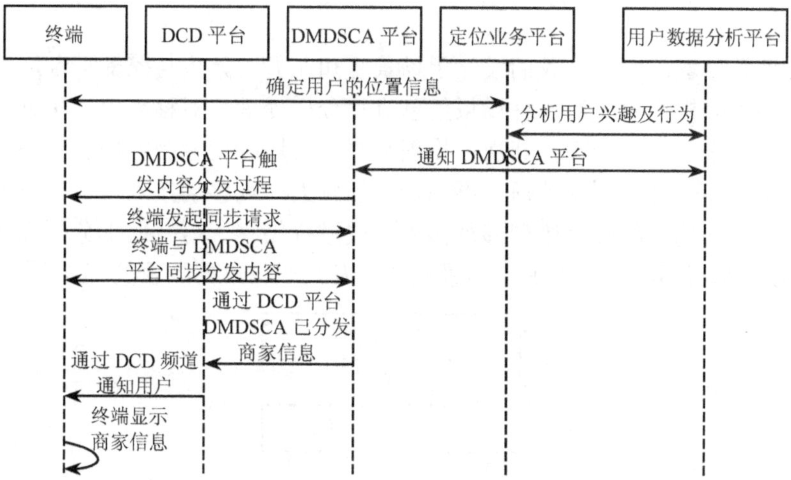

图 8-2　DMDSCA 服务器触发的业务流程图

（4）DMDSCA 平台触发商家信息分发过程。

（5）终端发起同步请求。

（6）终端与 DMDSCA 平台同步分发内容。

（7）DMDSCA 通知 DCD 平台已分发商家信息。

（8）终端通过 DCD 免费频道通知移动用户 DMDSCA 终端客户端已更新。

（9）移动用户通过快捷键进入 DMDSCA 终端客户端界面浏览信息。

DMDSCA 系统的信息分发可以归为由请求和响应构成的事务处理，数据同步请求消息流程如图 8-3 所示。

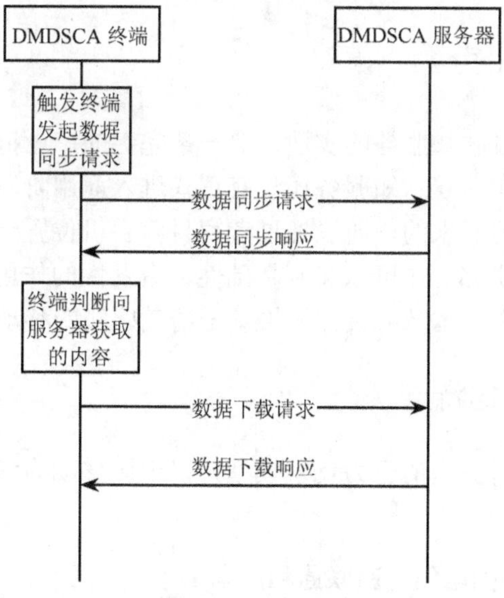

图 8-3　数据同步请求消息流程

8.2.2 基于情景感知的移动业务平台

为了处理各种场景因素，我们设计了场景感知业务的分析与挖掘平台，如图 8-4 所示。首先，场景分析模块要对各种场景信息进行分析处理，对移动用户所处的位置、时间和需求的业务进行关联处理；其次，推理和决策模块利用相应的挖掘算法对移动用户的序列移动接入模式进行挖掘处理，不同场景的频繁序列移动接入模式被发现，然后场景仓库模块对不同场景的频繁序列移动接入模式进行储存，这有助于分析和预测移动用户在不同场景下的业务使用；最后，场景业务分发系统将不同场景的感知业务进行分发。

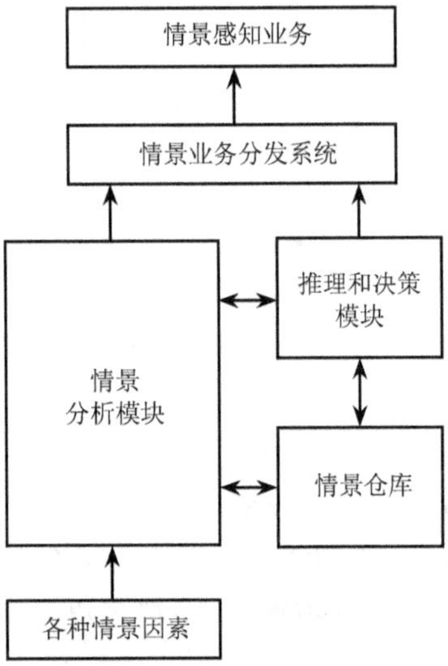

图 8-4　情景感知业务系统

8.3 情景感知产业链

在实际应用中，情景感知服务的实现需要一条完善的产业链中各个环节厂商的协调配合才能完成。虽然现在情景感知服务还没有正式进入商用阶段，但由于它是在现有的位置定位服务基础上发展而来的，所以通过考察目前手机位置定位服务的产业链体系，对于情景感知产业链的研究工作可以起到基础性、启发性的作用。在说明我国当前移动商务产业链特点的基础上，本节将具体分析基于情景感知的移动商务产业链。

8.3.1 移动商务产业链特点

根据迈克尔·波特所提出的五力竞争模型，以中国移动为考察核心，其大致框架如图 8-5 所示。

1. 直接竞争者：中国电信、新联通和广电

国内的电信重组使得电信与新联通都拥有了移动牌照，可以进行全业务运营，尤其

是电信早就精心打造的“我的 E 家”、“商务领航”、“号码百事通”三个品牌成功引导电信从单纯的网络提供商向综合服务提供商进行转型。而广电凭借其内容优势和丰富的固网资源也成为三家运营商争相结盟的对象。

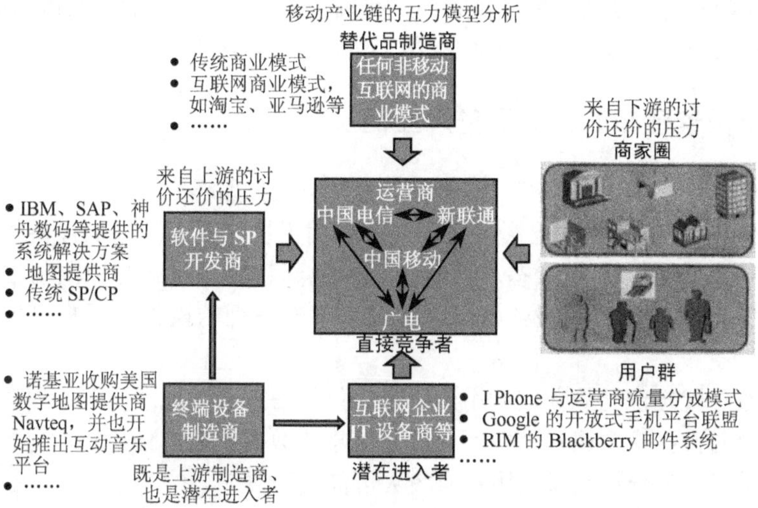

图 8-5　移动商务产业链的五力模型分析

2．来自上游的讨价还价的压力：系统集成商和软件 SP 开发商、终端设备制造商

在移动商务产业链中，运营商必须与系统集成商、SP 开发商及终端设备制造商紧密合作，才能够为客户提供个性化的服务。运营商在其中充当平台的角色，将系统集成商等开发的系统解决方案、增值服务等推送给下游的商家和消费者。

因此，具有较强核心竞争力的系统集成商、SP 开发商及终端设备制造商有可能抛开运营商直接为客户提供服务。

3．来自下游的讨价还价的压力：参与移动商务的大量商家和消费者

商家与消费者面可能对传统的消费习惯和正在走向成熟的互联网电子商务模式存在路径依赖，而不选择移动商务所提供的服务。更重要的是，移动商务又有终端的定位功能，反而可能侵犯到消费者的隐私权而招致反感。因此，商家与消费者消费习惯和隐私保护也对移动商务产业链的形成造成一定压力。

4．潜在进入者：如苹果、谷歌等互联网企业和终端设备制造商

互联网企业和终端设备制造商大举侵入，是移动互联网最新的变化趋势。苹果公司的 iTune 音乐平台和 iPhone 手机所创造的与运营商按流量分成的商业模式是史无前例的。而谷歌以开放式的手机操作平台为切入点开发移动搜索业务和 RIM 公司定位高端客户的黑莓手机邮件推送功能，又是两条完全不同的发展路径。但无论如何，他们都将成为最强有力的潜在进入者。

5．替代品制造商：所有的传统商务模式以及互联网企业

与其说移动商务产业链的替代品是传统商务模式和互联网企业，不如反过来理解。

但不管怎样，移动商务产业链在发展过程中始终会受到传统商务模式以及类似淘宝、亚马逊等基于互联网的公司的替代危险。从以上分析来看，无论从国内还是从世界范围来看，整个通信行业都处在巨大的变革之中，产业链的每个环节都受到来自上、下游的渗透和挑战，大量的商业模式被催生出来而又提前夭折。移动电子商务的市场前景被看好，但整个行业的发展趋势却始终在探索之中，没有一个清晰的轮廓。

8.3.2 基于情景感知的移动商务产业链

本节首先通过一个典型的应用实例来认识情景感知服务。

用户 A 正在某电影院看电影，在此之前他用手机订阅了运营商提供的情景感知服务，并且该服务正处于开启状态（该状态表示他同意接受网络为他主动推送的服务信息）。因此，此时运营商的服务器可以通过以下一系列的操作为用户提供针对性的情景感知服务：

（1）通过位置定位功能获取到用户所在的位置信息（如地理位置、周边商家等）。

（2）通过对数据库中用户消费行为记录信息的数据挖掘，分析出用户看完电影后可能产生的行动（假设分析结果是用户有较大可能去用餐）。

（3）通过调取用户之前主动填写的个人信息（如年龄、籍贯、个人偏好等），判断出用户最终可能选择的行动结果（如用户如果是四川或湖南人，则去川菜或湘菜餐厅的概率要大一些）。

（4）最后，将结果通过短信或 WAP 网页的形式推送到用户的终端设备上。

可以由图 8-6 观察到整个情景感知服务的基本流程：从用户启动情景感知服务开始，到情景感知服务器将用户潜在需求进行分解，经过定位、用户信息数据挖掘、搜索商家信息等过程，最后将最符合用户需求的信息主动推送到用户终端上。

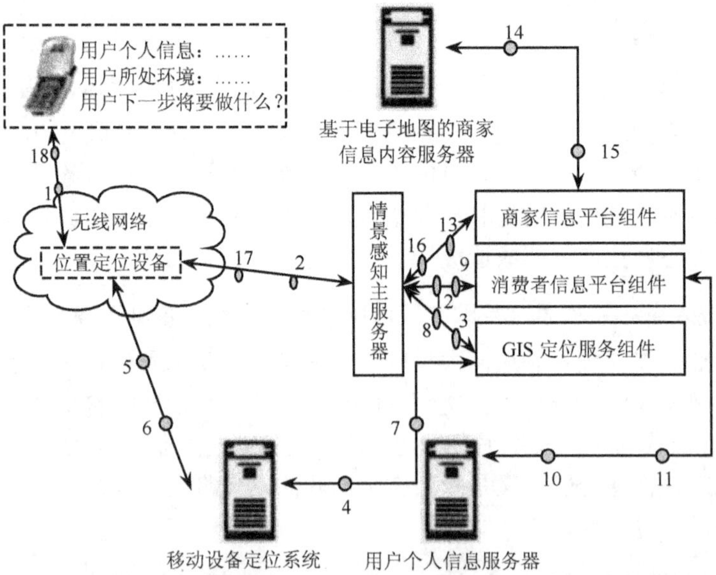

图 8-6　情景感知服务流程图

在实际应用中，情景感知服务的实现需要一条完善的产业链中各个环节厂商的协调配合才能完成。虽然现在情景感知服务还没有正式进入商用阶段，但由于它是在现有的位置定位服务基础上发展而来的，所以通过考察目前手机位置定位服务的产业链体系，可以为情景感知产业链的研究工作起到基础性、启发性的作用。

如图 8-7 所示，情景感知服务的产业链应当与目前手机位置定位服务的产业链结构比较类似，其产业链包括电子地图提供商、软件与 SP 开发商、芯片技术提供商、终端设备制造商、运营商，以及分别处于运营商前、后向的商家与最终消费者两个庞大的用户群体。

在情景感知业务的产业链中有三个主要服务角色：内容提供角色、网络提供角色和支付结算角色。其中，除了网络提供角色在产业链中完全由运营商独占以外，其他两个角色都可以由其上、下游的其他成员完成。例如，情景感知业务中所需要的地理信息、用户信息以及商家信息，既可以由运营商自己建立数据库去管理，也可以外包给上游的各种大小 SP 去完成。而支付结算功能主要出现在由情景感知产生的移动支付业务当中，同样，运营商既可以通过扣除话费来完成支付过程，也可以联合银行系统或第三方支付平台来完成支付过程。

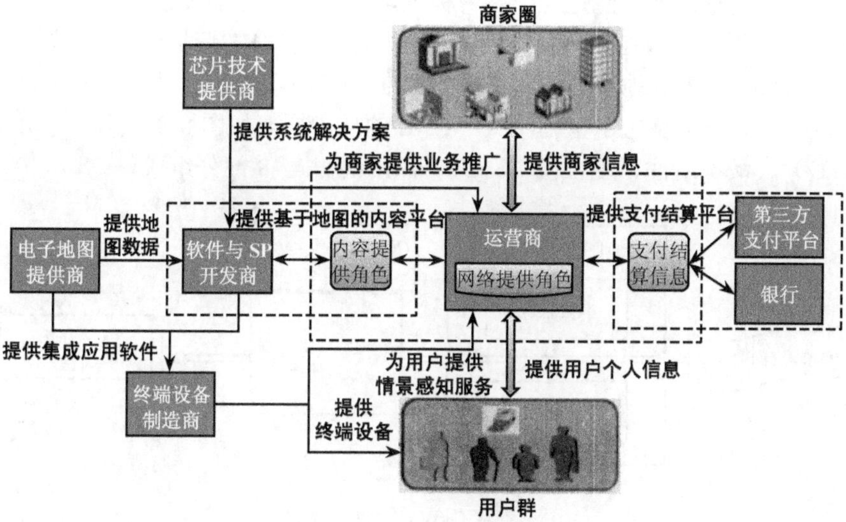

图 8-7　情景感知服务的产业链

8.4　LBS 业务系统

基于位置的服务（Location Based Service，LBS）是通过电信移动运营商的无线通信网络（如 GSM 网、CDMA 网）或外部定位方式（如 GPS）获取移动终端用户的位置信息（地理坐标，或大地坐标），在 GIS（Geographic Information System，地理信息系统）平台的支持下，为用户提供相应服务的一种增值业务。

8.4.1 LBS 技术实现方式

1．地理无线标记语言（G-WML）标准

基于位置服务通过发送 GIS 服务和基于位置的信息，为移动用户提供所需的信息和服务，然而如何标记并存储和传输这些空间信息是当前要解决的主要问题。如何对地理空间信息进行快速的存储和传输已成为制约基于位置服务和无线应用发展的瓶颈，也是 LBS 建立的关键技术之一。

目前，国际上所进行的有关无线应用和地理空间信息的存储、传输的标记语言类型的研究主要集中在：可扩展标记语言（XML）、地理标记语言（GML）、地理空间可扩展标记语言（G-XML）和地理无线标记语言（G-XML）。GML 是 Open GIS 协会制定的一套基于 XML 的地理信息存储和传输的编码规范，解决了在网络环境下对地理数据的存储、传输及应用规范问题。G-XML 是日本数据库促进中心发布的一套通过网络在各种计算机系统，特别是各种移动设备上都能存储、传输和交换地理空间数据的编码方法。

尽管国际上已经制定了地理标记语言，但由于各区域各个国家在空间数据存储格式方面存在差异，国际标准只能是一个参考标准，各个国家还应根据自己的国情制定相应的标准。2003 年程承旗等在对各种标记语言进行分析对比的基础上，结合我国国情提出了建立支持 XML 的中国地理无线标记语言标准（CG-WML）的设想，为我国移动位置服务建立统一信息标准奠定了基础。CG-WML 的技术框架如图 8-8 所示，它由文档类型定义（DTD）、最小组件、复合模块、CG-WML 语法等 8 部分组成。

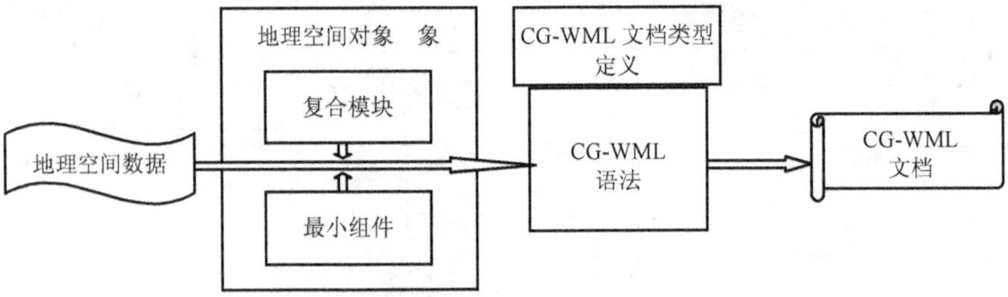

图 8-8　CG-WML 技术框架

CG-WML 标准的制定，使得各个网络和应用所提供的信息与服务的数据格式是一致的，可以直接在网络系统和应用终端之间进行信息和服务的存储与传输，无须网络中心进行不同系统之间的数据和标准的转换。另外，CG-WML 实现了内容数据和表现形式的分离，因而可以根据不同的终端设备开发出不同的终端表现工具，从而使各种终端的用户都可以享受到个性化的空间信息和服务。

2．空间定位技术

空间定位技术需要通过移动终端和无线网络的配合，确定移动用户的实际地理位置，从而提供用户需要的与位置有关的信息服务。定位的过程大致包括测量和计算两个方面。根据测量和计算的实体不同，定位技术可以分为基于网络的定位技术和基于移动终端的

定位技术。

基于网络的定位技术在基于网络的定位技术中，位置解算功能由网络实现。这时通常使用的定位技术有起源蜂窝小区（Cell of Origin，COO）、到达时间（Time of Arrival，TOA）、到达时间差分（Time Difference of Arrival，TOA）、增强观测时间差分（Enhanced Observed Time Difference，E-TDOA）等。

COO 定位技术是通过采集移动终端所处的小区识别号（Cell-ID）来确定用户的位置的，与其他技术相比精度最低。TDOA 定位技术则是通过测出电波信号从移动台传播到多个基站的传播时间或时间差来确定目标移动台的位置。

E-OTD 技术是通过放置位置接收器或参考点实现的，这些参考点分布在较广区域内的许多站点上作为位置测量单元（LMU）以覆盖无线网络。每个参考点都有一个精确的定时源，由于 GSM 网络不完全是一个同步网，所以多个基站发送的信号帧也不完全同步。为了得到手机的位置信息，每个基站就组成一个方程：$DMB-DLB = V(MOT-LOT+\varepsilon)$。该方程涉及 5 个变量，其中 V 是无线电波的传播速度；MOT 为信号从基站到达手机的时间；LOT 为信号从基站到达 LMU 的时间；ε 为手机和 LMU 内部时钟之间的时间偏移量；DMB 为手机到基站之间的距离；DLB 为手机到 LMU 之间的距离。该方程中有 3 个未知参数，即手机的二维坐标（X，Y）和时钟偏移量，所以需要至少 3 个基站确定的方程才可以解出手机的位置坐标和时钟偏移量。E-OTD 方案可以提供 50～125m 之间的定位精度，比 COO 高，但是它的响应速度较慢，往往需要约 5s 的时间。

基于移动终端的定位技术在这种定位系统中，定位解算的功能由移动终端来实现。用户通过接收机来接收空中 星的导航信号，接收机内置有位置解算软件，定位过程不需要网络参与，这种定位解决方案特别适合于导航应用。最常用的是辅助 GPS 定位。

定位是用 星向接收机发送无线信号来确定接收机的位置。但是传统的 GPS 接收机具有启动时间长、部分区域不能探测 星信号以及耗电量较大的缺点，从而限制了 GPS 定位技术在 LBS 中的应用。利用辅助 GPS 可以大大改善传统 GPS 定位的缺点。其基本思想是建立一个与移动通信网相连的 GPS 参考网络，网络中的接收机有良好的视野，可以连续运行。在手机或定位应用的申请下，来源于 GPS 参考网络的辅助数据传送给手机内置 GPS 接收机，可以加快接收机启动过程。辅助 GPS 定位有“以手机为辅”和“以手机为主”两种方案。手机为辅的辅助 GPS 定位方案是将传统 GPS 接收机的大部分功能移植到网络处理器，手机上需要增加一个天线、射频部分、数字信号处理器，用于产生码序列及完成与接收到的 GPS 信号的相关运算。手机为主的辅助 GPS 定位方案要求手机拥有一个功能很全的 GPS 接收机，并且能计算 星和手机自己的位置。

辅助 GPS 和通用的基于网络的定位技术相结合将是 LBS 系统中定位技术的主流。一方面，网络定位技术弥补了 GPS 可用性的不足，在 GPS 信号微弱的地方，如室内或者市区，基于网络定位便成为主要手段；另一方面，在移动通信网络中引进 GPS 参考网络，可以精确保证基站之间的时间同步，提高网络定位的精度。

3．地理信息服务系统

地理信息服务系统包括不同区域和城市的基础的地图数据，以及对这些数据的管理和发布、地理分析、地理编码、路径搜索等模块。地理信息服务系统可由 LBS 运营商自己搭建（对于行业 LBS 运营商而言，通常需要自己搭建地理信息平台）或者由 LBS 运营商以外的供应商提供。一个 LBS 运营商可以与多个地理信息服务平台连接，可以有多个地图发布、地理编码与路径搜索引擎。

1）地理信息系统服务框架

地理信息服务系统负责地理信息服务的数据分析、查询、获取、发布等功能。系统分为数据库管理、地理信息引擎、地理信息服务 3 个层次。其中数据库管理负责管理运营平台的所有数据。地理信息引擎实现对底层数据库的管理、操作，并支持基于平台的二次开发，一般采用成熟的地理信息平台软件和功能软件。地理信息服务分为地理信息核心服务和地理信息应用服务框架两个部分，其中核心服务是在地理信息引擎的基础上提供的地理信息发布、地理信息分析、路径搜索、地理编码等核心服务功能；应用服务框架是在综合各种地理信息核心服务的基础上提供的应用服务框架，包括城市黄页服务、个人导航服务、公交换乘服务、朋友位置查找服务、地址查找服务等。

2）地理信息系统核心功能

（1）地图发布引擎。根据用户的需要生成适用于不同终端的地图。所发布的地图有矢量、　格或混合模式。

（2）地理分析引擎。根据经纬度定位地图及相关查询功能。例如，可以根据经纬度查出一定范围内地图的基本信息（区、街道、大厦）；可以根据两个点的经纬度给出距离信息及乘车信息；可以根据经纬度查询到一些基本的黄页信息（如 ATM 机、餐馆、卡拉 OK、银行等）。

（3）地理编码引擎。地理编码服务器转换基于字符串的地址（如门牌号码），使之成为地图上准确的经纬度点。要提供上述服务，LBS 空间数据库除了包含电子地图数据库外，还必须提供地理编码数据库。

（4）路径搜索引擎。根据给定的两个点的位置寻找两点间距离最短路径或者时间最短路径，并产生描述推荐路线的街道图形和包括预计路程长度及时间在内的文字描述。该服务可用于个人导航和车载导航以及其他行业的应用。根据用户的请求，服务引擎能够在图形路线介绍和文字指南中重点标示出娱乐场所、路标、交通事故和道路状况（施工、天气影响、路面状况等）。

4. 空间数据库技术

空间数据库存储和管理是 LBS 服务平台的关键部分。LBS 空间数据可以在大型商用关系数据库管理系统的基础上构建，以便实现空间实体几何数据和属性数据的一体化存储，充分利用数据库本身的管理能力实现海量空间数据的存储和管理。例如，中国联通的 LBS 服务平台采用了 Oracle Spatial 来管理和存储空间数据。除了空间数据存储、空间分析、空间查询等基本功能外，空间数据库系统还必须实现以下功能。

（1）多比例尺图库管理：即建立金字　形的多级比例尺区域索引和图层索引表。

（2）元数据管理：通过元数据管理实现对分布在各个场所的信息资源的有效管理与共享。

（3）数据安全管理：数据中心能够在数据交换时保障数据安全。

（4）数据远程协同工作管理与数据同步：重点解决多级服务器之间的动态数据复制问题与数据远程调用问题，实现空间数据操作的主要功能及数据版本控制。

8.4.2　LBS 的体系结构

一个完整的 LBS 系统是由 4 部分组成的：① 定位系统；② 移动服务中心；③ 通信网络；④ 移动智能终端。图 8-9 所示就是一个完整的 LBS 系统，现说明如下。

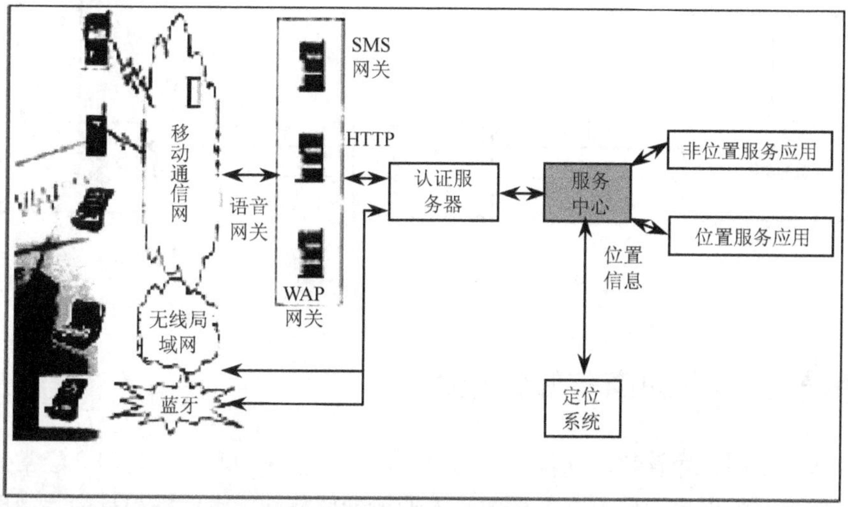

图 8-9　LBS 系统结构图

（1）定位系统包括全球 星定位系统和基站定位系统两个部分。空间定位技术是整个 LBS 系统得以实现的核心技术，这一部分正在不断的完善当中，移动运营商可以选用前面介绍的某种定位技术或者组合定位技术来获得适当的定位精度，开展位置服务。

（2）移动定位中心是定位服务系统的核心，负责与移动智能终端的信息交互和各个分中心（定位服务器，内容提供商）的网络连接，完成各种信息的分类、记录和转发，以及分中心之间的业务信息的流动，并对整个网络进行监控。

（3）通信网络是连接用户和服务中心的，要求实时准确地传送用户请求及服务中心的应答，通常可选用 GSM/CDMA/GPRS 和 CDPD 等无线通信手段，在此基础上依托 LBS 体系发展无线增值服务。另外，国内已建成的众多无线通信专用网，甚至有有线电话、寻呼网和 星通信、无线局域网、蓝牙技术等都可以成为 LBS 的通信链路，在条件允许或必须时可接入 Internet 网络，传输更大容量的数据或者下载地图数据。

（4）移动智能终端是用户唯一接触的部分，手机、PDA 均可能成为 LBS 的用户终端。但是在信息化的现代社会，出于更完善的考虑，要求移动终端有完善的图形显示能力、良好的通信端口、友好的用户界面、完善的输入方式。因此 PDA 以及某些型号的手机将成为个人 LBS 终端的首选。

LBS 系统工作的主要流程是：用户通过移动终端发出位置服务申请，该申请经过移动运营商的各种通信网关以后，为移动定位服务中心所接受；经过审核认证后，服务中心调用定位系统获得用户的位置信息（另一种情况是，用户配有 GPS 等主动定位设备，这时可以通过无线网络主动将位置参数发送给服务中心），服务中心根据用户的位置，对服务内容进行响应，如发送路线图等，具体的服务内容由内容提供商提供。图 8-10 所示就是该过程的示意图。

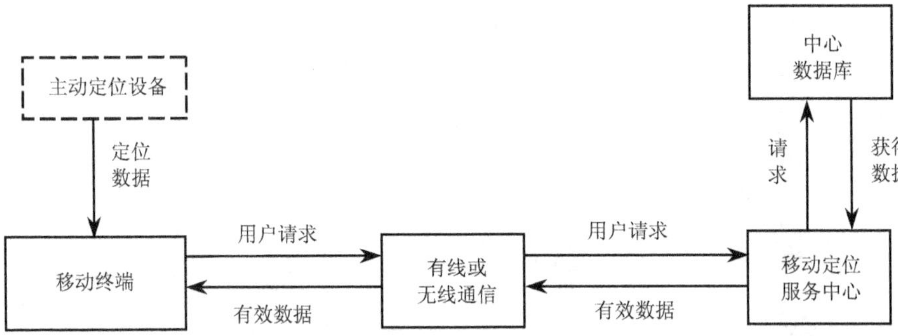

图 8-10　LBS 服务流程图

8.5　情景感知中的商务知识挖掘

国外研究表明，尽管移动通信为人们的生活带来很多便利，但是用户经常烦　于手机不能很好地匹配用户当前所处的环境。人们很期望移动终端能够根据用户当前所出的环境和用户的偏好来自动设置并获取服务。这就使得能够充分基于位置服务的情景感知的研究成为理论界和实业界都感兴趣的共同话题。

8.5.1　数据挖掘模式

数据挖掘的目标是从数据库中发现隐含的、有意义的知识，人们可以据此预测未来趋势及行为，做出基于知识的决策。数据挖掘可以发现的模式主要包括：关联分析、时序发现、聚类、分类与预测、偏差检测等。

1. 关联和序列发现

数据关联是数据库中存在的一类重要的可被发现的知识。若两个或多个变量的取值之间存在某种规律性，就称为关联。关联可分为简单关联、时序关联、因果关联。关联分析的目的是找出数据库中隐藏的关联网，有时并不知道数据库中数据的关联函数，即使知道也是不确定的，因此关联分析生成的规则带有可信度。序列分析的相关关系是在关联中增加了时间属性，因此关联分析就有了简单关联和时序关联之分。

2. 分类与预测

分类是数据挖掘中应用最多的模式，就是研究已分类资料的特征，分析对象属性，据此建立一个分类函数或分类模型，然后运用该模型计算总结出的数据特征，将其他未经分类或新的数据分派到不同的组中。数据挖掘自动在数据库中寻找预测性信息，以往需要进行大量手工分析的问题，如今可以迅速直接地由数据本身得出结论。一个典型的例子就是市场预测问题，数据挖掘使用过去有关促销的数据来寻找未来投资中回报最大的用户。预测是根据对象属性、过去的观察值和有关资料对该属性的未来值进行预测，分类与回归等都是预测的常用方法。

3. 聚类

数据库中的记录可被化分为一系列有意义的子集，即聚类。聚类增强了人们对客观现实的认识，是概念描述和偏差分析的先决条件。聚类技术主要包括传统的模式识别方法和数学分类法。20 世纪 80 年代初 Mchalski 提出了概念聚类技术，其要点是：在划分对象时不仅考虑对象之间的距离，还要求划分出的类具有某种内涵描述，从而避免传统技术的某些片面性。因此，当要分析的数据缺乏描述信息，或是无法组成任何分类模式时就采用聚类的方法，将异质总体区分为较具同构性的群，即将类别之间的差异识别出来，并对个别类别的相似样本进行挑选，实现同类别数据相近，不同类别数据相异。

4. 偏差检测

数据库中的数据常有一些异常记录，从数据库中检测这些偏差很有意义。偏差包括很多潜在的知识，如分类中的反常实例、不满足规则的特例、观测结果与模型预测值的偏差、量值随时间的变化等。偏差检测的基本方法是寻找观测结果与参照值之间有意义的差别。偏差分析的一个重要特征是它可以有效地过 大量不感兴趣的模式。

8.5.2 情景感知中的商务知识挖掘方法

在情景感知环境中，由于用户情景是动态变化的，所以情景感知服务需要根据用户情景的变化自动调整所提供的服务，建立一种情景感知服务的自适应调整机制。在这一环境中，用户主动选择并使用业务这种单一的模式可能发生变化，网络将实现主动感知用户场景的变化并进行信息交互，通过分析用户个人的个性化需求主动提供服务。无线网络的发展将允许移动用户在任何时间、任何地点都能获取所需的业务，而在情景感知的网络环境中，网络将主动感知用户所处环境的变化并主动提供所需要的业务及信息。因此，在这一环境中，如何实现预测移动用户的需求以便主动提供业务或信息就显得尤为重要。

1. 基于时间的移动序列接入模式 T-SMAP（Temporal Sequence Mobile Access Pattern）挖掘方法

T-SMAP 首先将相应的频繁序列移动接入模式 F-SMAP(Frequent Sequence Mobile Access Pattern)挖掘出来，然后对其进行时间敏感性分析，发现相应的时间频繁序列移动接入模式 T-F-SMAP(Temporal Frequent Sequence Mobile Access Pattern)。T-F-SMAP 的挖掘顺序为 SMAP、F-SMAP、T-F-SMAP。

在数据库挖掘出频繁序列移动接入模式 F-SMAPS 后，根据 F-SMAPS 在时间域的分布特性，过 出对时间敏感的序列移动接入模式 T-SMAPS，这样业务提供商就可以在一定的时间段内重点推广相应位置的数据业务。

移动业务提供商要想更好地推广自己的业务，就需要知道移动用户在什么位置、什么时间需要什么样的业务。频繁序列移动接入模式的挖掘方法 F-SMAP 可以解决这些问题。在时间域内对频繁序列移动接入模式 F-SMAP 进行分析，根据业务的时间敏感性，设计出一种时间频繁序列移动接入模式 T-F-SMAP 的挖掘方法，这样移动业务提供商就可以在相应位置的某一时间段内重点推广用户感兴趣的移动业务。对时间频繁序列移动接入模式 T-F-SMAP 的挖掘方法，可以分为三部分：第一，对序列移动接入模式树 SMAP-Tree 的构建；第二，在组合数据库对频繁序列移动接入模式 F-SMAP 的挖掘；第三，针对 F-SMAPS 的时间敏感性分析。

基于时间的移动序列接入模式 T-SMAP（Temporal Sequence Mobile Access Pattern）挖掘方法，综合考虑了位置业务的时间敏感性和用户需求性，并分析了连续时间内的频繁移动序列模式特点，使移动用户能更好地在当前位置体验感兴趣的移动业务。

2. 基于隐马尔可夫链的预测方法

这种方法首先构建移动商务中基于 N-gram 的预测架构，通过对移动商务环境中的位置、时间和业务需求三个维度的信息进行组合分析，对 N-gram 模型加以改进并提出两种预测算法，以期通过可能的最优化的方式使最终用户的需求与当前的环境资源相匹配。

当前对情景感知中商务知识的挖掘及预测的研究并不多，如何更加精确地对用户需求进行挖掘和预测有赖于情景感知业务的广泛开展和推广。

8.6 情景感知业务的应用价值和前景

情景感知业务的价值分为理论价值和应用前景。在说明理论价值的基础上，本节将具体分析情景感知业务的应用价值，并从个人应用前景、企业用户应用前景、公共事业应用前景三个方面说明情景感知业务的应用前景。

8.6.1 情景感知业务的典型应用

1. 休闲娱乐类应用

1）签到（Check-In）模式

签到模式是以 Foursquare 为主，还有一些国外同类服务还有 Gowalla、Whrrl 等，而国内则有“　　”、“玩转四方”、“街旁”、“开开”、“多乐趣”、“在哪”等几十家。该模式的基本特点如下：

（1）用户需要主动签到（Check-In）以记录自己所在的位置。

（2）通过积分、　章以及领主等荣誉激励用户签到，满足用户的虚荣感。

（3）通过与商家合作，对获得的特定积分或　章的用户提供优惠或折扣的奖励，同时也是对商家品牌的营销。

（4）通过绑定用户的其他社会化工具，以同步分享用户的地理位置信息。

（5）通过鼓励用户对地点（商店、餐厅等）进行评价以产生优质内容。

该模式的最大挑战在于要培养用户每到一个地点就会签到（Check-In）的习惯。而它的商业模式也比较明显，可以很好地为商户或品牌进行各种形式的营销与推广。而国内比较活跃的街旁网现阶段则更多地与各种音乐会、展览等文　活动合作，慢慢向年轻人群推广与渗透，积累用户。

2）大富翁游戏模式

这种模式在国外的代表是 Mytown，国内则是 16Fun。其主旨是游戏人生，可以让用户利用手机购买现实地理位置里的虚拟房产与道具，并进行消费与互动等将现实和虚拟真正进行融合的一种模式。这种模式的特点是更具趣味性，可玩性与互动性更强，比签到模式更具黏性，但是由于需要对现实中的房产等地点进行虚拟化设计，开发成本较高，并且由于地域性过强导致覆盖速度不可能很快。在商业模式方面，除了借鉴签到模式的联合商家营销外，还可提供增值服务，以及类似第二人生（Second Life）的植入广告等。

2. 生活服务应用

周边生活服务的搜索：以点评网或者生活信息类网站与地理位置服务结合的模式，代表有大众点评网、台　的“折扣王”等。其主要体验在于工具性的实用特质，问题在于信息量的积累和覆盖面需要比较广泛。

（1）与旅游的结合：旅游具有明显的移动特性和地理属性，LBS 和旅游的结合是十分切合的。分享攻略和心得体现了一定的社交性质，其代表是游玩网。

（2）会员卡与票务模式：实现一卡制，捆绑多种会员卡的信息，同时电子化的会员卡能记录消费习惯和信息，充分使用户感受到简捷的形式和大量的优惠信息聚合。其代表是国内的“Mokard（M 卡）”，还有票务类型的 Eventbee。

这些移动互联网化的应用正在慢慢渗透到生活服务的方方面面，使人们的生活更加便利与时尚。

3. 社交型应用

（1）地点交友，即时通信：不同的用户因为在同一时间处于同一地理位置而能够方便地交友或通信，其代表是“　　友”。

（2）以地理位置为基础的小型社区：地理位置为基础的小型社区，代表是“区区小事”。

4. 商业型应用

（1）LBS+团购：两者都有地域性特征，但是团购又有其差异性，如何结合？美国的 GroupTabs 给我们带来了新的创意：GroupTabs 的用户到一些本地的签约商家，如一间酒吧，然后使用 GroupTabs 的手机应用进行签到。当签到的数量到达一定数量后，所有进行过签到的用户就可以得到一定的折扣或优惠。

（2）优惠信息推送服务：Getyowza 为用户提供了基于地理位置的优惠信息推送服务。Getyowza 的赢利模式是通过和线下商家的合作来实现利益的分成。

（3）店内模式：ShopKick 将用户吸引到指定的商场里，完成指定的行为后便赠送其可兑换成商品或礼券的虚拟点数。

8.6.2　情景感知业务的应用价值

情景感知是移动商务的一种应用模式，在移动商务进行的过程中把用户的外部环境和自身需求的变化考虑进来，以此向用户提供个性化的服务。情景感知服务的应用价值主要有以下几方面。

1．节省时间成本，提供更多便利

情景感知服务是在运营商得到用户的同意或者授权的情况下，根据用户设定的需求、用户所处环境的变化来提供给用户合适的服务。这样就不需要用户自己在需要某种需求时再去查找相关的信息。例如，一个人去 A 城市旅游，如果没有情景感知服务，他就需要提前查找 A 市好玩的地方、住宿、就餐等信息。这些信息比较分散，查找需要大量的时间，而且还不一定能查到他需要的准确信息。如果有情景感知服务，这些前期的查找工作就会省去，只要用户把自己的手机设置到旅游模式状态，运营商就会根据用户的个人喜好提供详尽的服务。当用户到达 A 市时，根据他的位置、个人习惯、消费意愿等提供相关信息。这样将大大节省用户的时间成本，而且还能得到自己最想得到的相关信息，给用户提供了极大的方便。

2．提供用户个性化服务

个性化服务就是根据用户个人的需求来提供服务。所以用户个人需求的判断和预测就显得非常重要。如何来解决这个问题 ？这就需要收集用户详尽的个人信息。但是光有这些信息还是不够的，因为需求有可能会随着环境的变化而变化，还得进一步考虑用户所处的情景。情景感知服务正是考虑了用户所处情景的变化，而且通过用户的个人信息和以前的消费习惯预测出用户在处于不同情景的不同需求，同时提供给用户个性化服务，更好地满足用户的需求。

3．可以实现精确化营销

对于企业来说，营销就是向目标客户宣传自己的产品或者服务，使有需求的人购买或者使用。但是企业只能泛泛地确定自己产品或者服务的目标用户群，不能精确地找到自己的目标用户，所以在营销上得花大量的钱去做宣传。这样还是浪费了很多不必要的宣传费。对于用户来说，现在的产品名目繁多，想找到自己中意的产品或者服务也比较困难。而且他们也不反感他们中意的广告宣传。情景感知可以根据用户的个人需求提供个性化服务，所以对用户的需求了如指掌。如果对企业的产品和服务信息进行整合后，根据用户的个人需求提供精确化营销，可以使企业、用户和运营商都实现共赢。

4．改变人们的生活习惯

现代社会正处在一个信息大爆 的时代，信息量非常大，这肯定比以前没有互联网时信息 乏好，但同时又产生了一个新的问题：得到自己想要的信息的难度也随之增加。假设你想 上出去吃饭，但大街上饭店非常多，那么你可能也不知道去哪家好。为了吃得舒心，在这之前，你可以通过上网去查找相关的信息，根据自己的喜好再决定去哪家吃。这就是现在人们的生活习惯：先查再判断然后再去。情景感知服务需要对大量的信息进行整合，然后根据用户的个人信息和情景提供最贴心的服务，这样人们就可以省去查找的阶段，甚至连判断都省去了，直接去就可以了，人们的生活习惯也因此发生了改变。

8.6.3　情景感知业务的应用前景

情景感知作为下一代移动商务的重点业务，应用前景非常广阔。下面就从个人用户、企业用户、公益事业三个方面来说明情景感知业务的应用前景。

1．个人用户应用前景

对于个人来说，情景感知服务可以应用到与人们生活息息相关的吃、穿、住、行、娱乐等方面。

（1）吃的应用：主要是传递给用户相关餐厅、饭馆、小吃等信息。并不是无限范围地提供这些信息，主要是根据用户所处的情景提供。例如，在中　下班时主要提供工作地周围的饭馆；在将要回家时，提供从工作地点到回家路上的符合用户口味的餐馆信息；提供相关的打折信息；提供新的菜单和服务；如果做饭，可以提供买菜的相关信息以及做菜的方法和技巧；提供买水果的信息和哪个季节吃哪种水果对用户个人身体好等。

（2）穿的应用：主要向用户传递到哪里可以买到满意的　服、　品及穿着潮流等信息；在工作日时主要提供上班地周围和回家路上的相关信息：在周　时范围可以广一点，可以根据用户的收入水平和交通方式来判断；根据用户个人喜好提供打折信息、新品推荐、购物向导等服务。

（3）住的方面：这主要针对出差者、旅游者或者来到不熟悉的地方的人，对他提供本地区住宿方面的信息。可以根据来本地的目的不同提供不同的服务，如果是自费旅游，就提供目的地周边的性价比高的旅馆，同时还要考虑所提供的住宿地出行方便。

（4）行的方面：主要向用户提供出行导航，按出行方式分为汽车导航、公共交通导航、自行车导航、步行导航。公共交通导航可以向用户提供自己需要乘坐的下一　车到站时间、用户需要乘坐的车在某个站点的进站时间；如果不能直接到达目的地，就提供最方便的换乘方式，让用户时时掌握自己所要出行的公共交通情况，合理安排自己的时间，免除在站点　等公共交通的现状。自行车导航和步行导航则只需提供到达目的地的最优路线。

（5）娱乐方面：现在的娱乐方式很多，在此仅以游戏为例说明情景感知在这方面的应用。现在的游戏几乎都是以虚拟的方式在网络上进行，由于情景感知可以提供个人所处的位置，这样就有可能在现实社会中组织游戏，能激发人们更大的兴趣。

2．企业用户应用前景

情景感知服务的特点就是移动性和考虑情景的变化。这样就非常适合那些业务经常处于移动或者跨区域作业的企业，而且能解决他们需求。由于移动或跨区，业务员就不能够像在公司里一样使用所有的资源，那么情景感知业务就可以提供一个通道，让业务员与其公司的资源尽可能连接，以便业务员向客户提供更好的服务，使客户满意，同时企业的业务量和赢利肯定也会上升，如咨询行业、物流行业、保险行业、房　中介等行业。

3．公共事业应用前景

公共事业应用主要体现在求助、劝　、提醒方面，相当于现在 110，119 等，但功能比 110，119 等应急处理系统强大得多。如果处在危险中的人通过电话发出求　信号，这是一种被动的等待帮助，不能起到提醒和先期防止危险发生的作用，而且还需要求　者说出自己所处的准确地点，但现实中人们有可能不能非常准确地说出地点，这样对　会产生极大的负面影响。如果把情景感知应用到这些系统中，不仅对求　者还是对求　组织都会起到非常有利的帮助。当一个人处于危险中需要帮助时，他只需拨通 110，说明他出了什么事就可以了，警方可以立即强制开通情景感知服务，得到求　者的精确位置及周围的环境状况。如果求　者在不停地移动，还可以随时地跟踪，这些详尽的信息对实施成功的紧急求　将起到确定性的作用。警方还可以在一些经常出事的地方时时监控。例如，A 城市的一条河边是自杀高危地区，警方就可以时时监控这个区域，给这个区域的手机发去提醒安全的信息，根据在此处所　的时间和时长进行必要的劝　和交流，这样就可以预防自杀等情况的发生。

第 9 章

移动支付应用

你出门时可以不带钱包，只要一部手机就可以帮你解决问题，这便是关于未来的设想。随着国内 3G 的逐渐普及，移动支付的需求日渐庞大。随时、随地、随身付款——这就是移动支付将要带来的生活。

根据移动支付论坛（Mobile Payment Forum）的定义，移动支付（也称为手机支付）是指进行交易的双方以一定信用额度或一定金额的存款，为了某种货物或者业务，通过移动设备从移动支付服务商处兑换得到代表相同金额的数据，以移动终端为媒介将该数据转移给支付对象，从而清偿消费费用进行商业交易的支付方式。移动支付所使用的移动终端可以是手机、具备无线功能的 PDA、移动 PC、移动 POS 等。移动支付实施的基础是金融电子化。

9.1 移动支付现状

9.1.1 全球移动支付发展现状

近年来，全球移动支付市场呈高速增长态势，总体情况良好。全球移动支付发展主要划分为三大阵营，即日韩、欧洲、美洲。其中，日韩商用规模最大，欧洲正在起步，美国由于原有互联网发达，电子支付在移动领域的应用还较少。下面对典型国家和地区的移动支付发展及应用现状进行简要概述。

1. 日本

日本在移动支付发展方面处于全球领先地位。三家移动运营商 NTT DoCoMo、KDDI 和软银（原 VodafoneK.K）分别于 2004 年 7 月、2005 年 7 月和 2005 年 11 月推出了移动支付业务。

日本移动支付市场发展的首要推动者是 NTT DoCoMo。NTT DoCoMo 于 2004 年 7 月上旬开通了内置非接触 IC 卡的手机结算及认证服务——“i-ModeFeliCa”。2006 年 9 月，NTT DoCoMo 同日本的另外 3 家非接触式支付品牌——东日本铁路公司的“西瓜卡”（Suica）、bitWallet 公司的 Edy、JCB 的 QuicPay 达成协议，4 家同意共享支付平台，各自的产品将使用统一的 POS 终端，这一举措进一步推动了日本移动/非接触式支付的发展。2009 年 8 月，NTT DoCoMo 的移动用户中 65%为移动支付客户。

日本的移动运营商普遍采取注资金融机构的方式主导产业链发展，共同推出移动支付服务。2004 年年底，日本信用卡公司 JCB 推出一项服务，允许企业客户使用内置芯片的手机作为办公楼的电子钥匙。到 2005 年，用户可以通过手机来支付火车票费。2005 年 11 月，以 JCB 为主导，由多家运营商和信用卡机构发起成立“移动支付联盟”，进一步完善移动支付标准，推进手机购物的发展。

2. 韩国

韩国的移动支付业务实现方式主要采用的是红外技术，韩国三大移动运营商 SKT、KTF、LGT 分别于 2004 年 3 月、2004 年 8 月、2003 年 9 月联合金融机构开通移动支付业务。目前，韩国 70%的电子支付（超过 10 亿美元的交易额）都是由移动支付完成的。在韩国，主要有 MONETA 和 K-merce 两大移动支付品牌它们主导着韩国移动支付市场。

2001 年，韩国 SKT 通过与 VISA 等信用卡机构合作推出了名为 MONETA 的移动支付业务品牌，并同友利银行（WooriBank）、现代（Hyundai）信用卡公司共同建立支持其配置 MONETA 芯片技术手机的系统。2004 年 8 月，SKT 将其移动支付业务整合为新的品牌 M-BANK，通过在手机中内置智能型芯片，其结算信息可以实现密码化，用户可以用手机办理各种金融服务。到 2006 年 12 月，MONETA 共有 26 万使用者，联盟了 12 家信用卡公司和 18 家安全公司，并向市场投放了 512 万部内嵌智能 IC 卡支持移动支付的手机。

K-merce 是韩国 KTF 推出的一个类似于 MONETA 的移动支付服务品牌，可以提供移动证券、移动银行、票据、彩票、购物、拍卖、赠券等服务。K-merce 手机不但可以像遥控器一样发射红外线进行结账，还可以像交通卡一样靠近刷卡机结账。

3. 欧洲

随着 3G 网络技术的商用，欧洲各大移动运营商也在积极推广移动支付业务。

在芬兰的赫尔辛基，从 2002 年 2 月起，乘地铁等公交工具出行的乘客可以用手机短信购买地铁、有轨电车及公共汽车票。2002 年 3 月，芬兰最大的移动运营商索内拉公司开始向首都居民提供用手机支付购物款的服务。从 2004 年 5 月开始，用户可以通过手机短信订购电子火车票。2004 年 11 月，芬兰手机购票服务的范围进一步扩大，人们可以通过手机购买赫尔辛基地区的短途火车票。

瑞典的 Paybox 公司在德国、瑞典、奥地利和西班牙等几个国家成功推出了手机支付系统之后，又宣称将首次在英国推出这种无线支付系统。Paybox 无线支付以手机为工具，取代了传统的信用卡。使用该服务的用户，只要到服务商那里进行注册取得账号，在购买商品或需要支付某项服务费时，直接向商家提供手机号码即可。

德国科隆足球俱乐部于 2004 年推出 NFC 季票，采用 Philips IFARE DESFire 芯片，可使用手机下载电子门票与入场，系统由德国电信旗下的 T-Systems 运营，Axcess 提供识别设备与软件。2005 年 4 月，Philips、Nokia、德国公交网络运营商 RMV 开始试运营 NFC（近距离通信）票务系统，刷卡时只要将手机在读取设备上一划，不仅可以乘坐 RMV 运营的公交车，还可以在获 RMV 认定的 14 家公司经营的餐厅、商店、娱乐设施享受打折优惠。

2005 年 10 月在法国戛纳，针对 NFC 展开了一项测试，参加测试的 200 位戛纳居民在为期 6 个月的测试期间内在戛纳特定的零售店、停车场和著名的观光景点可以使用内嵌有飞利浦 NFC 芯片的移动电话进行付款，这是 NFC 技术在全球第一次大规模测试。在法国政府的推动下，法国尼斯项目成为欧洲手机支付的领先项目。2010 年 5 月，法国政府和企业共同宣布法国尼斯市成为欧洲第一个非接触之城和 NFC 之城。另外，法国三家运营商联合成立跨运营商的组织，推动标准和规范化工作，以及 POS 机终端资源的共建共享。

9.1.2 国内移动支付发展现状

1. 中国移动

中国移动的移动支付业务包括远程支付（移动支付）和现场支付（手机钱包）。中国移动在湖南建立了一个全网集中的处理移动支付的平台，专门从事移动支付业务，提供清结算服务。

现场支付（手机钱包）用户有具有 RFID 功能的卡片，开通手机钱包后，就可以进行刷卡乘公交、超市购物等现场支付。目前，中国移动手机钱包用户基本上都是 2.4G 移动支付标准的用户，手机钱包业务主要面向湖南、广东、重庆、上海等 12 个省的用户开放。

2006 年，中国移动厦门公司联合诺基亚、易通卡和飞利浦公司，在厦门启动了中国首个近距离通信（NFC）手机支付商用试验。2006 年下半年，湖南移动与湖南银联合作，采用握奇数据公司的 SIMPass 双界面 SIM 卡，进行近场小额支付商场消费的试点。2007

年，中国移动又在重庆采用 eNFC 技术实现方案进行近场小额支付试点。

2010 年，中国移动上海公司推出“世博通”应用。“世博通”应用基于 2.4GHz 的 RFID SIM 卡，结合移动通信等技术，推出手机钱包和世博手机票应用。2010 年 3 月 10 日，中国移动入股浦发银行，开创了运营商注资银行的先河，移动支付准备从小额支付转向信用卡、转账、大额交易等业务。

2．中国联通

中国联通从 2006 年开始积极研究各种近场支付技术，包括 NFC 以及国内企业推出的基于 SIM 卡技术解决方案，并专门成立近场通信项目工作小组，联合众多企业积极研究近场通信相关技术与规范，如芯片、平台、终端和 IC 卡。目前，中国联通近场通信项目已初步形成了大量的技术规范，包括场通信对移动台的要求、(U)SIM 卡对个人数字证书和密钥的管理规范等。

2009 年 9 月，中国联通上海分公司正式推出 13.56M 频段 NFC-SWP 手机公交卡业务，率先实现交通卡手机空中充值、余额查询、交易记录查询。目前，北京开通了基于公交的移动支付业务，用户数量约为 5000 人。

中国联通目前主要在湖北、河北逐步推出 2.4GRFSIM 卡为核心的移动支付企业和校园一卡通产品；与银联、光大银行合作推出宁波市民卡，后期计划拓展到与多家银行合作。

3．中国电信

中国电信是在获得 3G 牌照后才开始发展移动支付业务的，支付业务品牌为“翼支付”，主要有 3 种类型：面向校园和企业用户的“翼支付”行业版、面向城市公众用户的“翼支付”公众版、面向电话用户的“翼支付”电话版。

中国电信目前已经建立了全网支付能力平台，已在 17 个省、每省两个本地网内做试点。2009 年 5 月 26 日，中国电信上海分公司召开新闻发布会，正式推出天翼 3G 移动支付产品。2010 年 2 月 5 日，推出了翼支付手机刷卡，开启手机刷卡新业务试点。上海南京路实现天翼手机刷卡消费，推动其从“中华第一街”到 “移动支付中华第一街”的变革。目前，中国电信在上海与善德合作，在北京与资和信合作，在杭州与浙江商盟合作，开展了面向城市公众用户的“翼支付”。中国电信在陕西校园区的范围内，推出翼机通业务，学生和教职工用户持天翼手机即可在校内刷门禁、考勤，可在食堂吃饭、在澡堂洗澡，还可享受随时随地的生活、学习、就业信息通知等。

在我国，手机作为一种支付工具，首先是应用在“过程和服务”的购买上。具体而论，最开始应用的产品是：收费邮箱、手机的个性化图片和铃声、即时通信工具 QQ 的系列服务等。这些产品的特点在于每一个都可以通过手机进行使用，或是使用一部分核心的功能。而且，这些产品的收费都比较低，适合手机的小额支付，不会给话费造成太大的压力。此外，还有一个特点是很显然的：这些产品的用户中拥有手机的人比较多。

移动支付在这些信息产品上的应用得到了推广和普及，在此之后出现的支持移动支付的数字产品有收费新闻、收费金融信息、收费短信等。这类产品最终都会以短信形式发送到用户的手机上，虽然形式上看起来和普通的短信服务差不多，但实际上是经由特殊的系统直接通过电话网发送给接收者的。也就是说，在这个过程中，移动网络只是起到了付费的作用，而手机才是这个系统支付平台的承担者。因此，它们的费用也都是直接从用户的手机话费里面扣除。

9.2 移动支付分类

根据不同的标准，移动支付的分类方式有很多，本章总结了 7 种移动支付分类的方式，分类的标准和相应的移动支付种类见表 9-1，本节随后将分别介绍各种分类的详细内容。

表 9-1　移动支付分类总结

分 类 标 准	移动支付种类
交易金额	• 微支付 • 宏支付
运营主体	• 运营商为主体的移动支付 • 银行为主体的移动支付 • 第三方专业支付提供商为主体的移动支付
用户账户	• 银行卡账户支付 • 话费账户小额支付 • 中间账户支付
接入方式	• STK（短信）方式 • IVR（语音）方式 • USSD 方式 • WAP 方式 • WEB 方式
支付方式	• 在线支付 • 离线支付
获得商品的渠道	• 移动服务支付 • 移动远程支付 • 移动现场支付
业务模式	• 手机代缴费业务 • 手机钱包 • 手机银行 • 手机信用平台

9.2.1 按交易金额的移动支付分类

根据交易金额的大小，可将移动支付分为微支付和宏支付两类。

（1）微支付：根据移动支付论坛的定义，微支付是指交易额少于 10 美元，通常是指购买移动内容业务，如游戏、视频下载等

（2）宏支付：宏支付是指交易金额较大的支付行为，如在线购物或者近距离支付（微支付方式同样也包括近距离支付，如交停车费等）

微支付与宏支付的区别主要有两点：第一个区别是交易金额的界限，由于目前我国中央银行并没有明确的法定规定，而国际上的惯例也因为不同国家的实际国情差距较大而没有统一的规定。所以其界限是由移动支付企业据实际业务情况而定的，如可以以 10 元人民币为界，也可以以 100 元、1000 元、10000 元为界。主要依据还是看是否有利于企业实际业务的开展。小于既定界限的支付就是微支付，大于既定界限的支付就是宏支付。第二个区别是安全要求级别的不同。对于宏支付方式来说，通过可靠的金融机构进行交易鉴权是非常必要的；而对于微支付来说，使用移动网络本身的 SIM 卡鉴权机制就足够了。

9.2.2 按运营主体的移动支付分类

根据主导移动支付运营的企业的不同，可将移动支付分为运营商为主体的移动支付、以银行为主体的移动支付和以第三方专业支付提供商为主体的移动支付三种。

（1）运营商为主体的移动支付：移动支付平台由运营商管理、建设和运维，如代收费业务等。

（2）银行为主体的移动支付：银行为用户提供交易平台和付款途径，通过可靠的银行金融机构进行交易鉴权，移动运营商只为银行和用户提供信息通道，不参与支付过程 。

（3）第三方专业支付提供商为主体的移动支付：移动支付平台由第三方专业支付提供商管理、建设和运维。

9.2.3 按用户账户的移动支付分类

根据用户账户的不同，可将移动支付分为银行卡账户支付、话费账户支付和中间账户支付三种。

（1）银行卡账户支付：手机号码与银行卡绑定，用户操作银行卡账户进行支付。

（2）话费账户小额支付：手机号码与手机用户的话费或积分账户绑定，用户操作话费账户进行支付。

（3）中间账户支付：手机号码与用户在运营商或第三方专业支付提供商开通的自有账户绑定，先充值后消费，用户操作自有账户。

其中，银行卡账户支付业务主要以实物产品为主，应用范围如下。

① 运营商自有业务服务：手机充值缴费、充值卡购买、为运营商中间账户充值。

② 提供购票和商旅等服务：如机票、火车票、小额保险、商旅服务等（交易金额在单笔 30 元以上，需要规避欠费风险）。

③ 实物商品交易：各种 B2C 或 C2C 业务中的实物商品购买，如数码产品、书籍等（考虑税务发票相关规定的限制）。

而中间账户及话费账户小额支付业务主要以电子产品为主，应用范围如下。

① 互联网邮箱服务、在线游戏、软件下载、在线杀毒等。

② 数字点卡、影音娱乐、电子图书、电子报刊等。

③ 部分票务应用：如彩票、演出票、电影票等。

④ 其他非实物小额资讯类产品。

9.2.4 按接入方式的移动支付分类

目前移动支付接入方式主要有五种：第一种是利用短信（STK）方式；第二种是语音方式 IVR（Interactive Voice Response 交互式语音应答）；第三种是利用 USSD 方式；第四种是使用 WAP 协议实现；第五种是利用 Web 方式实现。目前主要采用的是语音、STK 和 Web，其余两种则较少被使用。但是按照中国移动的计划，USSD 方式也是将来移动支付的重要接入方式。

（1）STK 方式：STK 是 SIM Tool Kit 的英文缩写，即“用户识别应用开发工具”。它包含一组指令用于手机与 SIM 卡的交互，这样可以使 SIM 卡内运行小应用程序，从而实现增值服务的目的。之所以称为小应用程序，是因为受 SIM 卡空间的限制，STK 卡中的应用程序都不大，而且功能简单易用。市场提供的 STK 卡主要有 16K 和 32K、64K 卡。STK 卡与普通 SIM 卡的区别在于，在 STK 卡中固化了应用程序，通过软件激活提供给用户一个文字菜单界面。这个文字菜单界面允许用户通过简单的按键操作就可实现信息检索，甚至交易。最新的 STK 卡还可以重新烧卡来应用程序的更新。STK 卡可以有选择性的和 PKI 结合使用，通过在卡内实现的 R.S.A 算法来进行签名验证，从而使利用手机来从事移动商务活动成为现实。

用户在以 STK 作为接入方式时，需要编辑一条包含特定的内容的短信，并发送至某一特别号码。在接到系统提示后，用户需进行短信确认。确认之后，对用户来说支付操作便告完成，系统会用短信通知用户支付结果。

（2）IVR 方式：在使用 IVR 作为接入方式时，用户首先需要拨通接入号码，如 12588，随后就按照语音提示进行操作，输入订单号、手机号码、支付密码等信息。

（3）USSD 方式：USSD 技术集短信的可视操作界面、GPRS 的实时连接等优点于一身，而且交互速度快，特别适合实时、高速、小数据量的交互式业务。显然 USSD 特别适用于移动支付。

（4）WAP 方式：WAP 是无线 Internet 的标准，由多家大厂商合作开发，它定义了一个分层的、可扩展的体系结构，为无线 Internet 提供了全面的解决方案。WAP 协议开发的原则之一是要独立于空中接口。所谓独立于空中接口，是指 WAP 应用能够运行于各种无线承载网络上，如 TDMA、CDMA、GSM、GPRS、SMS 等。目前，WAP 方式比较少见。不过，WAP 可提供类似于 WWW 的菜单，用户只需点击相应的菜单就可完成支付操作，使用起来很方便。随着手机价格和 WAP 使用费的下降，WAP 方式有可能受到青睐。

（5）Web 方式：所谓 Web 接入方式，就是以互联网作为选购界面。此时用户可在互联网上挑选商品，并通过互联网激活手机支付。该方式有利于 SP 开发、提供应用。Web 接入方式具体实现包括 KJava 方式和 BREW 方式。

9.2.5 按支付方式的移动支付分类

根据支付方式的不同，可将移动支付分为在线支付和离线支付两种。

（1）在线支付：如通过短信、WAP、IVR 等方式完成的支付，交易发生在网络侧。

（2）离线支付：如通过近距离非接触技术完成的支付，交易发生在手机侧。

9.2.6 按获得商品的渠道的移动支付分类

根据购买服务或商品类型的不同，即获得商品的渠道不同，移动支付可分为如下三种类型。

（1）移动服务支付：用户购买的是基于手机的内容或应用（如手机铃声、手机游戏等），应用服务的平台与支付费用的平台相同，即都是手机，以小额支付为主。

（2）移动远程支付：远程支付有两种方式，一是支付渠道与购物渠道分开的方式，如通过有线上网购买商品或服务，而通过手机来支付费用；二是支付渠道与购物渠道相同，都通过手机，如通过手机来远程购买彩票等。

（3）移动现场支付：是指在购物现场选购商品或服务，而通过手机或移动 POS 等支付的方式，如在自动售货机处购买饮料、在报摊上买杂志，付停车费、加油费、过路费等。现场支付分为两种：一种是利用移动终端，通过移动通信网络与银行以及商家进行通信完成交易；另一种是只将手机作为 IC 卡的承载平台以及与 POS 机的通信工具来完成交易。

还可以根据无线传输方式的不同分为空中交易和 WAN（广域网）交易两种。空中交易是指支付需要通过移动终端，基于 GSM/GPRS/CDMA1X 等移动通信运营商网络系统；WAN 交易则主要是指移动终端在近距离内交换信息，而不通过移动通信运营商网络，如使用手机上的红外线装置在自动贩售机上购买可乐。

由于传输方式不同，移动支付既可以基于移动通信网络来实现，也可以基于红外线等方式来实现，红外线等方式主要用于短距离的移动支付。目前，我国的移动运营商一般都采用基于移动通信网络的 SMS、WAP 等技术来实现。近两年，韩国的 SK 等移动运营商通过与银行、信用卡机构、零售商店等机构和行业进行合作，相继推出了手机红外移动支付业务，业务发展呈现良好势头。

9.2.7 根据业务模式的移动支付分类

从业务种类看，移动支付可以分为手机代缴费业务、手机钱包、手机银行和手机信用平台等几类。

1. 手机代缴费业务

手机代缴费的特点是代收费的额度较小且支付时间、额度固定；用户所交纳的费用在移动通信费用的账单中统一结算，如个人用户的 E-mail 邮箱服务费代收。目前，这种服务在手机支付服务中居首要地位。

2. 手机钱包业务

手机钱包是综合了支付类业务的各种功能的一项全新服务。它是以银行卡账户为资金支持，手机为交易工具的业务，就是将用户在银行的账户和用户的手机号码绑定。通过手机短信息、IVR、WAP 等多种方式，用户可以对绑定账户进行操作，实现购物消费、转账、账户余额查询并可以通过短信等方式得到交易结果通知和账户变化通知。

目前还只有中国移动推出了手机钱包业务。实际上手机钱包并非中国的独创，国外很早就已经开始了这方面的尝试和商业应用。很多欧美国家已经在小型购物、支付交通费用、购买水电等方面引入了手机钱包的方式。在一些地区手机钱包甚至已经占据了与现金、支票和信用卡同等重要的位置，成为最流行支付方式之一。

3. 手机银行业务

所谓手机银行，就是通过移动通信网络将客户的手机连接至银行，实现通过手机界面直接完成各种金融理财业务的服务系统。手机银行和手机钱包的主要区别有如下几点：

（1）手机钱包由移动运营商与银行合资推出，以规避金融政策风险；手机银行由银行联合移动运营商推出，移动运营商为银行提供信息通道，他们之间一般不存在合资关系。

（2）申请手机银行需更换具有特定银行接口信息的 STK 卡，这就容易受到银行的限制，难以进行异地、异行划拨；而手机钱包则不需要更换 STK 卡，受银行的限制也较小。

（3）手机钱包需要建立一个额外的移动支付账户；而手机银行只需要原有的银行卡账号。

（4）手机钱包主要用于支付，特别是小额支付；而手机银行可以看做银行服务方式的升级，利用手机银行，用户除了可以支付，还可查询账户余额和股票、外汇信息，完成转账、股票交易、外汇交易和其他银行业务。

4. 手机信用平台业务：

手机信用平台的特点是移动运营商和信用卡发行单位合作，将用户手机中的 SIM 卡等身份认证技术与信用卡身份认证技术结合，实现一卡多用的功能。例如，在某些场合接触式或非接触式 SIM 卡可以用来代替信用卡，用户只需提供密码即可进行信用消费。

现阶段在我国推广手机代缴费和手机钱包比较可行，可接受的用户群体和适用范围比较广泛，中国移动和中国联通也各自独立（或联合银行）推出了这两种方式的业务。而我国的信用卡业务尚处于普及阶段，手机信用平台的推广市场准备和技术准备都不足。

9.3 移动支付的价值链分析

从一般的经济规律分析，一个产业的发展和兴盛需要产业链中各个环节准确定位、合理分工并进行资源的最优配置。对于移动支付业务而言，其产业链由设备制造商、银行、信用卡组织、移动运营商、移动支付服务提供商或移动支付平台运营商、商业机构、

SIM 卡供应商、手机供应商、用户等多个环节组成。显然，只有建立并不断完善产业链，移动支付业务才能获得健康发展，而产业链上的各环节才能在合作中实现共赢。下面仅对移动支付业务产业链主要环节的地位和作用进行分析，如图 9-1 所示。

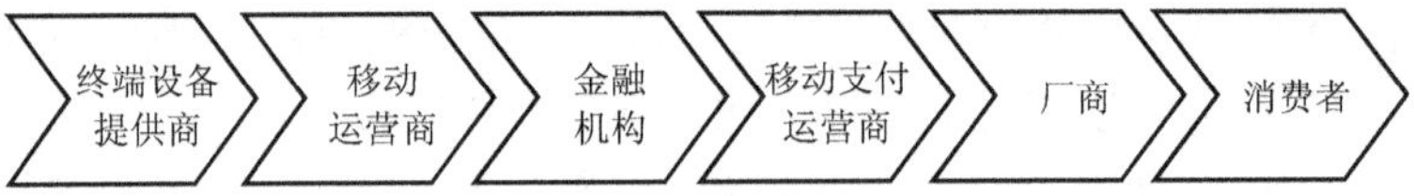

图 9-1　移动支付业务产业链主要环节

9.3.1　终端设备提供商

复杂的移动支付应用将促使市场对新系统设备、新终端、新的应用系统软件的需求增加，因此，硬件设备制造商和软件制造商是移动支付的积极推动者。手机终端、无线 POS 终端、无线支付平台的计费系统、安全系统等制造商和开发商投入了大量资源从事移动支付相关设备、软件的开发与推广。

2002 年 1 月，为了与信用卡组织成立的移动支付论坛相抗衡，并巩固设备制造商在移动支付领域的领先地位，欧美的一些技术公司成立了“PayCircle”联盟，该联盟的主要成员有惠普、朗讯、ORACLE、SUN 及西门子等公司。“PayCircle”的任务是为全球移动设备用户提供一个移动支付的标准方式，设立移动支付行业标准，而不必考虑商家和服务提供商们所使用的不同支付系统的差别。

目前，主要的移动通信设备制造商如诺基亚、爱立信、西门子、摩托罗拉等都提出各自的移动支付解决方案。例如，爱立信与中国联通在无锡推出了“小额支付移动解决方案”实验系统，手机用户能够随时随地地用手机进行小额支付，通过手机享受如订购车票、购买鲜花、购买 CD、交纳公用事业费等多种类型的个人支付服务。

移动支付的应用对移动终端也提出了特殊的功能要求，如果移动终端能够具备以下功能，将使移动支付的应用更方便、更具有竞争力：

（1）移动终端上的嵌入式条形码阅读器将使移动电子商务公司避开一个最大的障碍——数据录入，在移动现场支付时，可以发挥重要的作用。

（2）要保障交易数据的安全，附加复杂的加密与解密功能，要求移动终端必须具备运算能力更强的 CPU。

（3）依托于移动运营商的无缝覆盖网络，再加上移动终端的模块化设计及开放特性，使得各种满足不同客户需求的移动金融增值服务可以非常容易地集成到该系统中，如移动终端的位置服务、短信等功能将给使用移动支付的用户提供更加丰富的具有移动特色的增值服务。

（4）手持终端需要能根据用户的需要提供使用十分方便和个性化的人机界面，可根据用户喜好更新与定制终端上的菜单，允许用户添加各种应用程序。

9.3.2　移动通信网络运营商

移动运营商在移动支付业务中扮演着十分重要的角色。一方面，移动支付系统的通信方式正在向多样化方向发展，有语音、短信、GPRS、CDMA 以及基于 WAP 的方式等；另一方面，移动支付系统的安全保障体系正在逐步走向复杂化、多样化，移动运营商需要为不同类别的移动支付业务提供不同的安全和保密服务等级。因此，移动运营商不仅成为连接用户、金融机构和服务提供商的桥梁，甚至可以控制整个金融交易的流程。

移动运营商通过移动小额支付可以很容易地进入支付领域，甚至涉足银行业，这是由于移动运营商的计费系统可以方便地用于进行支付账户管理与清算。根据 ARC GROUP 预计，移动运营商在小额支付领域的收益将超过银行与信用卡组织。这一点从韩国的三星和 LG 两大集团的发展历程便可略见一斑。

移动支付给移动运营商所带来的收益主要体现在如下几个方面：

（1）无论采用何种通信方式，移动支付服务与移动远程支付只要是依托于移动通信网络，就必然是移动运营商的固有领地，将给运营商带来移动数据业务流量的收益；

（2）基于移动 POS 的移动现场支付的收益属于拥有 POS 的移动支付服务提供商，运营商为了获得该收益，则必须承建 POS 系统，并成为移动支付服务提供商，获得来自商家或金融机构的佣金收益。

（3）移动支付用户存在运营商处的专用移动支付账户内资金或预付费款项的总额将非常可观，这笔资金对于移动运营商来说是一笔巨大的沉淀资金。

（4）除了经济效益外，移动运营商通过移动支付手段，既提高了企业在客户心目中和实际生活中的地位和作用，同时也提高了企业的核心竞争力。

但同时也应当清楚地看到，随着移动支付总交易额的增加，移动小额支付同样也会给移动运营商带来欺诈和坏账的巨额风险，而且作为通信运营商，面对金融领域的欺诈与坏账的规避和管理能力相对于银行业要薄弱得多。在这方面，移动运营商需要银行的鼎力帮助。

9.3.3 金融机构

就价值链本身而言，价值链越短，运营方的赢利空间越大。从移动小额支付的业务环节来看，忽略金融机构似乎是可行的。但移动运营商不是金融机构，不能直接介入金融支付业务，而移动支付涉及金融交易，必然要面临着来自金融行业部门的管制。移动运营商通过与银行等金融机构的合作就可以解决这个问题。

在移动支付价值链中，银行占据着非常重要的地位。首先，在移动支付业务中，结算方主要是银行，用户对银行的依赖程度要远高于商家和移动运营商。其次，在整个价值链中银行所拥有资源也最多，如拥有银行账户的商户信息、多年积累的交易数据清算的经验和强大的数据处理支持平台等。最后，银行对于开展移动支付业务的灵活度最大。一方面，银行可以和移动运营商结合起来提供移动支付业务；另一方面，也可以自己进行应用开发。这两种方式都各有优势和劣势，银行完全可以灵活地根据具体的业务来确定采取哪种方式。

金融机构获得的收益也来自五个方面：第一，来自手机银行账户上的预存金额，其增加的储蓄额无疑能让银行受益；第二，来自于每笔移动支付业务的利润分成；第三，通过移动支付业务，能够激活银行卡的使用；第四，能有效减少营业网点的建设，降低经营成本；第五，有助于巩固和拓展用户群，提高银行的市场竞争力。

9.3.4　移动支付服务提供商

移动支付服务提供商通过整合产业链的所有资源，最终面对商家和消费用户提供移动支付服务。移动支付服务提供商是移动支付平台的拥有者，移动支付平台的主要功能是用户账户管理、安全与认证管理、费用清算管理以及支持各种移动支付的通信手段的管理。移动支付服务提供商既可以是独立的新兴企业，也可以是移动运营商、银行或信用卡组织建立的分支机构，还可以直接由移动运营商、银行或信用卡组织提供移动支付服务。

如果移动支付业务没有独立的业务提供者，就没办法开展移动支付业务，这句话在某种程度上是对的。商家的需求是多种多样的，琐碎而且缺乏规律性，并且商家及最终用户和移动运营商所处的悬殊地位往往容易挫伤其中一方的积极性。而独立的移动支付业务的提供者作为缓和矛盾的桥梁，可以很好地协调双方的利益关系。例如，目前影响比较大的 Paybox 业务，就是由专门的移动支付服务提供商来为移动用户提供的，不管用户是哪家移动运营商的，也不管其个人金融账号是在哪家银行，只要用户在这家公司进行登记，就可以在该公司的平台上享受到众多的移动支付业务。

移动支付服务提供商的收益来源有两块：一是向移动运营商、银行和商户收取设备和技术使用许可费；二是从移动运营商处提取签约用户使用移动支付业务的佣金。

9.3.5　商家及最终用户

商家是与最终用户发生交易的主体，商家能够接受移动支付主要是因为可以降低交易成本、提高服务质量。移动支付平台为各种商家提供了便利、灵活的支付渠道；同时，移动支付服务提供商的自身特有的客户群也帮助商家拓展销售渠道，这对于传统商家具有重要意义。而对于新兴的某些基于电子商务的商业机构，移动支付几乎成了支撑业务的支柱，如短信给 SP 带来的可观的收入，手机支付是收费邮箱的主要收费渠道。

商家可以是网站、商场、零售商、停车场、电影院、航空公司等各种类型。由于各商家纷繁复杂的业务类型，他们需要能可靠支持各种产品或服务销售的移动支付业务解决方案。例如，用手机在自动售货机上购买汽水需要支持手机付费模块的可以销售汽水的自动售货机；用手机购买电影票则需要支持移动支付的票务销售系统。安全、方便稳定的基于移动支付销售系统是商家与终端用户对移动支付系统的最基本要求。

用户是移动支付系统的使用者，从用户的角度出发，移动支付系统最重要的功能是提供简便快捷的操作界面、安全的保护机制和丰富多彩的应用。

在移动支付业务产业价值链中，移动运营商、银行、第三方服务提供商和商家等环节拥有各自不同的资源优势。只有彼此合理分工、密切合作，建立科学合理的移动支付业务的运作模式，才能推动移动支付业务的健康发展，实现各个环节之间的共赢。

9.4　移动支付运营模式

根据移动支付业务产生的历史和现状，可以将移动支付的运营模式分为三类：以移动运营商为运营主体、以银行为运营主体和以独立第三方为运营主体。

9.4.1　以移动运营商为运营主体的移动支付业务

当移动运营商作为移动支付平台的运营主体时，移动运营商以用户的手机话费账户或专门的小额账户作为移动支付的账户，用户所发生的移动支付交易费用全部从话费账户或小额账户中扣减，所以用户每月的手机话费和移动支付费用很难区分，而且通过这种方式进行的交易也仅限于移动小额支付，如 100 元以下的交易。以移动运营商为运营主体的移动支付业务如图 9-2 所示。

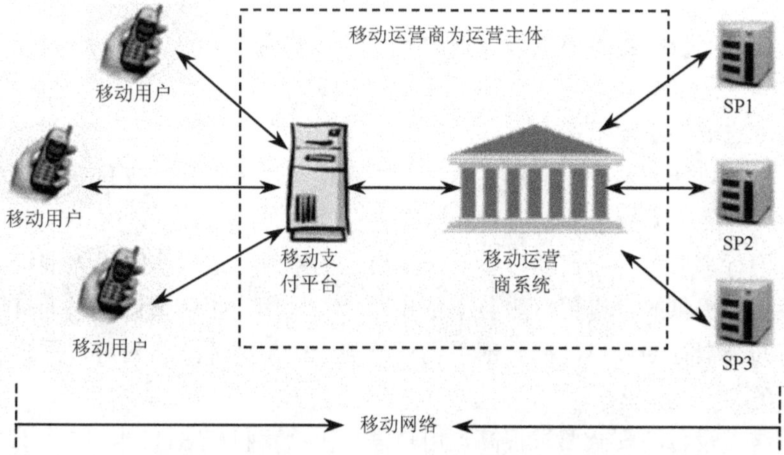

图 9-2　移动运营商为运营主体的移动支付业务示意图

目前中国移动与新浪、搜狐等网站联合推出的短信服务以及与中国少年儿童基金会等福利机构联合推出的募捐服务都是由移动公司从用户的话费当中扣除用户定制短信以及捐款等费用的方式来实现的。

该运营模式的特点如下：

（1）鉴于移动运营商的网络资源优势，技术方面实现起来更方便。

（2）直接与用户发生关系，不需要银行参与，关系比较简化，但需要承担部分金融机构责任，如果发生大额交易将与国家金融政策发生抵触。

（3）无法对非话费类业务出具发票。

（4）税务处理复杂。

9.4.2　以银行为运营主体的移动支付业务

该运营模式主要是银行通过专线与移动运营商进行系统接入，用户通过银行卡账户进行移动支付，或者将银行账户与手机账户绑定。银行为用户提供交易平台和付款途径，移动运营商只为银行和用户提供信息通道，而不参与支付过程如图 9-3 所示。

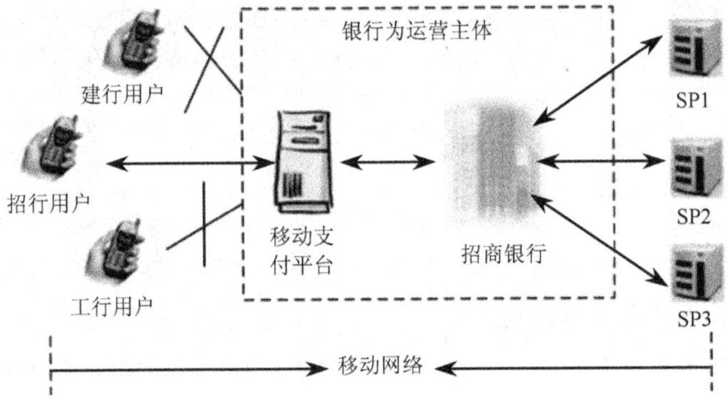

图 9-3　以银行为运营主体的移动支付业务示意图

当前我国大部份提供手机银行业务的银行（如招商银行、广发银行、工行等）都是自己运营移动支付平台。

该运营模式的特点如下：

（1）各银行只能为本行用户提供本行的手机银行服务，移动支付在银行之间不能互连互通，很大程度上限制了移动支付业务在行业间的推广。

（2）各银行都要购置自己的设备并开发自己的系统，造成资源极大浪费。

（3）各银行提供的手机银行服务不尽相同，每个用户正常情况下只拥有一部手机，但同时拥有几个银行的账户，而一部手机只能与一个银行账户相对应，用户无法享受其他银行的服务。

（4）对终端设备的安全要求很高，用户需要更换手机或 STK 卡。

（5）给 SP 带来很大不便，SP 要与多家银行进行连接。

（6）银行，尤其是银联，作为金融秩序的规范者如果参与到平台运营当中就会形成一种“既当裁判又当球员”的不公平竞争局面，引起其他参与方的不满。

9.4.3　以独立的第三方为运营主体的移动支付业务

该运营模式中，移动支付/交易平台运营商是独立于银行和移动运营商的第三方经济实体，具有独立的经营权。平台运营商作为桥梁和纽带，连接用户、银行及 SP，并负责用户银行账户与服务提供商银行账户之间的资金划拨和结算，如图 9-4 所示。由于这种模式的运作难度与成本比较高昂，对独立移动支付运营商的要求比较高，目前在国内移动支付市场上成功的运作案例还不多见。但是该模式的特点十分突出，是一个很值得关注的市场运作模式。例如，Paybox.netAG 与 IBM 公司合作开发的 WebSphere 平台、北京泰康亚洲科技有限公司的“万信通”平台、广州金中华通信公司的“金钱包”等，就是由独立的平台运营商运营的移动支付平台。

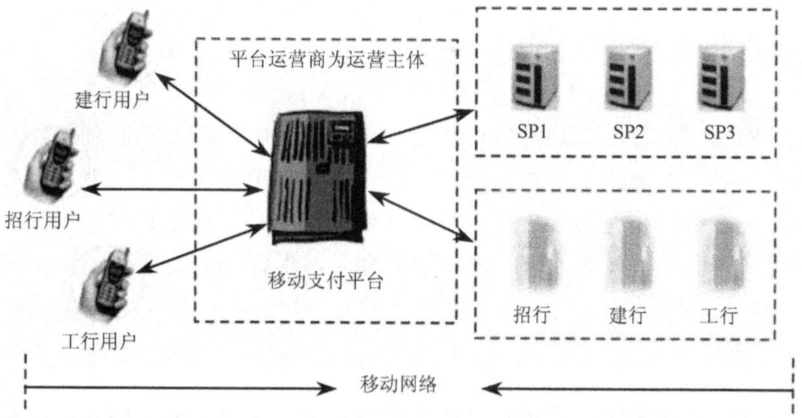

图 9-4　以独立的第三方为运营主体的移动支付业务示意图

该运营模式的特点如下：

（1）银行、移动运营商、平台运营商以及 SP 之间分工明确，责任到位。

（2）平台运营商起到“插转器”的作用，将移动运营商、银行、SP、用户等各利益群体之间错综复杂的关系简单化，将多对多的关系变为多对一的关系，从而大大提高了商务运作的效率。

（3）有利于银行和 SP 之间交叉推广各自的服务。

（4）用户有了多种选择，只要加入到平台中即可实现跨行之间的支付交易，但是对于银联的干预必须做好充分的思想准备。

（5）平台运营商虽然简化了其他群体之间的关系，但必须同时协调好多方的利益关系，无形中为自己增加了处理各种关系的负担，因此大大增加了运作成功的复杂程度，尤其在商务运作上工作量和难度比较大。

（6）对于平台运营商的要求很高，包括市场推广能力、技术研发能力、资金运作能力等方面，同时也要求平台运营商有比较高的行业号召力和认知度。

总之，自从移动支付的概念出现以来，谁来运营移动支付平台就一直是困扰着移动运营商、银行、SP 以及专门的移动支付平台运营商的一大难题。可见，一个成功的移动支付平台系统要具有通用性，即适应不同的终端设备、银行、SP、网络才能更具有行业号召力和竞争力。

从理论上来讲，独立的平台运营商作为移动支付平台的运营主体最为合适，因为不论从政策上、技术上还是业务推广上、用户接受程度上，它都是实现移动支付平台功效最大化的最佳选择。相信随着移动支付业务的不断普及和人们对移动支付认识的不断加深，移动支付平台运营商作为运营主体有望成为行业的标准。或许移动运营商与金融机构之间不愿意相互制衡，而更愿意彼此联盟。为了避嫌和实现效益最大化，也不排除移动运营商与银行等金融部门通过成立合资公司来运营移动支付平台的可能性。有了移动运营商和银行的协同作战，届时我国移动支付领域三分归一统的格局将不难实现。

9.5 移动支付运营模式应关注的问题

即使从世界范围来看，移动支付也还是一项新兴业务，对技术、制度环境的依赖程度很深，但它在发达国家的发展非常迅速，代表了金融电子化的发展方向。因此，我国也不可能等到所有条件都完备了再来开展此项业务，而必须在创新中完善。对于存在的问题，也必须未雨绸缪、及时发现，才能做好准备，保证其规范发展。

9.5.1 信用问题

与传统业务的方式不同，网上交易的真实性更加不容易考察和验证。首先，买方可能存在信用问题。目前移动计费系统主要是贷记，即先消费，后付款。如果买方是恶意欠费，用移动支付购买大量的商品和服务，然后放弃号码逃之夭夭，移动公司并没有很好的解决办法。现在还没有推广移动支付，移动用户欠费就已经是一个不小的问题。其次，卖方可能存在信用问题。无论是网上商品和服务的质量问题，以及售后服务问题，还是 POS 的产品都存在信用问题，如果出现交易纠纷，会处于很不利的地位，因为是移动方面垫付了购货款。

9.5.2 金融管制问题

在世界范围内，金融领域内的管制比电信管制要严格得多。尤其是金融领域的支付服务的管制非常严格。我国严格限制电子付款的最高上限，这是为了防止洗钱等犯罪活动。如果移动支付为了从根本上解决信用问题，改为借记方式，即先存款后消费，就带有储蓄性质。如果规模很大，就会被中央银行要求法定存款准备金，甚至被取消相关业务。

因此，在开展移动电子商务的支付服务中，应该选择要么直接与商业银行合作进行业务的开展；要么通过支付服务第三方提供移动支付服务。但银行从自身的利润收入和长期市场发展的考虑，对开展与移动的合作并不是很积极。

9.5.3 网上交易的速度和稳定性

网上交易的优势其便利的操作程序和快捷的传输速度。于是，网络的稳定性便成为重要课题。当突发事件造成交易数量超出容量设计时，也会使网络堵塞。例如 1997 年 10 月 27 日，美国道琼斯指数暴跌 554 点，成交量激增，通过 E-Trade 交易的规模是平时的两倍，导致许多委托实际无法进入系统。因此，移动支付网络的速度和稳定性也是运营商需要关注的问题。

9.5.4　预期收益与成本的不对称

目前移动支付开展网上交易，主要是看好网络交易的发展前景。在实际运作中，移动支付网上交易获得的收益并不足以补偿费用成本。受各方面条件的限制，我国移动网上交易的大发展，即从成长期到成熟期，还需要一段时期。

（1）移动支付的风险与支付限额成正比关系，如图 9-5 所示。

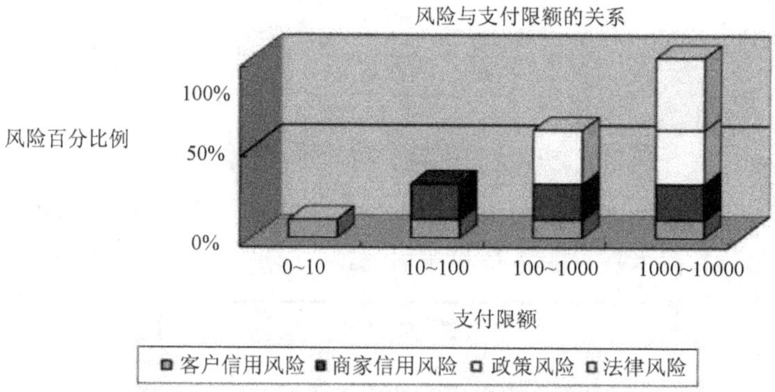

图 9-5　风险与支付限额的关系图

① 客户的信用风险：在移动业务中主要表现在欠费，甚至是恶意欠费。刻意欠高额话费后丢掉原来的号码，再申请一个新的手机号码。

② 商家的信用风险：在移动支付业务中主要是由于在支付流程中，移动先协助客户支付商户的款项，客户在具体的消费过程中对商户提供的产品和服务的质量纠纷，甚至商户的恶意欺诈负有连带的信用责任。

③ 政策风险：在移动支付业务中主要表现在中央银行的对于电子货币的监管力度。具体体现是是否对手机支付业务收取金融管制的法定准备金。

④ 法律风险：在移动支付业务中主要表现在对洗钱的风险，是否对手机支付具体业务叫停以使风险达到 100%。

通过图 9-5 可以看出：

① 在四种支付范围限额的情况下，客户信用风险的比例是一样的，只不过随着支付金额的增大，风险金额相应增加。

② 在 10～100 元的支付范围中增加了商家信用风险。

③ 在 100～1000 元的支付范围中要面临商业银行的银行卡的竞争，增加了中央银行管制的政策风险。

④ 在 1000～10000 元的支付范围内，需要考虑预防洗钱等犯罪活动，尤其是超过 10000 元的各种风险累计必然超过 100%，会被叫停。根据国际惯例，由于洗钱问题，都不允许现金支付金额超过 10000 元。

（2）移动支付的收益与支付限额成正比关系，如图 9-6 所示。

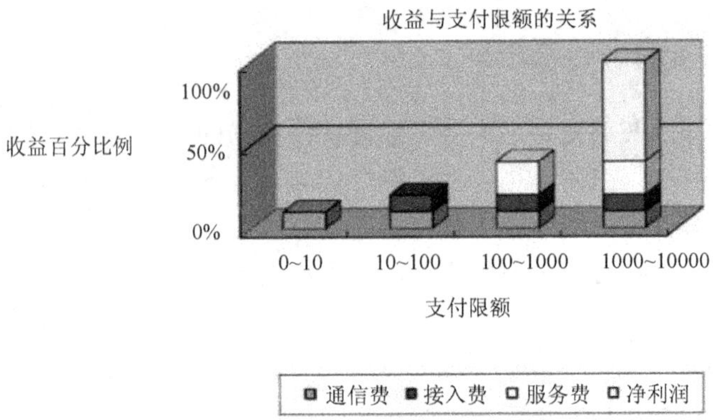

图 9-6　移动支付收益与支付限额的关系图

移动支付各类收益取值范围如图 9-7 所示。图中表示的是一次业务的费用组成，从左到右分别为通信费、接入费、服务费和净利润。

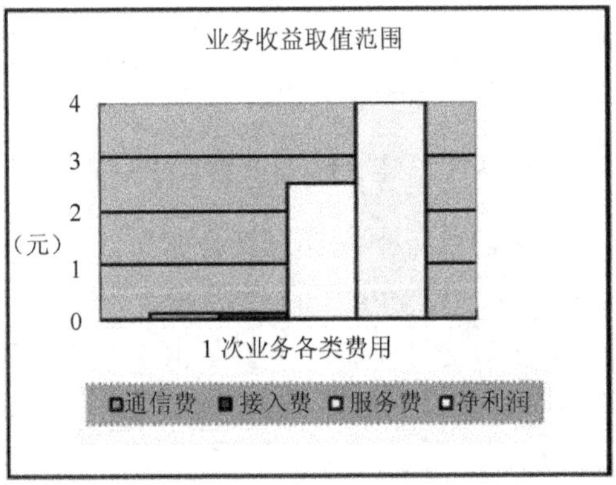

图 9-7　移动支付各类收益取值范围

① 通信费主要是指对于普通客户收取的短信费。

② 接入费主要是指对于商户收取的费用。

③ 服务费主要是指对于提供支付服务等收取的各种手续费。

④ 净利润主要是业务提供商提供业务扣除主要费用如接入费和服务之后获得的净利润。

通过图 9-6 和图 9-7 可以看出：

① 实际上短信费用相对比较固定，而接入费和服务费和净利润可根据市场竞争情况灵活确定。接入费的最高限为每笔不超过短信费用，其取值范围为 0～0.1 元；服务费的最高限为每笔不超过商业银行提供跨行支付服务的手续费，其取值范围为 0～2.5 元；移动运营商分得的净利润的最高限为每笔不超过邮局异地汇款业务的 1%，其取值范围在 0 到业务净利润总额的 1%之间。通信费是每笔业务都能获得的收益。

② 接入费是针对商家的，根据市场竞争情况而定，有时为了争取市场可以免收接入费。

③ 服务费是提供支付业务收取的费用，参考商业银行的跨行支付费用标准，为了与商业银行竞争，也可以暂不收取。

④ 净利润是移动运营商与业务提供商之间的净利润分层，为了竞争，也可暂不收取。

第 10 章

移动广告应用

移动广告（Mobile Advertising）是通过无线通信网络，将广告信息发送到手机、PDA等移动通信设备上以达到广告推广效果的一种新兴的广告形式。较之传统广告形式，移动广告具有诸多突出的优势，如用户覆盖面广、信息传输不受时空限制、可方便进行实时互动等。此外，在获得用户许可的前提下，通过手机号这个与用户身份几乎唯一对应的ID，可以根据对用户的偏好设置和使用行为规律的挖掘为用户提供精准的一对一定制服务。

2010 年 7 月 15 日，中国互联网络信息中心（CNNIC）发布了《第 26 次中国互联网络发展状况统计报告》。数据显示，截至 2010 年 6 月底，我国网民规模已经突破 4 亿，达到了 4.2 亿，较 2009 年年底增加 3600 万人。互联网普及率攀升至 31.8%，与 2009 年年底相比提高了 2.9%。手机网民成为拉动中国总体网民规模攀升的主要动力。《报告》显示，截至 2010 年 6 月底，中国手机网民用户达到了 2.77 亿，在整体网民中的占比攀升至 65.9%，相比 2009 年年底增加了 4334 万人，增幅达 18.6%。其中，大约有 4914 万的网民只使用手机上网，占网民总数的 11.7%。移动互联网展现出了巨大的发展潜力。

结合原信产部和现工信部发布的“历年通信行业”统计数据显示（如图 10-1 所示），较之 2000 年的 8526 万户手机用户，经过 2001—2009 年 9 年时间的发展，我国手机用户增长到 82305.7 万户，共增长了 73779.7 万户。截至 2010 年 8 月底，我国手机用户已经达到 82305.7 万户。截至 2010 年 8 月底，手机用户是互联网用户的 1.96 倍，是手机网民的 4.65 倍，平均 4.65 个手机用户中就会有 1 人使用手机上网。可见，手机正在取代 PC 成为人们上网的首选媒体，这也意味着手机广告时代即将来临。

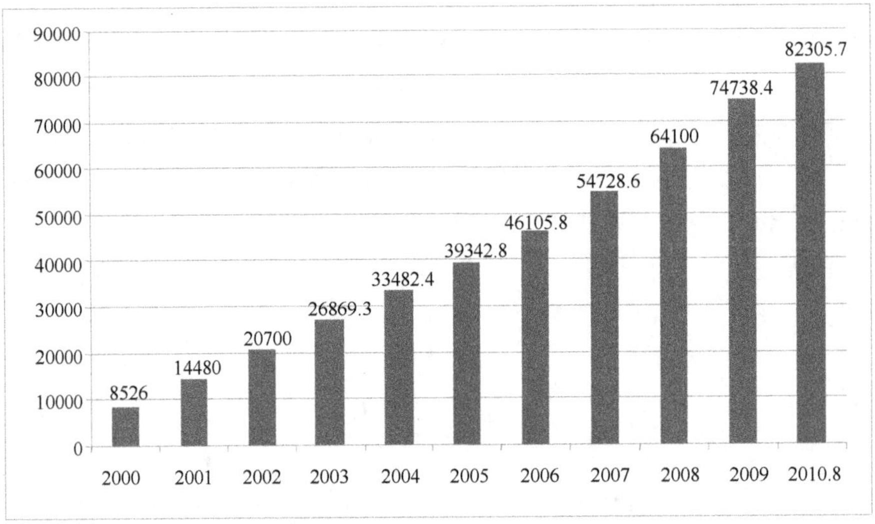

图 10-1　2000 年—2010 年 8 月手机用户数量（单位：万户）

我国具有极大的手机广告市场规模，并且手机用户数量和手机上网人数持续高速增长，这就给予了广告主和运营商绝对的信心。而且手机广告具有很多传统媒介不可比拟的优势，被广告主和运营商视为实现“一对一”精准营销的最佳媒体而备受推崇。但是，我国手机广告毕竟还处于起步阶段，在各个方面都存在很大的问题和挑战。例如，如何解决管理用户数据库和运营手机广告业务的技术瓶颈；如何解决垃圾短信和个人隐私保护问题，增加用户的信任度和使用意愿；如何建构行业产业链，让各个角色通力配合，高效、规范运营，等等。

据工业和信息化部发布的数据，截至 2009 年 12 月底，我国 3G 用户总数达到 1141.4 万，在移动电话用户中的占比为 1.5%。所以，在 3G 没有普及之前，如何能够“整合产业链资源来最大限度的挖掘手机媒体广告的价值、扩大其影响力和覆盖面”，以及如何能够“制定合理的行业规范，让手机广告真正做到‘准而不扰’的精准营销”，是当前移动广告业务亟待解决的两个主要问题。

10.1　移动广告发展概述

10.1.1　移动广告的定义

移动广告是随着移动数据业务的发展而兴起的，它隶属于移动增值业务的一种，开始是作为移动位置服务（LBS）与广告服务融合的一种延伸。移动广告目前尚没有统一的定义。参照其他相关概念，可以对其进行界定。美国移动营销协会（MMA）将移动营销定义为：介于品牌和终端用户之间作为通信和娱乐渠道的移动媒体的使用。移动营销是随时、随地都能够带来即时、直接、交互沟通的一种亲身渠道，也就是通过移动渠道来规划和实施想法，对产品或服务进行定价、促销、流通的过程。但移动广告与移动营销还不是完全相同的。同时，MMA 定义广告是：特定的广告主通常以付费的方式通过各种传播媒介，对商品、服务或观念等信息进行的非人员介绍和推广。IMAP 将移动广告定义为使用移动媒体来传送广告信息，鼓动人们购买产品和服务的商业活动。该定义强调了购买却没能充分表达广告的含义。

结合以上有关定义和移动媒体特点，可以将移动广告定义为：通过移动媒体传播的付费信息，旨在通过这些商业信息影响受传者的态度、意图和行为。移动广告实际上就是一种互动式的网络广告，它由移动通信网承载，具有网络媒体的一切特征，同时比互联网更具优势，因为移动性使用户能够随时随地接受信息。

移动广告被认为是未来商业广告中以用户数据库为基础进行精准营销、广告主有目的性地筛选出适当的人群进行针对性的商业信息传播的最佳舞台。手机广告的最大亮点在于把移动电话和广告结合起来，形成客户、商家和运营商三方受益的局面。

10.1.2　移动广告的特点

移动广告作为一种全新的广告形式，与其他媒体广告相比，具有以下一些主要的特点。

1．精准性

相对于传统广告媒体，手机广告在精准性方面有着先天的优势。它突破了传统的报纸广告、电视广告和网络广告等单纯依靠庞大的覆盖范围来达到营销效果的局限性，而且在受众人数上也有了很大超越。手机广告可以根据用户的实际情况和实时情境将广告直接送到用户的手机上，真正实现“精准传播”。例如，广告主可以针对不同地区、客户类型、背景资料、兴趣爱好找到适合产品向特定的客户投放广告，这样既节省广告的投放费用，又会有较高的命中率。

2．即时性

手机广告的即时性来自于手机的可移动性。手机是个人随身物品，它的随身携带性比其他任何一个传统媒体都强，绝大多数用户几乎每天都会把手机带在身边，有的人甚至一天二十四小时不关机，所以手机媒介对用户的影响力是全天候的，广告信息到达也是最及时有效的。因此，手机广告突破了时间和地域的限制，用户可以在任何时间任何地点迅速地接收广告信息，这样的传播速度是此前的任何媒体都无法匹敌的。

3．互动性

手机广告的互动性为广告商与消费者之间搭建了一个互动交流的平台，让广告主能更及时地了解客户的需求，更使消费者的主动性增强，提高了自主地位。作为互联网技术和移动通信技术完美结合的 3G 手机媒体，可以充分发挥互动功能的优势，将互动元素融入手机媒体广告的创意中，使用户随时随地进行广告接收后的反馈互动。

4．扩散性

手机广告的扩散性，也可以说是可再传播性，是指用户可以将自认为有用的广告转发给亲戚朋友，向身边的人扩散信息或传播广告。这就避免了传统广告只能通过消费者口口相传的缺憾，同时也避免了传播过程中信息的失真。

5．整合性

手机广告的整合性优势得益于 3G 技术的迅速发展，手机广告可以通过文字、声音、图像、动画等不同的形式展现出来，手机将不仅仅是一个实时语音或者文本通信设备，也是一款功能丰富的娱乐工具：影音功能、游戏终端、移动电视等；也是一种实时的金融终端：手机电子钱包、证券接受工具等。一部手机将整合多种媒体和软件资源，将传统的电视媒体、报纸报刊和金融服务融为一体，使手机广告的形式和内容更加丰富，更具有融合性。手机广告的这种整合性优势将给企业营销带来巨大的机遇，原先支离破碎的媒体手段重新被 3G 技术整合在一起，向同一传播目标传递同一个声音、同一种形象，从而实现广告传播效果最大化。

6．可测性

对于广告主来说，手机广告相对于其他媒体广告的突出特点还在于它的可测量性或可追踪性，使受众数量可准确统计。广告主可同移动通信运营商积极展开合作，定时定向追踪和监测广告效果。借助于精确统计出来的数据评价广告效果，进一步审定手机广告的投放策略，并利用手机媒体的互动和实时特点，按照用户需要，及时变更手机广告的形式和内容，增强广告的宣传效果。

7．低成本

所有的广告主都愿意支出最低成本，将产品投入到更加细分化的市场上，引起消费者对产品的关注与热情。3G 手机作为广告媒体恰恰具有强烈的分众性和个人化特点，可以实现市场细分，对潜在的目标受众提供与之对应的广告和信息。因此，与传统媒体广告相比，手机广告具有突出的成本优势，并且还有可能将 CPA（按效果计费）的收费方式变为现实。按效果计费是指：在手机广告形成闭环销售的情况下，从用户接收到广告信息开始直到交易最终完成，运营商和广告服务提供商对于用户提交的每一个申请均有记录，并以此判断所投放的广告是否真正对产品的销售产生了直接影响。对于确实产生实际销售的手机广告，广告运营商将根据协议向广告主收取销售额固定比例的广告费用。

作为交换，对于那些没有起到形成直接销售的手机广告，企业只需要按数量、流量或者时间等向运营商支付基本的通信费用。

10.1.3　移动广告的类型

移动广告的分类可以按照不同的标准，如承载方式、内容形式、类型方式及推送方式进行区分。

1．按内容形式

移动广告分为文本广告、图片广告、视频广告、音频广告以及混合形式广告等。

2．按推送方式

移动广告可分为推广告（Push）和拉广告（Pull）。推广告具有很高的覆盖率，但容易形成垃圾信息。拉广告（Pull）是基于用户定制发送的广告信息。

3．按发布形式

移动广告可分为信息类广告、终端嵌入类广告、语音类广告、视频类广告、WAP类广告、移动搜索类广告、无线定位类广告等。

下面对按照发布形式分类的移动广告进行详细的说明：

1）信息类广告

信息类广告是手机广告最早的表现形式，尤其是以短信为主的强制性手机广告，依然是目前最主要的手机广告形式。信息类广告多为用户被动接收，其发布的形式主要是短信、彩信和小区广播信息。2010 年 4 月 25 日，信息产业部公布了 2010 年第一季度的统计数据，中国短信业务量再创历史新高，达到 988.2 亿条，平均每天业务量为 10.98 亿条，每天市场收入超过 1 亿元，业务量比去年同期增长了 47%。就目前而言，因为短信具有费用低廉且潜在广告对象群体巨大、短信覆盖面广等特点，短信传播仍然具有不可替代性。

彩信广告以其图文并茂、色彩鲜艳等特点受到用户的青睐，这也正是彩信最大的特点：支持文字、图像、声音、数据等多媒体功能，使广告信息更具表现力，广告效果大大增强。“彩信”其实就是短信的延伸，它除了支持多媒体功能外，本质上与短信没有区别。但是，由于彩信需要用户开通相应的数据业务，并且有移动终端的支持才能正常使用，同时，用户还需承担 GPRS 流量费才能下载，成本较高，所以无法大规模传播。

小区信息广告业务借助了手机的定位技术，当用户进入到某一特定区域内，系统就将自动向该用户发送短信或彩信。如果这些短彩信上承载的是广告信息，那么就形成了小区短彩信广告。例如，当用户到达新的省市、商场、酒店、机场时即可接收到与此地点相关的广告信息。

2）终端嵌入类广告

终端嵌入类广告包括终端嵌入式和业务嵌入式两种广告形式。终端嵌入式广告是指广告主与手机厂商合作，在手机出厂之前将广告直接置入手机，通过图片、屏保、壁纸、开关机画面、铃声、视频和游戏等形式呈现。这种广告的优势是强制用户看广告，并且长期存在手机里可以多次观看；其劣势是制作要求较高，广告成本也较高，更新率低。

业务嵌入类广告是指将广告以文字、图片、声音、视频等形式嵌入到用户的增值业务中。例如，游戏嵌入式广告是将广告穿插在手机游戏中，利用消费者对游戏的爱好和游戏本身的互动性及娱乐性，把游戏作为载体进行广告宣传；也可以将品牌信息和产品形象内置在游戏当中，设计成新颖的道具或者场景，让用户在娱乐中体会产品的特点和性能，进而培养用户对产品品牌的认同感。例如对于赛车类游戏，可以和汽车厂商合作，在游戏中将赛车的信息变成该汽车厂的个系列赛车，让用户在游戏中能够了解车型、性能等，还会对该车的品牌有所印象。

3）语音类广告

语音类广告包括语音服务电话的广告收听和彩铃广告。语音类广告是指将广告内容以语音片断的形式加入运营商为手机用户提供的语音增值业务服务中。语音服务电话的广告收听，是指用户主动拨打某个特定的号码，收听广告，如拨打 10086；彩铃广告是指用户通过下载广告彩铃的方式向其自身的交际圈传播广告。

4）视频类广告

视频类广告包括视频点播和手机电视两种广告形式。伴随着手机终端的研制和 3G 技术的发展，更大、更清晰的屏幕，更长久的电池供应，更快速的数据传输能力使各种业务的实现成为可能的同时，也将极大提高 3G 时代手机广告的表现能力。常见的视频类广告如手机流媒体视频广告除了具有传统电视广告信息承载量大、视觉感官体验好的特点外，与传统电视广告相比更具有精确性、可随身性和便携性的优势。可见视频广告有很大的发展空间，但是流量资费的问题还有待进一步的解决。

5）WAP 类广告

WAP 类广告是指将文字、图片或视频广告嵌入用户所浏览的 WAP 门户的页面，类似于互联网用户在访问网页时所看到的广告。不同的是手机 WAP 类网站可以掌握用户的个人信息如手机号码等，通过分析用户具体身份信息、浏览信息等，细分用户类型，以用户数据库为基础定向营销，达到精确广告的目的。同时，在无线互联网上，企业还可以通过 WAP 互动平台与用户展开形式丰富的互动活动，充分体现手机广告的互动优势，从而达到广告的目的。

6）移动搜索类广告

移动搜索类广告是指用户以使用移动终端（如手机、PDA 等），通过 SMS、WAP 等多种方式进行信息、资讯、生活、娱乐等内容的搜索应用。移动搜索是搜索技术基于移动通信网络在移动平台上的延伸，因此移动搜索是互联网与移动通信产业融合的产物。从硬件支持来看，与有线互联网搜索相比，移动搜索最大的不同在于使用者享受搜索服务的便利性。但由于终端不统一的特性，移动搜索引擎不仅要完成信息的获取，同时要对获取的信息进行相关处理，即把不同内容提供者、不同类别的信息进行整合，并建立相关性，再将所有信息进行相关处理，转换成适合终端使用的信息。手机搜索广告与互联网的搜索广告类似，有移动搜索服务提供商运营的关键词广告和竞价排名广告。根据易观 Enfodesk《中国移动搜索市场用户调研报告 2009》研究发现，用户使用 WAP 搜索服务，一般是在查询一些急需信息和等待时（等车、等人、等餐），这两类情形的使用比例均在 60%以上。值得注意的是，在睡觉前，用户使用移动搜索服务的比例达到 40.7%。而在其他休闲时，如课间/上班休息时、乘坐交通工具、上课/上班时也是用户经常使用 WAP 搜索服务的场景。易观国际（Analysys International）认为，手机移动搜索厂商可重点考虑在餐厅、车站、城市商业区、交通工具、学校等场景选择广告投放，以提高用户认知率。

7）无线定位类广告

无线定位广告又叫位置广告，是利用无线网络的定位功能，及时根据定位用户的地理位置，为其主动提供服务的一种广告模式。3G 位置服务功能为用户提供包括位置信息、城市导航、行车指南、位置广告等服务。其中的位置广告更加具有贴近性，更加人性化，是 3G 时代手机广告的发展方向及制胜的关键。

10.1.4　全球移动广告市场发展状况

移动广告有很多种业务承载方式，而且内容又非常丰富，能与手机游戏、视频彩信等相结合，又具有图文、音乐等多种混合形式，加上手机独特的优势，受到全球许多移动运营商、SP 的重视，传统的互联网内容提供商、媒体公司和搜索引擎巨头也纷纷加入移动广告行列。

1. 美国移动广告发展规模现状

iResearch 根据 eMarketer 发布的 2008—2013 年美国广告主移动广告投放额变化趋势发现，从 2009 年开始，美国广告主在移动广告上的投放额呈现快速增长的趋势，移动广告市场发展迅速。预计到 2013 年，美国移动广告投放额将会超过 33 亿美元。

2. 韩国移动广告发展规模现状

韩国移动广告市场是通过 SKT、KT、LGT 三家公司进行广告销售的格局。移动广告费总额在 2005 年超过 200 亿韩元之后，2006 年达到 300 亿韩元，2007 年更超过了 500 亿韩元。虽然在 2008 年由于广告业的不景气，增长率放慢，但是 2009 年仍然增长了 11%以上，市场规模超过了 600 亿韩元。

3. 中国移动广告发展规模现状

中国的手机用户已经达到了 8 亿，成为全世界最重要的移动互联网市场。数据显示，截至 2010 年 6 月，中国手机上网用户已由去年初的 1.18 亿增长到 2.77 亿，占网民总量的 66%。预计到 2012 年，智能手机销售量将超过 PC。

根据艾瑞咨询即将发布的 2010 年第三季度中国移动互联网市场监测数据显示，2010Q3 中国移动互联网市场整体规模达到 42.5 亿元，同比增长 3.9%，环比增长 5.8%。其中手机广告（移动广告）的市场规模占到 7.3%，即达到 3.1 亿元。

10.1.5　移动广告的优劣势

从历史上看，媒体形式共有四种：报刊——第一媒体，通过纸张作为媒介；广播——第二媒体，通过电波作为媒介；电视——第三媒体，通过信号作为媒介；网络——第四媒体，通过互联网作为媒介。现在又把手机媒体称为第五媒体，是以手机为视听终端、手机上网为平台的个性化即时信息传播载体。与电视、广播、报纸、杂志等媒体的广告相比，手机的移动广告有独特的优势，但也有特殊的劣势。

1．移动广告的优势

1）交互性与主动性强

不同于传统媒体的信息单向传播，用户可拨打电话、短信、邮件、登录网站等形式做出回应，形成信息互动。这是移动广告的最大优势。

2）实现形式更加多样化

移动广告可使用 IVR、短信、彩信、彩铃、WAP、流媒体（如手机电视、移动游戏）等进行承载，而且能和业务进行捆绑。

3）可实现广告的精确统计和准确投放

移动运营商掌握着移动用户的信息，可以根据用户的年龄、性别、消费偏好等进行分类，从而实现移动广告的精确投放。

4）移动性和情境性

用户可在需要时随时随地获取信息。基于 GPS，以小区广播形式的移动广告可以实现情景式投放。例如，当移动用户进入某个商场购物时，通过小区广播将当天的打折信息广告投放到广告受众手机上。

5）传播迅速、范围广

移动广告的传播范围广泛，只要有手机信号的地方，就有可能接收到移动广告，这是传统媒体所无法达到的。

2．移动广告的劣势

1）信任度、认知度与使用意愿不高

手机广告的初期形式是以短信进行信息发布和促销，这种短信带有极大的强迫性。再加上一些小的 WAP 网站发布的不良广告，损害了手机广告的整体形象，以至于很多用户对手机广告的认知就停留在诸如垃圾短信、虚假广告、欺诈广告上。无论广告主还是手机用户对手机广告的认知度和使用意向的提高，都需要经过一段时间的缓冲和一个接受的过程。

用户对手机广告不信任的主要原因在于广告信息的失真和对用户的烦扰。目前手机短信已成为广告商和诈骗分子对消费者侵害的一个新型手段。与垃圾电子邮件不同的是，它不能像电子邮件一样可以轻易删除后就没有危害，垃圾短信往往会给收信人带来经济损失甚至有可能造成手机内隐私内容的泄露。12321 网络不良与垃圾信息举报受理中心于 2009 年 12 月 10 日～2010 年 1 月 10 日进行的《2009 年第二次短信息状况调查》显示，我国用户平均每周收到短信息 22.92 条，比 2009 年第一次调查（17.66 条）增加了近 30%。短信息正成为大部分手机用户越来越重要的信息交流工具。被调查者中，明确认为收到过垃圾短信息的占 99%以上。被调查者接收到的垃圾短信息的主要时间明显向工作时间集中。我国用户平均每周收到的垃圾短信息为 8.52 条。

手机垃圾信息已经在用户心中产生了阴影，导致手机用户对手机广告信息的不信任。这一结果直接影响了广告主的信心。另外，由于手机广告的效果评估尚没有一套规范，所以很难衡量手机的广告效果和传播价值。这些因素使多数广告主对手机广告持一种观望的态度。

另外，用户对手机广告认知度不高的另一个原因是广告费用。目前，用户接收手机广告，大多还是需要用户买单的，特别是用手机 WAP 浏览广告信息时，用户需要支付较高的流量费用。这样，手机广告实际上是用户花钱才看到的，这就严重影响了用户使用的积极性，影响使用意愿。

2）用户使用习惯与终端局限

传统概念上讲，手机对于大部分用户而言还是局限在打电话、发短信等基础功能，对于无线上网、手机二维码、移动搜索等新生服务功能还处于未知状态。而且很多用户的手机自身也存在着硬件的缺陷，虽然技术的进步已经使手机可以传递包括文字、图像、视频等多种类型的信息，但绝大多数用户使用的手机都无法呈现高质量的图片和视频信息，能容纳的文字信息也非常有限，现代广告所需的视觉冲击力无法在手机广告中很好地实现。

3）综合运营的技术瓶颈

手机广告很大程度上依赖于 3G 的带宽和多媒体手机硬件支持。在 3G 普及之前，这些广告应如何运作是一个难题。据工业和信息化部发布的数据，截至 2009 年 12 月底，我国 3G 用户总数达到 1141.4 万，在移动电话用户中的占比为 1.5%。可见，我国手机用户数虽然庞大，但是 3G 高端手机用户数量非常有限，而且是否真正为营销的目标群体也有待考量。业内人士的普遍看法是，等 3G 手机用户超过 1000 万时，或许微妙的变化就会开始。而在 3G 广泛使用之前，手机媒体广告的市场空间都将是个未知数

4）行业监管难度加大

移动广告接收终端的私有性，使得行业监管者对移动广告内容的监控难度大于传统广告。仅靠传统的监管手段很难达到对移动广告监管的目的，需要行业监管者针对移动广告的特性，制定相应的监管措施。

10.1.6　移动广告发展的制约因素

虽然移动广告的发展形式比较理想，但是也存在着一些制约其快速发展的因素，主要有以下几个方面。

（1）最重要的制约因素在于消费者的电话号码属于个人隐私，而滥用和侵犯隐私的行为将导致移动广告产业无法健康持久地发展，需要从立法上加以保证。

（2）用户对移动广告接受程度较低，受最初的广告形式短信广告的负面影响比较大。

（3）产业链和行业规范亟待完善。手机的普及程度虽然远远超过互联网，但与互联网广告市场相比，手机广告市场的发展和规范严重滞后。手机广告产业链包括移动运营商、广告主与广告受众、广告代理、终端厂商等，整个产业链尚且没有一个明确的运作流程，手机广告的发布没有正规的流程和制度，产业链的各个角色没有明确的分工，而且利益分配也没有统一标准。

（4）运营商对用户数据和广告内容把握的挑战。手机广告的精准投放是基于庞大的用户信息数据库的，而这些数据由于数据量大、用户覆盖范围广、涉及用户隐私信息的层面多，运营商很有可能由于经验不足和利益驱使，稍不小心就会因为过度营销而骚扰客户，甚至会激起客户的不满、投诉、法律诉讼。而国内目前还没有这方面的法律体系或监管政策加以监督，因此如何在有效挖掘用户信息数据并精准营销、满足用户浏览“喜爱的广告”同时，又通过运营商和广告代理商自律、辅之以政府管理部门的有效监管，将是未来移动广告业务量质并重运营和赢得客户长期信赖的一个重大挑战。与此同时，在广告内容方面的把握也很重要，不能为了经济利益就没有尺度地散播信息，应该时刻怀有高度的警惕性，注重对广告内容的危机管理和政治审查。

（5）手机广告效能的衡量标准缺失造成广告主对手机广告的认可度不高。

（6）缺乏真正有创意和吸引力的移动广告营销策略，未能与传统广告进行联动，未能对消费者进行细分。

10.2 移动广告的业务价值链分析

移动广告的价值链通常包括 8 个环节，但是若广告的模式不同，价值链各个环节和作用也各不相同。这些参与者以及他们所担任的角色会在不同应用场景中发生变化。一些参与者可能承担一个以上的角色。

1. 广告主

广告主是指通过支付广告位或时间，向公众发布公告或宣传信息的企业、组织、团体或个人。而移动广告可以结合用户的位置和背景资料，被视为更具针对性和有效的方式。广告主以各种方式与市场代理商合作，在移动市场中，在恰当的时机发送合适的信息给合适的客户来实现价值最大化。信息传递到无线终端，可以捕获用户的注意并建立品牌知名度。

2. 广告代理商

广告代理商对产品和市场起中间连接作用。广告代理商要很好地理解广告商的要求和移动业务的特点。首先，广告代理商要知道广告商需要传递给目标客户什么；然后，要与广告商确认针对目标客户广告的运行和策略。广告代理商要负责制作移动广告活动的创作设计以吸引大众。

3. 内容提供商

内容提供商在这个价值链中也是个很重要的角色。广告往往是包含着实际内容传递给客户。内容缺乏将不能吸引人们的关注，这样广告就无法给人深刻的印象。内容丰富、新颖的广告将有助于价值链的发展。内容提供商可以通过出售他们的内容或在内容中投放广告获得收益。

4. 服务提供商

服务提供商是指提供业务的实体，如流媒体服务、彩信服务，广告内容都是以这些业务为基础的。业务的部署、发布和商业运行在技术上依赖于业务平台，如广告平台、彩信平台和 BCAST 平台等。业务提供商有自己的平台，通过将这些投入到商业运行中，并从客户那里收取服务费来获得收益。关键问题是如何避免客户体验兴趣降低，并将广告内容传递到用户。

5. 技术提供商

技术提供商在价值链中是个关键角色。技术提供商主要是通信设备供应商和应用集成处理供应商。这些角色中的一个或多个来提供整个技术解决方案，以支持这个价值链的运行。例如，提供一个广告功能平台，其中包括广告商管理、市场代理商管理、内容及内容提供商管理、广告任务和广告资源管理、广告标准或用户分析管理等功能。

6. 设备制造商

设备制造商一般是技术提供商的一部分或合作伙伴。用户从设备制造商或运营商那里购买手机并享用这些优质服务。设备制造商通过销售这些设备获得收益。

7. 运营商

运营商控制移动服务的分配并拥有大量的用户资料。关键问题之一是运营商如何利用这些资源。为了这一目的，运营商要与价值链中的角色建立合作关系，这样他们才能确保移动服务广告启用和使用其用户数据，让广告更有效和更有针对性。

8. 用户/客户

移动用户是接受移动服务方，而客户是和服务提供商有订购关系的。用户接收的移动广告来自不同的商业广告服务，如电视广告、户外广告。例如，移动用户可以接收个性化的广告并通过移动重点选择一些产品。

目前，移动广告价值链中主要有广告主、移动营销公司、媒体所有者、网络运营商、技术提供商和消费者。作为移动广告的付费者，广告主是价值链中的重要一环。媒体所有者在价值链中也相当重要，他们拥有经过授权的移动号码数据库。网络运营商则控制了传输渠道。不断创新的技术则是整个价值链的黏合剂，技术提供商在这一环节要解决传输协议、终端设备、传输能力等问题。最后是消费者的态度，它决定了移动广告的未来。如果受众不买账，移动广告也不可能生存。当前的移动广告价值链还显得零碎，在广告主和运营商之间存在多种中介，营销层次还比较复杂。没有一致认可的有效价值链，也不利于移动广告业的快速发展。

10.3 移动广告的运营模式

3G 时代的移动广告商业模式应是以满足用户个性化需求为中心，为用户提供更多增值服务，实现精确营销，开发用户主动型广告，从而实现移动广告整个产业链的多赢。

10.3.1 移动搜索式广告模式

移动搜索是基于移动网络的搜索技术的总称，用户可以以移动设备为终端，通过 SMS、WAP、IVR 等多种接入方式对互联网进行普遍搜索，从而实现高速、准确的信息资源获取。移动搜索类似于互联网搜索，它是基于关键字的搜索。移动搜索广告商业模式与互联网搜索相似，即对用户提供免费搜索服务，对商家通过关键字竞价排名来收费。目前移动搜索广告常见形式有以下两种：

（1）手机实名搜索广告。手机实名搜索是指为手机用户提供类似“互联网实名”式的搜索服务，用户可以通过短信搜索或手机 WAP 搜索两种模式输入中文关键字，就可以即时、快捷地搜索到想要搜索的信息。

（2）本地搜索广告。本地搜索就是在手机中提供本地地图搜索服务，用户可以搜索查询到 ATM、邮局、餐饮娱乐、商场超市及企事业公共服务机构和工商农工等商业服务单位的地图服务信息。它融合了手机实名、电子地图、企业黄页、同城分类等多种商业模式，搭建有线、无线、终端内嵌等多平台展示。

10.3.2 置入式广告模式

（1）终端置入式：即通过 SIM 卡、RFID 芯片、手机硬件功能改造、客户端软件嵌入等方式实现。韩国 SK 电信成功推出的“Nate Ad MoA”业务正是这一类型移动广告的代表。广告可以通过手机待机画面、无线互联网连接画面、关机画面、电源开关画面等七个方式来呈现。另外，广告内容还可以自动联网更新。

（2）内容置入式：它可以看做传统大众媒介与互联网的广告经营模式的延伸，通过将广告信息植入手机报、手机电视、WAP 站点、手机游戏等增值业务中，进行广告的在线宣传与深度链接。在 3G 时代，其表现形式包括流媒体广告、手机电视广告、语音广告、游戏内置广告、移动互联网广告、彩信、手机报、短信等。手机媒体的特殊性决定了这种广告绝不能盲目地把传统广告与互联网广告搬过来套用，而应在尊重用户信息需求与使用习惯的基础上，协调好内容和广告的空间及时间比例，以进行科学合理的广告嵌入，从而建立使用户、商家、传统媒体、运营商总价值最大化的可持续发展模式。

10.3.3 情景式推送广告模式

（1）结合重大事件或活动的情景式推送广告模式。它是指企业在重大事件发生期间（或重大活动开展期间），在 WAP 技术与移动用户数据库的支持下，新建一个 WAP 站点或在 WAP 门户站点开一个互动专区，对受众进行定向跟踪与互动沟通，以了解用户消费行为，挖掘潜在需求，构建预购及在线购物的商业模式。

（2）基于位置的情景式推送广告模式。它是指以移动通信小区广播技术及终端定位技术为基础，通过对传播区域、传播时间、传播信息的设定，按照时空坐标，区隔用户类型，进行特定地理区域的、直接的、个性化的实时广告定向发布。它可以在特定的区域空间内进行广告的精准投放与定向、实时的移动终端拦截，从而增强用户消费行为的劝服转化效果。例如，当一位潜在顾客走进一家大型购物商城时，她的手机收到一条短信，示意她所在商城的某个卖场正在进行促销活动，只要她参与，就可以得到免费的精美礼品。由于她刚好在现场，这使得她参与这一活动的机会大大增加，而企业也实施了有效的终端拦截。实际操作中，广告主如何做到在正确的时间、正确的地点把广告推送给正确的人，成为应用这种模式的关键。

总之，手机移动广告要想成功，就必须建立起能兼得现存的广告业和通信业之长的可持续发展的商业模式，而且该模式需要充分尊重价值链中各要素的作用。

第一，内容是移动广告服务中的关键因素。“内容为王”这条传统广告业中的金科玉律同样适用于移动广告。要想获得预期的传播效果，移动广告就必须能够满足个人在使用移动设备时对其追求目标的认知需求。就移动广告而言，接收者的预期目标会影响其对广告的处理。有两方面的信息可以帮助广告主对移动广告内容进行定位：一是用户在同意接收广告时填写的包括兴趣爱好、当前需求、所在地区等在内的个人信息；二是充分利用公司已有的 CRM 等数据库信息。这两方面的信息可以互为补充，综合利用。

第二，充分运用跨媒体营销策略。移动媒体也离不开传统媒体，移动广告主可以先使用其他媒体介绍自己的服务，再利用移动媒体提醒人们使用，或者进一步指出服务的独特性。移动广告的目的就是扩大消费者规模，因此所发送的信息应该能唤起行动。有效利用传统媒体和广告技巧，也是手机移动广告在未来获得成功的重要因素。

第三，落实广告活动管理。手机移动广告不仅仅只是向用户发送文本或多媒体信息，其间也整合了相应的技术，如与网络操作有关的技术可以用来发送和接收信息；搭建平台的技术可以用来融入智能并设立不同的活动机制，如点数收集、发送移动优惠券、及时汇报活动进展等。广告活动中的管理技术使得广告开展和对广告效果进行分析成为可能。

第四，经过用户同意发送手机移动广告。近年来国外已相继出台了处理个人数据和保护电子通信隐私的法案，规定了借助电子通信手段向消费者传送广告信息必须经过用户同意。在已经建立客户关系的情况下，可以通过电子手段向用户发送类似产品或服务的信息，但是必须允许用户选择退出。因此，拥有或获得经过消费者授权的移动号码数据库是手机移动广告成功的先决条件。

10.4　移动广告业务的发展策略

移动广告业务的发展需要移动运营商、企业商家、广告制作商和移动用户的共同努力，尤其是位于价值链中心的移动运营商。移动广告业务不仅可以给运营商带来更多的收益，同时也能够更好地帮助运营商掌握产业链发展的主导权。因此，运营商需要为移动广告业务制定和实施正确的发展策略，以推动移动广告业务在未来的发展中获得持续的成功。从目前的发展情况来看，移动运营商的业务发展策略应包括以下几个方面。

1．进行业务品牌整合

移动运营商应将所有具有广告性质的业务如短消息业务中的小区广播、US SD业务、移动 800 业务等全部纳入到移动广告业务中，建立完整统一的移动广告业务品牌有利于业务的推广和各种资源的整合。

2．加大业务品牌的推广力度

在品牌搭建完成后，移动运营商应加大业务品牌的推广力度，向业务用户（即企业商家）和普通用户（即手机客户）分别发起宣传攻势。为了进一步营造移动广告业务的商机，运营商应放下架子与企业商家精诚合作，降低业务开放门槛，使更多企业商家进入这个领域，与企业商家、SP、广告制作商及手机用户建立合作共赢的价值链。

3．确定业务的收费对象和资费标准

移动广告业务对移动用户来说应该是免费的，作为广告客户的企业和商家才是移动广告业务的收入来源。与其冒着流失用户的风险向移动用户收取寥寥的费用，不如与广告客户交好来赚取企业商家的巨额广告费，明智的运营商应能清晰地认识到这一点。从目前开放的业务来看，任何收费不合理或昂贵的业务都开展得不算成功，如彩信业务。

4．拓展现有的业务模式

目前移动广告业务在业务模式上还显得过于单一。因此，研究并开发多种业务模式和实现方案，为业务客户提供信息传播的最佳舞台以及为移动用户获取信息、提供人性化手段是运营商的当务之急。对于移动用户来说，也应该可以采取多种途径使用该业务，如拨打广告接入电话收听广告、短信形式的信息点播、通过 U S S D 互动方式获得信息、接收根据用户签约信息对用户分类投放的广告、接收小区广播、接收彩信格式的广告、通过移动梦网平台接收 S P 发布的广告、在 3G 时代通过 IMS 系统收看广告视频。

5．建立统一的广告接入平台

为适应移动广告业务向纵深发展，移动运营商应组建专门的广告接入平台。它是移动运营商为企业、商家及广告制作商提供的广告信息的输入平台，其中包括语音服务器、数据服务器及其他服务器设备，用来存储客户的各种类型的广告信息；同时，运营商为客户提供友好的界面，使客户能够进行信息的输入、修改、查询、广告受众统计等操作。广告接入平台与企业、商家及广告制作商的连接一般通过 T C P/I P 网络协议进行。广告接入平台将接入的各种形式的广告信息通过移动通信网的各种网络资源发送给手机用户（消费者）。其中包括短消息系统、彩信系统、语音交互系统、智能外设系统及未来 3G 网络的 I M S 等，这些系统具有不同的业务功能，可以为用户提供多彩的、个性化的、不同类型的广告信息。

6. 信息内容向多媒体方向发展

目前为止，运营商表示他们希望通过一些折扣服务来吸引用户，如向那些同意接收手机广告内容的用户仅收取 8 折的月租费用。另外，目前手机无线连接的速度还不能令人满意，因此绝大多数广告还仅停留在文字形式，相信随着技术的提升，图形甚至视频广告将逐渐出现在市场上。随着 3G 时代的来临，3G 对于数据多媒体功能的支持使视频动画的接收、发送成为可能，手机将具备同电视广告一争高下的资本。届时，移动广告涉及的行业领域将更为宽广，在广告市场所占份额将有所突破。

第 11 章

移动社区应用

移动社区业务是移动互联网的重要应用，正在被越来越多的人关注。移动社区的概念起源于社交网络（Social Network，SN），社交网络是指个人之间的关系网络，社交网络服务（Social Network Services，SNS）是指通过互联网应用来帮助人们建立社会性网络。近年来，社交网络服务已经成为互联网发展的一种趋势。互联网社区发展得很快，从 facebook、MySpace 到 YouTube、开心网等，社会性网络服务以其极强的用户黏性和极深的网页浏览能力得到了迅速发展。

现实社会中，社会交往是个人的一大基础需求。社区网站通过相互介绍形成朋友圈、联系圈，每个人不需要直接认识所有人，通过人传人的联系网络，一传多，多传多，社交网络便迅速建立起来，而且朋友圈内关系往往真实度很高，非常可靠。普通的网络交际，则大多通过某些网络平台来实现，如将自己放到一个平台中，让很多人看到，并主动联系你、认识你。现实社会的社会性交际优点是可靠，彼此关系建立在可靠的人际网络上，其缺点是产生握手的时间长、代价较高；普通平台式的网络交际优点是成本低，但不可靠。那么在网络中复制现实社会的交际机制，即可获得可靠与低成本的双重优点，SNS 就是具备这种特点的网络服务。

11.1　社交网络（SNS）发展概述

互联网自其诞生以来，无论在理论上还是技术上，都经历了不断的更新换代，总是以层出不穷的形式来满足人们的需求，影响人们的生活。随着 Web2.0 浪潮席卷整个互联网，包括博客、RSS、百科全书（WIKI）、P2P、即时消息（IM）等在内的 Web2.0 技术彻底改变了人们对互联网的应用。而近几年来，一种被称为 SNS（Social Network Service）的新兴应用，成为了当前互联网行业最受关注的热点，给业内外的方方面面以及人们的生活都带来了深刻的影响。

11.1.1　社交网络的概念

SNS 的全称为 Social Network Service，即社会性网络服务，它是一种旨在帮助人们建立社会性网络的互联网应用服务。

要充分理解什么是 SNS，首先要对 SNS 的核心——社会化网络（Social Network）进行必要的说明。

社会化网络，是一种基于相互结识、信息往来的社会结点和连接所构成的网络。社会化网络的概念起源于 20 世纪 60 年哈佛大学心理学教授米尔格尔提出的“六度分隔理论”（Six Degree of Separation）。1967 年，米尔格尔通过一次连锁性实验发现：任何两个陌生人之间所间隔的人不会超过六个，即人们最多通过六个人就可以认识任何一个陌生人。那么根据六度分隔理论，每个人的个体社交圈都将不断放大，最终会形成一个大型的关系网，这就是社会化网络。

2002 年，哥伦比亚大学 D.J.Watts 教授的“小世界研究计划”验证了“六度分隔”不仅在物理世界适用，在虚拟世界中也同样适用。于是，有人将此作为理论依据，创立了面向社会性网络的互联网服务，帮助网络用户通过“熟人的熟人”来进行社交拓展，这就是 SNS 社会化网络服务。

从技术角度来看，SNS 是采用 P2P 技术构建的、基于个人的网络基础服务；从社交行为来看，SNS 完成了人们在物理世界中的现实关系与网络世界中的虚拟关系的交互，将人们的线下关系搬至线上，再与他人的关系链进行交互，从而形成更大更广泛的关系链。

通过 SNS 网络服务，用户可以与线下关系链中的熟人朋友或熟人朋友所携带的关系圈子进行互动，并通过对线上关系圈的关注、增扩、维系、管理，发生线上、线下新关系行为，从而对个人的人际关系进行管理。

由此可见，SNS 网络服务是在 Web2.0 技术高速发展、网络传播由“大众传播”至“人际传播”回归、网络服务核心由“内容”到“人”到“关系”逐步转变、互联网呈现“平台化”发展趋势的大背景下诞生的。它提供各种平台或工具，以用户关系为核心，帮助用户实现关系管理。其实现在于关系的交互，即将现实关系延伸至网络，在此基础上形成网络新关系，通过线下至线上的行为转移，再使网络关系回归现实生活，最终实现社会人际关系管理。

SNS 网站一般是指基于“六度分隔理论”而设立的、以用户关系为核心的社交类网站；它通过提供各种平台或者工具，协助人们维系或者拓展社会人际关系，满足人们的社交需求。它是 Web2.0 社区的一种新型应用模式，具有 Web2.0 社区“去中心化”、“用户创造内容”、“平台服务模式”的特点，但 SNS“以关系为核心”的基本特征及助力用户进行“社会化关系管理”的核心功能，又使其不同于广义上“以人为核心”、“虚拟关系互动”的 Web2.0 社区。

广义的 Web2.0 社区，只是提供给用户一个供个体充分表达，从而实现个人价值的互动平台；而 SNS 网站，不仅为用户提供个人数据处理、展现自我、实现价值的平台，更能够帮助用户安全地对与关系链中的“信任人群”分享个人信息及知识，并利用这种“信任关系”来拓展自己的社会性网络，从而达成更有价值的沟通和协作，丰富积累自己的社会性资本，真正实现对社会关系的管理。

11.1.2　社交网络的类型

1. 根据应用类型划分

根据应用类型的不同，SNS 网站可划分为平台类、商务类、文化类、社群类、校园与娱乐类 SNS 等多种类型。

下面以我国的 SNS 网站为例进行说明。平台类 SNS 网站，包括建立在即时通信、搜索技术、商务应用等基础上的社会性服务网站，如腾讯校友、百度贴吧、淘社区等；商务类 SNS 网站，如天际网、诺邻网、海内网等；文化类 SNS 网站，如旨在实现网友共同学习的友宝网、面向佛教信徒传播佛文化的 Fofaee 等；社群 SNS 网站，如汇聚“宅人群”的宅内网，以及面向驴友、自助游爱好者的驴友录等；校园与娱乐类 SNS 网站，如开心网、人人网、51.com、占座等。

2. 根据开放模式划分

根据开放模式的不同，SNS 可分为内部社会网络（Internal social Networking，ISN）和外部社会网络（External social Networking，ESN）。ISN 的典型代表是美国的 Facebook 及我国的开心网、人人网等。ISN 是一个封闭或私人的群体，由在同一公司、协会、社区、学校、或组织的用户组成，或者是由外部社会网络的某一用户创建的需要邀请才能加入的小组。用户必须通过对方的请求认证，确认彼此间的“朋友”关系，才能链接自己所关注的另一用户。

ESN 的典型代表是美国的 Myspace 及我国的豆瓣网等。不同于 ISN，ESN 是一个完全开放的、公共的、面向所有网络用户的交流平台。只要拥有共同的兴趣爱好或彼此存有虚拟社会中的集体关系，用户即可和想要结识的任何用户成为朋友。

二者的区别在于：ISN 是用户将现实生活中，已经存在的真实社会关系搬至互联网，进行线上管理，是建立在实名制基础上，供用户管理社会关系、带有“工具性质”的社交类网站；ESN 则是用户围绕共同的兴趣爱好来联系朋友或素不相识的陌生人，在交流中彼此增进了解，多以娱乐、休闲、交友为使用目的的一种“媒体性质”的网站。

11.1.3　社交网络的特征

与传统的互联网产品相比，社会网络具有以下特征。

1．用户资料相对真实，人际信息显性化，向现实世界回归

在互联网发展的早期，人们希望无拘无束地使用网络，做一些在现实生可能不会去做的事情。因此，早期的互联网应用或服务，多呈现出一种极强的“虚性”特色。早期的网络社区或社交网站用户，大多采用虚拟账号进行注册。

这种“匿名制”的应用模式，将现实生活中真实存在的社会人，物化为世界中一个个虚拟身份——用户 ID。人们普遍认为，互联网只是一种虚拟存在，个人的网络身份与社会身份是区别开来的；个人的网络行为与在现实社会中行为，是分离的。那么，建立在这种高度“虚拟性”基础上的网络社区及社交站，人际交往被物化为虚拟 ID 之间的对话，要将这种完全建立在虚拟行为基础上的网络世界中人际关系延伸至现实生活，需要承担极大的人际沟通成本及风匿名在网导致了网络世界的信任缺失，许多网民渴望揭去网络人际交往的神秘纱，构建一个可以相互信任的透明社交圈。

而以“真实可信赖”为基础原则的 SNS 网站，则颠覆了“网络即虚拟”的统观念。SNS 网站大多采用“实名制”，鼓励用户使用真实姓名及头像照片；用户只需填写真实的个人资料，经由系统对用户资料的相关性匹配，即可找到在现社会中与自己存在关系的其他用户，对其“加关注”建立线上关系；或通过电子邮箱等方式邀请同事、家人、朋友、同学，将线下关系圈搬至线上。“实名制”大大降低了网络人际交往的沟通成本，既有利于同事、朋友、同学之间的相互识，也能帮助用户更为方便地与“朋友的朋友”建立关系。

所以，与其他 Web2.0 网络社区或传统社交网站不同，SNS 网站将用户在现生活中的人际关系及行为投射至网络，完成个人“现实社会关系”的网络转移，在此基础上建立的“网络关系”就呈现出了相对真实的特色。这种在真实社会关系基础上建立起的网络关系，大大降低了网络人际沟通的“信誉成本”；用户通过 SNS 网站的多样化服务，使个人的网络社交关系得到丰富、管理及优化；与此同时，用户用以增进、维系、优化关系的网络人际交往行为，又将回归现实生活，直接帮助用户在真实世界中的人际交往。

所以，SNS 网站个人用户信息的真实性，使其植根于用户的现实社会关系，用户可以进行“现实人际关系”至“网络人际关系”的模拟、复制、转移、重建，并借助 SNS 网络服务的力量对这种相对真实的“网络人际关系”进行优化、提升，最终回归现实生活中的人际关系。

若站在营销的角度上思考，SNS 网站掌握用户真实资料，折射反映出用户在现实社会中的人际关系，这种“关系价值”使得用户对网站信任程度较高，网站也可以通过数据库管理对用户进行较为精准的定性归类、用户群分，这无疑创造了更为精准的网络广告投放模式。

2．结合私密与公共的网络社区

早期的网络社区是一个信息交流的“公共广场”，任何人都可以自由行走于其间，

完成与他人的信息互动，但是用户却完全没有自己的“私人空间”。“以内容为中心的”的 Web 1.0 社区是以用户发布的“帖子”为中心的，基本上遵循某用户“发帖”抛砖引玉，其他用户通过“跟帖”进行互动的模式；但“帖子”一旦发布，就不再属于某个个体用户，任何人都可以在该“帖子”的讨论页面上发表意见或观点。在这种“公共娱乐”行为中，“原帖”的内容极有可能在其他用户“再创造”的过程中被扭曲、误读，甚至背离引起话题的首位发帖用户的行为本意。

Web 2.0 社区的博客圈等网络应用，虽然“以个人为中心”，为用户提供了撰写日志、发布影音图文资料的“私人空间”平台，但是在“全民皆博”的时代，即使好友之间通过博客圈的形式进行链接，由于博客更新不定时、一个用户可能拥有多个博客等因素，大多数普通用户的个人博客的网络浏览量极为有限，大多处于一种“自说自话”的状态。而用户使用博客，正是期望通过博客写作来获得一定的成就感及认同度。在这种情况下，用户使用的挫败体验不言而喻。

而 SNS 网站则是将用户用于展示自我的个人“私密空间”与参与群体互动的“公共广场”进行巧妙结合的产物。

具体来说：SNS 网站的每个用户都拥有一个“个人主页”。在这里，用户可以进行写日记、传照片、转帖子等行为。但是，由于该“个人主页”建立在用户“实名身份”的基础上，“真实”的前提是对个人隐私安全的尊重与保障。所以不同于论坛、博客圈、贴吧等网络社区，SNS 网站的用户个人主页具有较强的“私密性”。

首先，SNS 网站上的信息不能被互联网搜索引擎搜到；其次，SNS 网站还为用户提供了一个可以自由选择“开放度”的行为环境——用户通过设置 SNS 各应用模块的开放程度的，选择“所有好友可见”、“全部用户可见”、“部分用户可见”等形式来限定个人主页的浏览对象。那么，通过隐私设置，只有根据用个人意愿选择开放的对象，才能看到用户在 SNS 网站上的相关信息。

可以说，SNS 网站的“私密性”具体表现为“用户自行选择开放程度”。那么，用户对内容受众及互动对象的自行选择，从某种程度上说，能够帮助用户为有效地对“个人领域”及“公共领域”进行传播边界管理；同时，也使得用户可以更加放心地在自己的 SNS 关系圈中发布真实的个人信息，进行更好的个性化达。

此外，SNS 网站也具有多种帮助用户实现“公共广场互动”的应用功能，如发起投票、网页游戏、转帖分享等，从而实现用户与关系圈子的在线交往动。例如在开心网，用户可以添加“开心农场”的游戏组件，拥有一个虚拟线上庄园，通过“种蔬菜”、“养动物”赚取虚拟货币作为劳动报酬；同时可以以朋友间互相“浇花”、“偷菜”的形式，进行竞争性的游戏互动，并在这种竞争互动中增进彼此的关系。

可以说，SNS 网站找到了“隐私安全”与“便捷互动”的平衡点。“私密空间”满足了用户自我展示的个性化需求，为用户提供了更加真实、更加自由、完全展示的个性化空间；同时，SNS 网站的各种功能性应用，又促进了用户之间的在互动，为用户提供了沟通交流的“公共广场”。

3. 用户黏着度高

在“以内容为中心”的传统网络社区中，用户因为一个感兴趣的话题、事件、人物而聚合在一起。但是，当用户对这一话题内容丧失兴趣后，便会立即离去。“因内容而聚合”，虽然在短时间内可以聚集大量人气，但用户之间的“弱关系”、用户有限的话题停留时间，使得传统网络社区的用户转移成本低，用户黏着度低。

而 SNS 则是将用户的现实社会关系搬移至网络上，以“人”及“人与人之间的关系”来聚集用户。用户在 SNS 网站上的好友多数为现实生活中的朋友、同事同学、家人，或是通过这些朋友、同事、同学、家人而认识的新朋友。SNS 服务的基础就是帮助用户维系、创建、增进、管理这些关系。而当用户在 SNS 网的关系资源积累至一定程度时，自然很难轻易抛弃自己的 SNS 账户。

此外，SNS 网站还通过丰富的互动性应用组件，如“相册”、“日志”、“投票”、“转帖”、“游戏”、“微博客”、“礼物”等，帮助用户之间进行更深层次的交流与互动，这就大大提高了用户的转移成本，从而提升了用户黏着度。2008 年开心网风靡全国之时，即使再忙也要上开心网“争车位”、“买卖朋友”、“偷菜、养动物”不断现于媒体报道。“全民开心时代”的到来，更是从侧面证明了 SNS 网站的用户黏着度之高。

4．高互动性，传播时效强

传统的社区论坛表现出较弱的传播时效性，用户发布“帖子”后，并不能在第一时间知道“什么时候”或者“什么人”将对自己做出回复。而 SNS 网站通过“状态/心情”、“日志”、“相册”、“投票”、“转帖”、“礼物”、“游戏”等应用组件，将用户紧密联系在一起；同时，对用户“动态”进行主动推送，用户在登录 SNS 网站的第一时间，就能看到其“关注”的“好友”、“粉丝”、“明星或认证机构”的动态情况。例如，当某位用户更新了状态描述、相册照片及日志内容，参与了某类投票，对某一帖子进行转帖，赠送礼物给他人，或是参与了某个游戏时，SNS 就会在第一时间将该用户的最新动态推送给他的所有好友。这样，用户与好友之间，就可以通过互访个人主页或某类应用主页，第一时间进行相互评论、共同参与游戏等关系互动。

可以说，SNS 网站“主动推送用户信息”的传播方式，大大提升了用户人际沟通的效率；“高互动性”、“传播时效强”的特征是 SNS 网站成为人们维系、管理、拓展人际关系的有力工具的必要前提。

11.1.4　社交网站价值剖析

1．SNS 的社会价值

麦克卢汉曾预言：人类社会将呈现出一种“部落化——非部落化——重新部落化”的发展趋势。

在部落化时代，不可克服的时空距离使人们采用面对面的“口耳交流”模式；随着技术的发展，互联网逐渐成为人际交流的主要媒体手段之一，网络应用克服了人与人交流的时空距离，将地球变成“地球村”。

但是，互联网在为人们架起一座座信息桥梁、缩短人际交往的时空距离的同时，也将现实生活中鲜活的个人存在“物化”为一个个虚拟的用户 ID。在这种以虚拟为基本特征的网络人际交往场域中，多数人不愿意将这种虚拟的网络关系延伸至现实社会。

网络技术带来了“获得信息、建立联系”的种种物理性便利，却因为“虚拟性”带来了网络交往的种种心理隔阂。人们隐藏在一个个用户 ID 后进行各种网络应用操作，在这种情况下，个人网络行为与社会现实行为产生了割裂，个人网络行为的自律度、信任度均不能得到保障，人们很难将这种在网络社交情境中建立的种种关系延伸到现实世界中。

同时，网络应用的种种便利，使人际交往不必采用面对面的形式，人们使用即时通信等网络工具，即可完成以前在现实世界中的人际维系行为，而互联网特殊的虚拟化沟通语境，并不能为人际关系管理带来更多的“现实价值”。此外，网络游戏、网络社区等互联网应用，也使少数人沉迷于网络社交的虚拟环境中不可自拔。于是，在现实社会中，人与人之间看似离得更近，实际上离得更远了。

“地球变成地球村，人与人却变陌生”——“亲近的信息距离”与“遥远的心理距离”之间的强大落差，使网络服务陷入一种尴尬的状态。此时，人们对网络服务提出了强烈的“社会化回归”需求，希望能够通过网络服务，帮助真实的人际关系管理。正是在这种情况下，SNS 应需而生。可以说，SNS 使虚拟的网络交往回归至真实的社会交往形态，力图为人们重新找回现实生活中的亲近感，正是人类使用以互联网为代表的技术手段进行“重新部落化”的一种重要表现。

现代社会的“快生活”节奏，使很多人疏于管理人际关系；在现实生活中，许多人与亲朋好友“面对面”的沟通机会较少，沟通成本较高。人与人之间的“深度交往”极为有限，大多表现为一种“弱关系”。而正是这些处于“人际长尾”尾端的“弱关系”，蕴涵着不可忽视的巨大价值。美国社会学家格兰诺维特曾指出：对于求职者而言，弱的关系网络可能比强的关系网络显得更有力量[8]。

人们通过“同质性”较强的“强关系”所获得的信息及资源大多是重复的，因此价值较低；而通过“异质性”较强的弱关系，人们可能获得来自不同圈子的全新的异质信息及资源。简言之，“弱关系”可能为人际交往带来更多的价值，而个人通过对这些资源的有效利用，则有可能创造出更多的社会价值。

从这个角度来看：SNS 是帮助人们管理社会“弱关系”的有利工具。通过 SNS 应用，人们能够对在自己在现实生活中疏于管理的人际关系进行维系；或者通过“朋友的朋友”认识更多处于不同关系圈的“新朋友”，在彼此的线上互动中逐渐加深了解、增进信任。用户通过 SNS 带来的网络服务，可以对个人的“弱关系”圈子进行有效的管理；在这一过程中，用户不断挖掘出由这些“弱关系”所带来的新价值，将其转化为一种“回归现实”的社会化人际资本。当用户在现实生活情境中，对这些从“弱关系”中得到的人际资本进行有效利用时，将有可能创造出更多的社会资源及全新的社会价值。

从宏观上讲，SNS 网站联结着成千上万个“个人关系圈”，而这些“个体关系圈”的海量聚合，正是对现实生活中宏大的“社会关系圈”的拟态折射。当海量用户同时使用 SNS 进行个人人际关系管理时，将直接带动这些“个人关系圈”的集体运动。在这一过程中，“社会关系”将得到重新整合，由此实现对“社会资源”的重新分配，使一些原本处于闲置状态的“社会资源”得到优化使用。

因此，SNS 降低了整个社会价值体系中的交易损耗、沟通损耗及无效作用，从而节约了社会资源，增加了社会资本，并且充分发挥出社会资本“越共享越增值”的特性。

2．SNS 网站的商业价值

2007 年 10 月，微软斥资 2.4 亿美元获得 Facebook 约 1.6%股权；2005 年，新闻集团斥资 5.8 亿美元收购 Myspace；2008 年 4 月，拥有校内网（现改名为人人网）的千橡互动集团获得来自日本软银公司、Joho Capital 及 SBI 的战略投资，投资总额高达 4.3 亿美金。在业界，SNS 网站的商业价值已经得到高度认同。

1）用户价值带来商业价值

SNS 网站将人们的线下关系搬至线上，掌握着用户之间的真实的社会关系网络资源，可以说，这一由用户关系带来的用户价值，就是 SNS 网站商业价值的基础。由于 SNS 网站实现了真实、稳定的用户交往关系，并以用户的交往互动为核心内容，这就产生了巨大的用户流量。SNS 网站的单个用户所带来的流量，是远远高于传统门户网站的。

同时，又因为这种真实关系的存在，用户将 SNS 网站作为线上管理人际关系的有力工具与手段之一，所以，用户不会轻易放弃这样一个经过对各种“关系”资源的价值评估筛选，自己通过精心梳理、建设而力图维系的覆盖了大部分个人线下关系的网络平台。那么，相对于其他的网络应用而言，SNS 网站的用户黏着度更高，用户因为较大的转移成本，不会频繁地搬家；此外，当家人、朋友、同事、同学都聚集在 SNS 网站上对用户招手时，用户可能会花费更多的时间来与他们进行在线交往，这就导致了 SNS 网站的用户在线时长，明显高于其他网络应用。

与其他网络应用相比较，较低的用户流失率与更长的平均在线时长，是 SNS 网站的独特优势，使 SNS 网站拥有构筑在用户真实关系之上的更为广泛、更为稳定的用户群。当 SNS 网站将这种用户关系资源转化为网站资源时，就产生了网络广告、增值服务、电子商务等商业赢利价值。

2）网络营销利器

用户定位，精准化营销，是 SNS 相较于其他网络应用的差异化特征。其中，最为鲜明的就是 SNS 用户资料的相对真实。同时，SNS 用户的“个人主页”就好比一个个“个人客户端”，集中体现了一个用户 ID 下所有的用户行为。通过这些行为，可以看出用户的各种兴趣、习惯、需求以及意见倾向。

那么，基于这些信息真实度较高的用户资料，及其背后较为清晰的用户关系网络，就可以通过数据库管理的方式，对用户进行更加真实、明确的分析研究，并加以更为明确的追踪定位。

在传统的网络营销中，广告主往往以“流量”作为网络广告投放的主要参考标准，因为巨大的流量是广告关注率、点击率的基本保障。但是，网站“流量”只是一个泛性的前提，广告主的网络广告虽然投放在一个人人关注的网络平台上，但在大多数情况下，广告主并不能确定创造网站“流量”的网民与企业商品的“目标消费群”、“潜在消费群”是否达到了有效重合，即到底有多少有效用户在关注这些广告，用户的具体关注程度如何，是否达到了广告主所预设的传播效果。虽然拥有巨大的流量，对广告主而言，传统的网络广告投放模式有效到达率低，也难以对其传播效果做出明确的评估。

因此，如何在目标受众群中进行网络广告的精准投放、引起更为广泛的目标受众群的有效关注、通过网络完成与目标受众群更深层次的互动，逐渐成为网络营销所应解决的重要问题。

而 SNS 网站的种种特性，正为网络精准化营销提供了无限可能。此前，广告主往往是通过主观经验，或者以数据挖掘的形式，对受众群进行粗略的细分。但事实上，数据挖掘只能做到概率上的分类，并不能做到真正的精准化细分。

只有消费者自己最清楚个人的真实需求是什么。与其想方设法地对用户进行分类，不如将主动权让渡给用户，让用户自己对自己进行分类。而 SNS 网站，正是用户依据自己真实的兴趣、爱好等娱乐休闲需求，或是交友、商务等交往需求对个人关系进行分类，并在共同需求上形成相应的关系圈，这一充分体现"细分聚类"特征的"用户自我分类"形式，正是网络精准营销的投放定位基础。在此基础上，广告主就可以借助 SNS 平台，通过系统对用户关系的查找及匹配，实现营销信息的定向配置与主动推送，以及 SNS 用户群与目标营销对象的最大限度交合，在目标消费群中进行"有的放矢"的营销传播。

（1）口碑传播，病毒式营销。"高互动性与较强的传播性"是 SNS 的另外一个鲜明特点。SNS 网站上发生着频繁的用户互动行为，同时，用户只要登录 SNS 网站，就能第一时间通过个人主页看到自己及他人的最新动态。那么，当网络营销进入信息传播的阶段时，SNS 丰富的用户交互行为及其对用户最新动态的主动推送，就使得任何一名用户的一举一动都能够迅速反应至其关系链中的每一相关结点，而这些相关结点感应到信息后，便极有可能对信息进行二次传播，最终形成一种"病毒式"的传播扩散，达到一种"滚雪球"式的传播效应。

人们往往更倾向于相信"熟人"所推荐的信息，认为"熟人推荐"的可信度更高。当"熟人信息"获得更广范围内的认可，人们关系圈中的朋友对此大都表示正面肯定时，就产生了一种强大的从众效应，这就是良性口碑传播。

对于广告主而言，使用 SNS 的病毒扩散特征，进行口碑传播，不失为一种进行线上品牌形象建设的有效之道，这对"提升品牌知名度、巩固品牌忠诚度、增进品牌美誉度"大有裨益。例如，广告主在 SNS 网站上发布一篇"软文帖"，可以通过用户"转帖"的形式，在用户的关系圈中迅速传递开来。这些由用户的"朋友"或是"朋友的朋友"所推荐的商业信息，往往更加容易获得用户的认可。同时，SNS 网站的"转帖"组件中，往往设置了相应的评论功能，供用户对"帖子"内容进行评论。这就意味着，用户在看到"帖子"内容的同时，也能够直接看到自己的关系圈子对该内容的意见倾向是什么；当大多数用户对传递商业信息的"帖子"表示认可时，就形成了一种良性的线上口碑。同时，由于 SNS 网站是对用户真实社会关系的聚合，用户很可能将这种线上口碑再扩散至线下。对广告主而言，这种良性循环的口碑传播具有不可估量的价值。

（2）互动应用，植入式广告。为了提升用户体验、更好地留住用户，SNS 网站大多设置了丰富的互动应用组件。用户通过添加组件，可以和朋友一起进行线上休闲娱乐。

目前，我国的 SNS 网站呈现出一种鲜明的"娱乐化"趋势，各种形式的 SNS 网页游戏受到了用户的狂热追捧，如开心网引发全民"偷菜"风潮的"开心农场"、"开心牧场"等。

而这些参与人气颇高的 SNS 互动应用模块，在不影响用户体验的情况下，都可以通过奖品植入、道具植入、模块冠名等形式进行广告植入，让用户互动娱乐的潜移默化中，更为轻松地接受商业信息。例如，东风标致 206 就曾以礼品植入的形式赞助了校内网（现改名为“人人网”）的“抢车位大赛”游戏，将汽车的两年使用权作为游戏优胜者的奖品。

当然，我们也需注意：植入式广告的关键，在于用户是否会主动地使用广告主植入的商品道具，这就需要加入一些给用户带来直接利益的激励措施。例如，伊利曾在开心网“买房子，送花园”的组件中进行了广告植入。通过使用伊利道具卡，用户可以将自己的个人牧场升级为“伊利黄金牧场”，其所饲养的奶牛随之升级为可卖出更高价格的“伊利黄金牛”，用户也将收获比普通牛奶价格更高的“伊利桶装奶”；同时，用户可将“伊利桶装奶”制作成价值大幅翻倍的“伊利营养舒化奶”或“金典牛奶”。用户为了获取更高的虚拟货币，提升自己的网页游戏排名，便纷纷使用伊利道具卡；也在游戏规则潜移默化的引导中，耐心接受了每次制作牛奶时所弹出的伊利网页广告，以及表现牛奶转化的 flash 动画。

3. 融合多种增值服务的商业平台

目前，SNS 网站尚处于发展的初级阶段，主要是用于满足用户娱乐休闲或社交的需求。SNS 网站的核心价值应该是用户之间的“关系”，这种“关系”背后的商业价值蕴涵着无限可能。

虽然眼下看来，SNS 网站的商业价值还主要体现为作为网络营销工具的传播价值，但是随着 SNS 网站服务功能的不断完善，今后将充分挖掘用户“关系”网背后的潜在价值，通过与第三方进行合作以融合多种增值服务，延伸出更长的用户关系链，并依附出其上，创造出更大的产业链价值。

具体来说，SNS 网站是通过一个个“个人用户中心”（用户个人主页）实现了用户关系的聚合，这些“个人用户中心”恰似一个个“个人客户端”，与相应的用户进行了实名绑定。

而 SNS 网站可以依托这些“个人客户端”，携手第三方，共同开展更多依托“关系”存在的、与用户需求紧密相关的增值服务，那么在这一过程中，就可能产生更多新的商业价值。例如，SNS 网站可以携手第三方共建电子商务平台，携手互动游戏开发商或运营商共营网页游戏，携手移动通信运营商开发无线客户端、营运手机 SNS，携手行业数据调研及咨询机构，为企业提供相关主题的线上互动调研服务，等等。

所以，SNS 网站在对“用户关系”价值不断挖掘的过程中，对多项增值服务应用进行整合融合，即有可能创造更多的商业价值；或是利用 SNS 的“平台化”特性，向第三方开放，邀请第三方共同实现某种用户增值服务，并以“赢利分成”的形式获得商业利润。

例如，豆瓣网是一个以文化分享为主题的 SNS 网站，用户间以相同的文化生活类兴趣建立关系，形成“小组”（关系圈子）。目前，豆瓣网的注册用户在与小组成员讨论某种文化商品时，即可立即通过当当网、卓越亚马逊等 B2C 电子商务平台，购买各种影音图文形式的该文化商品。每卖出一件商品，豆瓣网将得到相应的赢利提成。

11.2　社交网络业务扩散特征

近几年，社交网站快速发展，逐步进入了主流文化以及人们的日常生活中，受到了人们强烈的关注。社交网站让人们通过因特网有了新的交流方式。它让人们可以轻松创造自己的主页内容，可以一对一交流或者以公开的形式多个好友一起交流，大大拓展了人们的社交圈。网民注册社交网站人数的急剧增加，受到许多商业机构的强烈关注，更引起了国内外学者对社交网站的研究。

提及移动 SNS 的发展，首先要说便是 facebook，这个全球知名的 PC 社交网络刚于 2010 年 2 月被英国 BBC 宣称“已经垄断英国移动互联网”。其原因是在 2009 年年底 GSMA/Comscore 提供的流量报告中显示，facebook 排在独立用户访问量之首，共有 500 万用户。它还是被浏览网页最多的网站，达到 260 万次，也是用户花时间最多的网站。谷歌网站排第二，共有 457 万独立用户。但值得注意的是，用户花在谷歌上的时间不足 facebook 的五分之一。可以说，英国人在手机上所花的时间，近一半流向了 facebook。而 facebook 在美国主场的表现也非常抢眼。根据美国尼尔森公司 2010 年 2 月提供的数据显示，2010 年 1 月，美国网民平均每月使用 facebook 的时间达 421 分钟，相当于每天 14 分钟，超过谷歌、雅虎和微软的总和。多年以来，用户通过手机登陆 facebook 一直是一个最流行的方式。facebook 已经采取诸多措施推动这一转变，包括扩展短信息功能、推出基于网络的手机网站以及针对多数智能手机平台开发相关应用。另外，数据显示手机用户的增长速度已经超过了 facebook 新用户增速。截至 2009 年 9 月，facebook 拥有 6500 万名手机用户，不到一周后该网站宣布其活跃用户总数已经达到了 3 亿人。换言之，有 21.7%的 facebook 用户通过手机上网。而现在 facebook 拥有 4 亿活跃用户，其中有 1 亿人通过手机登录网站，比例已经达到了 25%左右。facebook 显然是移动互联网领域的领军企业。

其次，twitter 在移动 SNS 领域的发展也不容忽视。它在美国市场的独立用户访问量为 2100 万，同比增长 1928%，令人大跌眼镜。用户在 twitter 网站上的平均停留时间为 31 分 17 秒。虽然在 facebook 庞大基数的对比下，这个开展服务仅两年的公司“略显稚嫩”，但频频传出谷歌、苹果和 facebook 等互联网巨头欲斥巨资收购的消息以及雅虎推出模仿 twitter 的服务，足见 twitter 已经成为国外移动互联网应用的新宠，其服务和赢利模式更是得到了众多国际巨头的青睐。与 PC 社交网站 facebook 在移动互联网上受热捧相比，twitter 在移动互联网上的应用并不是单纯的对互联网已有模式的“延伸式复制”。简单来说，其实 twitter 就是即时信息的一个变种，被称为迷你博客或移动博客，其最大的特点就是允许用户以短信息的形式发送给手机和个性化网站群，而不仅仅是发送给个人。通过这种方式，手机用户可以通过短信或彩信的形式将信息发送到互联网网站和手机网站上，形成与其他网民之间的互动，使得 twitter 在短时间内就积累了大量的用户群。在美国总统奥巴马的参选过程中，就曾使用 twitter 发布信息，与网民互动为自己拉票。与 facebook 在移动互联网的应用“半路出家”不同，twitter 的诞生得益于对移动互联网应用的考虑。twitter 最初计划是在手机上使用，并且与电脑一样方便使用。所有的 twitter

消息都被限制在 140 个字符之内，因此每一条消息都可以作为一条 SMS 短消息发送。这就是“微博客”名字的由来，也是 twitter 迷人之处的一部分。

由此可见，facebook 和 twitter 是 SNS 社交网络的两个典型应用，本节将以这两个 SNS 网站为例，通过对比两个网站商业模式的扩散性质，探讨社交网络业务的扩散特征与规律。

对 facebook 和 twitter 两家网站的异同点总结见表 11-1。

表 11-1　facebook 与 twitter 移动 SNS 商业模式异同

	facebook	twitter
网站类型	SNS	SNS
商业模式创建初期涉及领域	传统互联网	传统互联网+移动互联网
是否已经有移动 SNS 商业模式	是	是
是否是对原互联网商业模式的复制和延伸	是	否

根据相关数据分析，可以发现：

（1）facebook 和 twitter 的商业模式均能被人群所接受并扩散开。

（2）twitter 这一运营模式的月采用率远高于 facebook。这说明相比传统的 SNS 网站模式使用 PC 端登录网站发表日志和新鲜事，人们更愿意、更倾向于尝试用移动终端实时地更新状态和发布趣闻。

但我们也同时看到，twitter 的采纳者有效接触的平均人数却不到 facebook 平均接触人数的一半，这是由 twitter 的模式月弃用率相对较高造成的。月弃用率相对较高，直接导致用户对这一模式的态度从接纳到弃用所经历的平均天数比 facebook 低。这说明，虽然在成为 twitter 模式接纳者后更容易影响带动周围人群使用 twitter，但由于用户对于 twitter 模式的采纳期过短或忠诚度不高，大大限制了月弃用率的促进作用。

(3)采纳者有效接触的平均人数的多少决定了该商业模式在人群中的最大扩散比例，采纳者有效接触的平均人数越多，商业模式在人群中的最终采纳度就越高。由此可以看到，按照现阶段的发展趋势，作为互联网 SNS 网站代表的 facebook 仍具有较高的传播潜力，不容小觑。

通过以上分析，可以得出社交网络业务具有以下扩散特征：

（1）以移动 SNS 为例，移动互联网能够对互联网商业模式的发展起到促进作用。将移动通信与互联网相结合而形成的商业模式，能够在一定程度上激发人群的使用兴趣，具有较高的扩散概率。

（2）以移动 SNS 为例，用户忠诚度是目前制约移动互联网商业模式扩散的重要因素之一。只有提升网站用户对该商业模式的依赖感，延长商业模式的平均接纳期，才有助于促进商业模式的扩散，提高该商业模式的最大扩散比例。

（3）以移动 SNS 站为例，移动互联网商业模式应与传统互联网商业模式建立合作关系。传统 SNS 网站模式仍具有较高的传播潜力，其本身庞大的用户群体可以在一定程度上弥补移动互联网发展初期用户关注不足的缺陷，促进移动互联网商业模式在人群中的扩散和发展。

（4）以移动 SNS 为例，移动互联网商业模式除了对互联网进行“延伸式复制”外，还更应该结合移动终端本身的特点建立新的商业模式。新型而非复制的移动商业模式具有更高的扩散概率。

11.3　社交网络与移动电子商务

社交网络服务（即 SNS）是旨在帮助人们建立社会性网络的互联网应用服务。它以现实社会关系为基础，模拟或重建现实社会的人际关系网络，创造了社会交往模式的新形式。使用社交网络服务，人们可以实现个人数据处理、社会关系管理、信息分享、知识共享，可以利用信任关系扩展自己的社会网络，并达成更有价值的沟通和协作等。而基于无线应用的社交网络称为移动社区服务，它有效地结合了社交网络的特点和移动网络移动化、个性化的特点，能给用户提供跨越 PC 互联网和手机平台的全新的社交体验。

移动 SNS 是近两年才兴起的，与互联网上的 SNS 相比，它又增加了真实性和地域性两种属性。首先，用户的真实信息被安全记录，从而可以保证提供真实可知的安全网络，真实性是移动社区的重要特色，社交网络中的这种真实性得到了用户的高度认可；其次，位置信息的引入可以丰富业务提供的范围，提供位置相关的服务是移动社区的亮点业务。移动社区的这些特性延伸并丰富了互联网的社区服务，使得社区服务更具特色。

11.3.1　国内外移动社区发展状况

1. 国外移动社区发展状况

在欧美和日韩，SNS 发展繁荣，其理念已经进入人们的生活。根据最大的移动浏览器提供商 Opera 的统计，在 2008 年第一季度社交网站已经占据了全部移动上网流量的四成以上，在美国更是达到六成，在英国、日本等国家的发展也非常的迅猛。表 11-2 所示是欧美和日韩的一些社区示例。

表 11-2　全球主要 SNS 社区发展概况

日本 Mixi.jp	Mixi.jp 为日本最大社交网站。2008 年 7 月，Mixi、声称其用户数已经突破 1500 万，市值 9 亿美元，67%的页面浏览量来自移动设备
日本 Gree	日本第二大 SNS 网站，截止到 2008 年 10 月底，Gree 的注册用户达 716 万，Gree 有 98%的页面浏览量来自移动设备，是一家几乎完全基于移动互联网的社交网站
韩国 Cyworle.com	Cyworle.com 为韩国最大社交网站。会员量达到 500 万时被 SKT 收购，已成为 SKT 重要的移动社区业务
美国 MySpace.com	为美国最大社交网站，2006 年与虚拟移动运营商 Helio 合作，其移动社区服务为业界瞩目
德国 Xing.com	Xing.com 为德国最大社交网站。会员量达到 150 万时于 2006 年 11 月在德国法兰克福证券交易所成功上市，市值达 1.5 万欧元
美国 Facebook.com	Facebook.com 为美国最大的校园社交网站

2. 国内移动社区发展情况

国内互联网 SNS 发展得如火如荼，如开心网、校园网等，但是移动运营商推出的移动社区还处于起步阶段。中国移动在 2008 年推出了与通信业务相关联的 139 社区，中国电信推出了 ChinaQ 社区，中国联通也在 2008 年推出了新乐园社区。但目前国内运营商推出的移动社区，用户规模还比较小，业务定位、发展模式不成熟，还处在市场探索阶段。随着 3G 业务的相继推出，作为互联网重要应用之一的移动社区服务必将被各运营商大力推广，进而引发新一轮的市场竞争。

11.3.2 移动社区赢利模式

移动运营商传统的移动增值业务收费模式主要采用前向收费，即向最终用户收费，采取按流量、按条、包月等收费方式。移动社区业务是互联网业务的具体应用，互联网业务的赢利模式主要是后向收费，即主要通过从企业、商家等收取广告、服务等费用。

移动运营商推出的移动社区业务不完全与互联网业务模式相同，其业务和服务与移动传统增值业务有结合，产生能够为用户提供更高业务体验的增值服务，所以其赢利模式不可能完全承袭互联网的模式。其赢利模式将会对在移动社区推出的不同阶段、不同类型的服务采取不同的策略。

在移动社区发展的起步阶段，用户通过手机参与社区活动的业务模式没有深入人心，运营商需要不断根据市场反馈情况，调整社区业务开展的方向，需要不断地进行业务宣传和拓展。这个阶段属于市场培育阶段，重在市场的培育和业务模式的探讨，不适于采用完全前向收费模式，而应以后向收费为主。移动社区发展到成熟阶段，最终用户达到一定的规模，主题内容非常丰富，可根据社区服务的类型逐渐开放前向收费模式，提供差异化服务，为用户提供高品质的社区服务，并随着业务的发展，不断拓展此赢利模式的深度和范围。

日本的 Mixi.jp 手机网站于 2007 年 9 月实现上市，其利润已超过 1000 万美元。Mixi 最初的赢利模式首先是广告业务收入。2007 年 12 月以来，Mixi 手机网站推出了新的资费套餐方式，如果 Mixi 用户每月交纳 300 日元（约 2.5 美元）费用，就可以得到更大照片存储空间、更多博客设计工具、永久信息存档及其他服务。目前这项业务收入正在逐步增长，用户的月度费用累计超过 800 万美元，已经占总业务收入的 60%。

11.3.3 移动社区业务的发展趋势

在互联网社区发展火爆的大背景下，移动社区的发展也在不断升温，全球很多运营商都开展了移动社区服务。随着市场需求、业务模式、商业模式的逐渐清晰，其发展出现了新的趋势。

1. 社区聚合

通过手机终端访问移动社区，用户可以随时随地使用移动社区服务，将用户从电脑前解放出来。目前，在移动网络上出现了很多具有类似功能的移动社区，这些移动社区是由 SP 提供的，用户对这些社区的关注和访问是非常分散的，每个社区聚合的用户量也不多，不能形成规模效应。如果将众多移动社区聚合起来，并通过统一的手机客户端访问，用户可以将随时随地得到的信息和自己的状态发布到各个社区，不同移动社区的用户可以互相沟通。社区聚合将是移动社区发展的重要趋势。

2．与位置信息结合

移动社区与互联网社区一个重要的区别就是移动网络能够通过手机定位服务捕捉到用户的位置信息，利用这个特性可以开发出很多区别于互联网社区功能的服务。例如，一个游客去旅游，用手机拍了张照片后上传至移动社区，通过手机定位，可以将位置信息附加上传至社区，其他用户浏览该照片时，可以清晰地了解到该照片的位置出处，增加了照片的信息量和生动性。

3．差异化的服务

在激烈的市场竞争环境中，移动运营商必须在提供丰富社区服务内容的前提下，推出差异化的特色社区服务，吸引用户参与到社区当中，提升移动社区的人气。

4．统一的客户端

用统一的手机客户端访问移动社区是一个重要发展趋势。WAP 浏览方式没有统一的界面风格，使用不同的社区需要切换 WAP 网站。而通过统一客户端，用户可以访问各聚合的社区服务，可为用户提供高品质的安全、友好、统一的业务体验，提高移动运营商的互联网业务品牌价值。

移动互联网将成为移动通信新的业务增长点。移动社区将是移动互联网的重要应用之一，因此移动社区发展前景非常广阔，蕴藏着巨大的商机。国内移动运营商已相继尝试开展移动社区服务，但还处于刚刚起步阶段，预计在未来的两年内将进入高速发展期。

移动运营商具有丰富的传统移动通信服务资源和相当规模的客户资源，在发展移动互联网业务时，必须充分结合和利用好自身优势。在内容方面，众多 SP 具有丰富的内容资源，其创意新颖，能够迎合市场需求。双方合作能够取长补短，推出差异化的、有特色的社区服务。移动运营商应细分客户需求，调动价值链的优势资源，逐渐树立移动互联网的品牌，使之在新一轮的市场竞争中赢得有利地位。

参 考 文 献

[1] 吕廷杰，刘彩. 电子商务——是什么，为什么，怎样做[M]. 北京：人民邮电出版社，1999.

[2] 吕廷杰. 电子商务教程[M]. 北京：电子工业出版社，2000.

[3] 吕廷杰. 网络经济与电子商务[M]. 北京：北京邮电大学出版社，2001.

[4] 吕廷杰，郭晓岩，钱琼. 移动商务——移动经济的竞争法则[M]. 北京：中国社会科学出版社，2003.

[5] 吕廷杰，尹涛，王琦. 客户关系管理与主题分析[M]. 北京：人民邮电出版社，2002.

[6] 日本野村综合研究所. 新时代的企业货币. 吕廷杰，韩海生，译. 北京邮电大学出版社，2008.

[7] （德）埃勒特. 移动多媒体商务：3G 时代的致胜之道. 吕廷杰，孙道军，译. 中国广播电视出版社，2007.

[8] （芬）克尔马克斯基，（芬）拉塞尼恩. 移动通信业务变革新趋势：从技术到商务管理. 吕廷杰，孙道军，译. 北京：中国广播电视出版社，2007.

[9] 王冰，吕廷杰. 电信运营企业全面协同创新[M]. 北京：电子工业出版社，2010.

[10] 张珂，吕廷杰，吴起. 电信增值业务[M]. 北京：北京邮电大学出版社，2008.

[11] 闫强，胡桃，吕廷杰. 电子商务安全管理[M]. 北京：机械工业出版社，2007.

[12] 杨天剑，胡桃，吕廷杰. 电子商务系统分析与设计[M]. 北京：北京邮电大学出版社，2007.

[13] Harry Bouwman, Henny de Vos and Timber Haaker. Mobile Service Innovation and Business Models[M]. Paperback PRESS，2010.

[14] Marcus Austin. Mobile Business：The Essential Guide to Putting Your Business on the Mobile Web[M]. KOGAN PAGE PRESS，2011.

[15] Philip Sugai, Marco Koeder , Ludovico Ciferri. The Six Immutable Laws of Mobile Business[M]. Wiley-Interscience PRESS，2010.

[16] Youngjin Yoo, Jae-Nam Le， Chris Rowley. Trends in Mobile Technology and Business in the Asia-Pacific Region (Chandos Asian Studies) [M]. Chandos Asian Studies，2008.

[17] Stuart Barnes， Eusebio Scornavacca. Unwired Business ： Cases in Mobile Business [M]. IGI Global PRESS，2005.

[18] 摩根斯坦利. 移动互联网研究报告. 2009.

[19] 袁雨飞. 移动商务[M]. 北京：清华大学出版社，2006.

[20] 马子斌，吕廷杰，李海强. 基于场景感知的时序移动接入模式挖掘研究. 北京理工大学学报，2008，28（10）.
[21] 孟霞，吕廷杰，李海强. 基于情景感知的相关推荐信息挖掘研究. 微计算机应用，2008，29（11）.
[22] 李海强. 基于情景感知的移动接入模式挖掘及预测研究. 北京：北京邮电大学经济管理学院，2009.
[23] 凌守兴. 3G 时代移动广告的商业模式研究. 商业时代，2009（28）.
[24] 罗奂勐. SNS 的经营模式初探——以校内网为例. 华东师范大学商学院，2009.
[25] 丁汉青，王亚萍. SNS 网络空间中"意见领袖"特征之分析——以豆瓣网为例. 新闻与传播研究，2010（6）.
[26] 侯倩. 关于我国 SNS 网站的研究——基于用户关系视角的探源及运营模式. 西北大学新闻传播学院，2010（6）.
[27] 刘乐. 基于 3G 网络的移动广告业务商务模式研究. 北京邮电大学经济管理学院，2008（10）.
[28] 赵正龙. 基于社会复杂网络的创新扩散模型研究. 上海交通大学安泰管理学院，2008（9）.
[29] 张晓军，李仕明，何铮. 基于复杂网络的创新扩散特征. 系统管理学报，2009（4）.
[30] 麦田. 深入分析 twitter：聚焦和扩散. 信息网络，2009（8）.
[31] 胡达恩. 手机移动广告的商业运作模式. 广告大观综合版，2006（1）.
[32] 许其. 手机移动广告前景灿烂. 通信企业管理，2009（9）.
[33] 朱松林. 移动广告：蓄势待发的新产业. 传媒，2005（9）.
[34] 郭靖，郭晨峰. 移动广告：逐渐显示巨大价值和前景. 通信世界，2008（5）.
[35] 秦琛. 移动广告促进互联网产业发展. 通信企业管理，2011（3）.
[36] 胡海波. 移动广告业务发展现状分析. 通信世界，2006（9）.
[37] 唐红，宋颖. 移动广告业务营销策略. 现代电信科技，2007（10）.
[38] 秦琛. 移动广告指明移动互联网未来发展之路. 互联网天地，2011（3）.
[39] 周凯. 移动商务应用解决方案及其发展前景探讨. 办公自动化杂志，2008（10）.
[40] 彭胜君. 移动社区服务：互联网业务新亮点. 通信企业管理，2009（4）.
[41] 云晴. 运营商发力移动广告 两种模式可选择. 通信世界，2010（7）.
[42] 李永凤. 中国 SNS 社区的营销策略分析. 内蒙古大学文学与新闻传播学院，2010（6）.
[43] 杨静. 中国 SNS 网站发展策略探析. 网络传播，2009（10）.
[44] 都薇. 中国 SNS 网站盈利模式研究. 华东师范大学公共管理学院，2009（10）.
[45] 黄华. 中国社交网站（SNS）商业模式发展研究. 上海师范大学人文与传播学院，2010（4）.
[46] 刘学斌，程朋根，徐云和. 基于位置服务的关键技术与应用. 江西科学，2005，25（1）.
[47] 程承旗，杨德海，杨超. 论支持 LBS 的中国地理无线标记语言标准初步研究. 地理信息世界，2003（1）.
[48] 刘长征，李纬，丁辰，过静珺. 多种定位技术融合构建 LBS 体系. 地理信息世界，2003（1）.